基金项目：安徽省高校社科重大科研项目（2022AH040089）、安徽省高校社科重点科研项目（2023AH050201）、安徽省高校社科优秀科研创新团队（2022AH010041）。

上市公司衍生工具使用的影响因素与效应研究

SHANGSHI GONGSI YANSHENG GONGJU SHIYONG DE YINGXIANG YINSU YU XIAOYING YANJIU

李庆华　著

中国财经出版传媒集团
中国财政经济出版社
北京

图书在版编目（CIP）数据

上市公司衍生工具使用的影响因素与效应研究 / 李庆华著. -- 北京：中国财政经济出版社，2024. 3

ISBN 978 -7 -5223 -2934 -5

Ⅰ. ①上… Ⅱ. ①李… Ⅲ. ①上市公司－金融衍生工具使用－应用－影响因素－研究－中国 Ⅳ. ①F279. 246

中国国家版本馆 CIP 数据核字（2024）第 055071 号

责任编辑：彭 波　　责任印制：史大鹏

封面设计：孙俪铭　　责任校对：胡永立

上市公司衍生工具使用的影响因素与效应研究

SHANGSHI GONGSI YANSHENG GONGJU SHIYONG DE YINGXIANG YINSU YU XIAOYING YANJIU

中国财政经济出版社 出版

URL：http：//www. cfeph. cn

E－mail：cfeph@ cfeph. cn

社址：北京市海淀区阜成路甲 28 号　邮政编码：100142

营销中心电话：010－88191522

天猫网店：中国财政经济出版社旗舰店

网址：https：//zgczjjcbs. tmall. com

中煤（北京）印务有限公司印刷　各地新华书店经销

成品尺寸：170mm×240mm　16 开　15. 5 印张　239 000 字

2024 年 3 月第 1 版　2024 年 3 月北京第 1 次印刷

定价：88. 00 元

ISBN 978－7－5223－2934－5

（图书出现印装问题，本社负责调换，电话：010－88190548）

本社图书质量投诉电话：010－88190744

打击盗版举报热线：010－88191661　QQ：2242791300

前　言

后金融危机时期全球经济波动加大，国际贸易摩擦加剧，单边主义、保护主义趋势上升，加之2020年突如其来的全球疫情冲击，世界经济衰退严重，国内经济下行压力加大。面对如此复杂的国内外环境，中国在当前国内国际双循环的发展格局下，不断强化风险意识，稳步实施“一带一路”倡议，积极加快人民币国际化进程以及深化利率和汇率市场化改革，中国的发展仍处于并将长期处于重要战略机遇期（2019年底中央经济工作会议）。在“危”和“机”并存的变局中，利率、汇率和商品价格的波动对中国企业经营业绩的影响日益加深，如何应对外部环境风险成为中国企业尤其是中国上市公司亟待解决的问题。

面临经济下行压力和外部经营环境的不确定性，衍生工具作为公司重要的风险管理手段，其产生的初衷是建立对冲组合降低外部环境变化带来的汇率、利率和商品价格等的波动风险，实现套期保值。在过去几十年里，衍生工具使用在全球范围内呈指数级增长，中国衍生工具市场交易规模也逐年递增。然而，中国上市公司使用衍生工具现象并不普遍，使用率远低于全球平均水平。实务中，衍生工具既可能是风险对冲目的也可能是投机目的，特别是在投机情况下，其不仅不能够对冲风险甚至可能成为风险的来源和放大器，导致一些公司因使用衍生工具产生巨额亏损的案例时有发生，引发学者和实务界人士对中国上市公司衍生工具使用率低下的原因和使用效应的深入思考。

目前国外关于衍生工具使用的研究较为丰富，而国内由于衍生工具市场起步较晚，衍生工具监管和制度设计不够完善，上市公司使用衍生工具信息披露不规范，导致国内无论是衍生工具使用的影响因素，还是使用效应的相关研究均较少，且已有的研究均不能很好地解释虽然中国上市公司面临日益加深的外部环境风险，却很少使用衍生工具进行风险管理这一现实问题。即，是什么原因导致中国上市公司衍生工具使用率低下？此外，由于衍生工具具有风险对冲和投机套利的双重目的，无论是国内还是国外关于衍生工具使用效应的研究仍没有得到一致结论。因此，在当前亟待衍生工具发挥风险对冲作用的经济动荡背景下，如何基于中国特殊制度环境和经济环境，研究中国上市公司衍生工具使用的影响因素和使用效应，保证实体经济健康可持续发展，具有重要的理论和现实意义。

风险决策理论认为高管面对风险（不确定性）时是否具有风险承担意愿或极端赌博式投机心理会影响其风险决策行为。鉴于衍生工具的高复杂、高杠杆和高风险特征，以及新兴资本市场背景下中国上市公司衍生工具合约更多地表现为选择性对冲，使得使用衍生工具是一种高风险财务决策行为，而配置高风险资产表明高管愿意主动承担风险或具有极端赌博式投机心理。因此，本书基于风险承担意愿和赌博式投机心理这两类高管异质性特征，探究中国上市公司衍生工具使用决策的影响因素。关于衍生工具使用效应的研究，目前主流文献主要关注衍生工具能否通过影响公司经营风险和信息风险等来影响公司风险、融资成本和公司价值等，进而产生风险管理效应或投机套利效应，本书将其统称为衍生工具使用的经济效应。在此基础上，本书基于风险决策理论、高阶理论和衍生工具高复杂、高杠杆、高风险特征视角以及中国上市公司使用衍生工具更多地表现为选择性对冲的现实背景，分析公司衍生工具使用所表征的高管高风险承担意愿是否影响公司其他具有高风险特征的财务决策行为，本书将其称为衍生工具使用的表征效应。基于此，本书以2010～2018年沪深A股非金融类上市公司为研究样本，通过文本搜索和阅读年度财务报告的方式获得上市公司衍生工具使用数据，研究后金融危机时期上市公司衍生工具使用的影响因素以及带来的经济效应和表征效应。具体地，本书的主要内容和结论分为以下三个部分。

（1）基于高管风险承担意愿和赌博式投机心理视角，研究上市公司衍生工具使用的影响因素。本书发现，首先，相较于其他情况，具有赌博式投机心理和高风险承担意愿CEO均更可能使用衍生工具。其中，赌博式投机心理CEO所在的公司数量占比很低，绝大部分上市公司使用衍生工具主要受高管风险承担意愿影响。其次，具备衍生工具专业才能的上市公司其他高管更可能支持CEO基于公司利益使用衍生工具，而不支持CEO基于自身利益使用衍生工具进行赌博式投机。再次，CEO预期任期与上市公司衍生工具使用概率之间呈“U”形关系。在赌博式投机心理主导下，CEO预期任期与上市公司衍生工具使用概率之间显著负相关；在剔除CEO很可能具备赌博式投机心理观测样本后，CEO预期任期与上市公司衍生工具使用概率之间显著正相关。最后，CEO风险承担意愿越高，公司使用衍生工具越不可能满足CAS24（2006）对套期保值有效的要求进行纯粹套期保值，而更可能是选择性对冲。

（2）将公司债务分为有息债务和无息债务，基于信息风险和经营风险视角研究衍生工具使用影响上市公司债务融资成本和商业信用融资的经济效应。本书发现，首先，在债务融资成本方面，衍生工具使用增加了上市公司债务融资成本，信息不对称程度和经营风险的增加是衍生工具使用增加债务融资成本的路径。异质性检验发现，当机构投资者外部监督力量更强或公司内部控制水平更高时，衍生工具对债务融资成本的负面影响会减弱。其次，在商业信用融资方面，衍生工具使用降低了上市公司商业信用融资，信息不对称程度和经营风险的增加是衍生工具使用降低商业信用融资的路径。异质性检验发现，上市公司使用衍生工具对商业信用融资降低的负面影响在供应商议价能力更强时增强，而在上市公司自身议价能力更强时减弱。

(3) 基于融资约束和高管风险承担意愿视角，区分衍生工具使用的经济效应和表征效应，研究衍生工具使用与公司创新的关系及作用机制。本书发现，使用衍生工具的公司创新水平更高。其中，衍生工具使用所表征的高管风险承担意愿是导致公司创新增加的真正原因（表征效应），而融资约束在其中主要表现为“遮掩效应”（经济效应），且表征效应带来的创新增加效果大于经济效应带来的创新降低效果，两个方面因素共同作用最终导致使用衍生工具的公司创新水平更高。进一步研究中，本书发现大部分上市公司衍生工具使用更可能表征高管风险承担意愿而非赌博式投机心理，少数出于高管赌博式投机心理使用衍生工具的公司其创新水平更低；此外，考虑到外部压力和动力带来的创新愿力的替代作用，在行业竞争压力更大和市场化水平更高时，衍生工具使用表征的高管风险承担意愿与创新的关系变弱；而考虑到创新财力和能力与创新愿力的互补作用，在公司获得更多政府补助和拥有更多技术人员时，两者的关系更强。

本书的研究贡献主要体现在以下四个方面：

(1) 在中国衍生工具市场发展不够成熟的背景下，基于高阶理论和心理学视角，研究高管风险承担意愿和赌博式投机心理对公司衍生工具使用的影响，为中国上市公司衍生工具使用率低下提供可能的解释。本书通过CEO预期任期并结合CEO离职后能否与公司实质性脱离来度量CEO风险承担意愿和赌博式投机心理，证明绝大部分上市公司使用衍生工具是基于高管高风险承担意愿下的选择性对冲，少数上市公司使用衍生工具是基于高管极端赌博式心理的投机行为。由于中国衍生工具市场发展仍处于初级阶段，加之衍生工具本身具有的高复杂、高杠杆和高风险特征，因此，相较于其他情况，具有高风险承担意愿和极端的赌博式投机心理的高管更可能使用衍生工具，这从高管特质层面为中国上市公司衍生工具使用率低下提供了可能的解释。

（2）在大部分上市公司使用衍生工具能够表征其高管具有高风险承担意愿个人特质的理论分析和实证检验基础上，本书将公司衍生工具的使用效应区分为经济效应和表征效应，为后续学者研究衍生工具使用效应提供新的视角。本书将衍生工具的使用效应分为通过影响公司经营风险和信息风险等带来的风险管理抑或是投机套利的经济效应，以及衍生工具使用决策本身表征的高管风险承担意愿个人特质带来的表征效应。这不仅为后续研究如何度量高管风险承担意愿内在特质提供了新的视角，也丰富了衍生工具使用效应的相关文献。

（3）同时从债务融资成本和商业信用融资视角考察了上市公司衍生工具使用对有息债务融资和无息债务融资的影响，丰富了衍生工具使用带来的经济效应和债务融资影响因素相关研究，也为上市公司和监管部门应该规范和监管衍生工具使用提供了经验证据。本书基于信息风险和经营风险双重视角，将衍生工具使用的经济效应研究场景从资本市场拓宽到商品市场，证明无论是以银行或债券持有人为代表的有息负债债权人，还是以供应商为代表的无息负债债权人均会关注上市公司衍生工具的使用，且衍生工具使用会带来债务融资成本增加和商业信用融资降低的负面影响。这既有助于丰富相关理论研究，也有助于实践中上市公司自身和金融监管部门认识到规范和监管衍生工具使用的重要性和迫切性。

（4）从公司创新的视角验证衍生工具使用带来的经济效应和表

征效应，并进一步对高管风险承担意愿和赌博式投机心理影响公司创新的经济后果进行辨析。这不仅有利于外部利益相关者更加全面地评价公司衍生工具使用的意义，也进一步丰富和拓展了高管异质性的相关文献。本书将衍生工具使用与公司创新关系的总效应拆分出融资约束作用路径下带来的经济效应和高管风险承担意愿作用路径下带来的表征效应，并证明了这两种机制之间存在相互抑制的作用，且表征效应带来的创新增加大于经济效应带来的创新降低，并最终表现出使用衍生工具的上市公司创新水平更高。进一步地，本书区分高管风险承担意愿和赌博式投机两种不同心理，发现少数出于高管赌博式投机心理使用衍生工具的公司其创新水平更低。这为全面评价衍生工具使用效应和从心理学视角研究高管异质性特征带来的不同经济后果提供了新的思路和证据。

目　录

导　论

一、选题背景与研究意义

（一）选题背景

衍生工具是价值来源于标的工具价值的金融合约。标的工具的价值会随着标的市场变量，如利率、汇率等比率或股票、商品等价格的变化而变化，使衍生工具允许公司签订价值与公司现有财务风险方向相反的合约来对冲不良风险敞口，达到套期保值目的，也允许公司纯粹对标的市场变量的未来走向下赌注，达到投机套利目的。

衍生工具产生的初衷是建立对冲组合降低外部环境变化带来的汇率、利率和商品价格等波动风险，实现套期保值。1865 年，芝加哥谷物交易所推出了“期货合约”的标准化协议，成为人类历史上最早开发出来的标准化衍生工具合约。近代衍生工具的快速发展可以追溯到 20 世纪 70 年代。布雷顿森林体系固定汇率制度的崩溃导致国际市场汇率波动大幅加剧，美联储以货币增长为目标的货币政策工具加剧了美国国债利率波动，石油输出国组织 OPEC 以其石油生产的垄断地位造成国际原油价格的巨大冲击，这些国际金融市场上汇率、利率和大宗商品价格的大幅波动带来了衍生工具市场前所未有的大变革，加上包括布莱克—斯科尔斯期权定价公式等复杂的定价和风险管控模型的问世为近代金融衍生工具市场的飞速发展奠定了重要基础。随着全球化和国际贸易的频繁，衍生工具的使用在过去几十年里呈指数级增长（Campbell et al.，2019），尤其是在后金融危机时期，世界经济增速放缓、国际金融市场震荡、贸易摩擦增加、保护主义和单边主义加剧，甚至是全球疫情的蔓延，进一步加剧了国际金融市场上利率、汇率和大宗商品价格的波动。国际清算银行（BIS）最新统计数据显示，截至2020年6月底，场外衍生工具的名义金额增至607万亿美元，高于2018年底的544万亿美元；而场内衍生工具的名义金额截至2019年底增至95.81万亿美元，高于2018年底的94.85万亿美元。

中国衍生工具市场的发展始于20世纪90年代初，以郑州粮食批发市场引入期货交易机制为标志，形成了中国第一个商品期货市场。随后中国衍生工具市场先后经历了从盲目发展、清理整顿到稳步发展的曲折过程，尤其在如今后金融危机时期，随着全球经济波动加剧、人民币国际化进程加快以及利率和汇率市场化改革的不断深入，商品价格、汇率与利率波动对中国企业经营业绩的影响日益加深，中国企业对衍生工具的需求不断增加，如何合理运用衍生工具应对外部环境风险成为中国企业亟待解决的问题。国家外汇管理局统计数据显示，2019年中国外汇衍生工具市场交易额达到17.76万亿美元，较2015年的9.5万亿美元增长86.95%；中国期货业协会统计数据显示，2019年中国场内商品期货交易额达到220.95万亿元，较2015年的136.47万亿元增长61.90%。

虽然中国衍生工具市场近些年来发展迅猛，但相较于欧美发达国家来说，市场参与者类型不够丰富，金融机构是中国衍生工具市场的主要参与者，而实体企业使用衍生工具的比率远低于预期，与中国衍生工具市场的快速发展不相匹配。Bartram（2019）以全球47个国家6896家非金融公司为研究样本，发现2000~2001年全球平均约60.5%的公司使用衍生工具，其中衍生工具使用率比较高的国家有新西兰（94.9%）、丹麦（87.5%）、爱尔兰（85.1%）、日本（81.1%）、法国（66%）、美国（65.1%）、英国（64.4%）等，而中国非金融公司的衍生工具使用率仅有12.5%。此外，一些中国学者根据不同的样本年度对中国公司衍生工具使用情况进行调查也得到了相似的结论。王晓珂等（2020）在2007~2017年非金融上市公司中发现平均有17.22%的公司使用衍生工具；郭飞等（2017）在2012~2015年国有上市公司中发现平均有13.325%的公司披露使用衍生工具。在外汇衍生工具使用方面，郝项超和梁琪（2019）发现2001~2017年共有535家上市公司使用外汇衍生工具，约占2017年全部上市公司的15.16%，占有境外收入上市公司的24.90%。在商品衍生工具使用方面，由于大多数中国非金融公司一直以来将期货作为主要选择

（Shao et al.，2019；Bartram，2019），Shao 等（2019）重点研究了 2001～2014 年中国非金融上市公司商品期货使用情况，发现共有 326 家非金融上市公司 1441 个公司年度观测值使用商品期货，占总样本的 12.3%。由此产生以下问题：什么原因导致中国上市公司衍生工具使用率低下？使用衍生工具的公司具备哪些与非使用公司相异的特征？

已有研究（郭飞和徐燕，2010；贾炜莹等，2010；戴致光，2013；黄世忠和王晓珂，2016）大多从公司特征层面，分析不同公司财务特征、经营状况和公司性质导致公司实际对冲风险的需求和财务能力差异，进而产生公司衍生工具使用决策上的差异。然而，仅从公司特征层面分析衍生工具使用的影响因素并不能很好地解释虽然中国上市公司面临着日益加深的外部环境风险，却很少使用衍生工具进行风险管理这一现实问题。从高管层面看，高阶理论认为管理者异质性是影响公司战略与管理决策的重要因素，衍生工具作为公司风险管理的重要手段，是公司一项影响重大的财务决策，必将受到高管异质性特征影响。首先，衍生工具具有高复杂、高杠杆和高风险特征（郭飞等，2019），公司使用衍生工具通常意味着其高管将面临较高的不确定性和挑战性。其次，实务中国内外公司使用衍生工具产生巨额亏损的案例时有发生，国外有 1995 年英国巴林银行垮台案、1996 年日本住友商事铜期货交易巨亏案、2008 年法国兴业银行衍生工具使用巨亏案等，国内有 2004 年中航油事件、2008 年中信泰富事件，以及 2018 年年底中国石化子公司中联油事件等因使用衍生工具产生巨亏的“黑天鹅”事件，甚至 2008 年全球金融危机爆发也与衍生工具使用不当息息相关。巴菲特曾指出，衍生工具是一种大规模杀伤力的武器，使用不当带来的危害可能是灾难性的。这些历史上典型的衍生工具巨亏案时刻提醒着人们衍生工具是一把“双刃剑”，使用得当将对冲风险、提升公司价值，使用不当将成为风险的“放大器”。正如巴林银行和中航油案表明（在第三章还会进一步介绍），决策者在面临困境或损失时会产生“孤注一掷”的赌博式心理，从而更可能使用衍生工具进行投机，诚然这是一种极端心理但却也可能是衍生工具使用不可回避的一类驱动因素。中国衍生工具市场发展的成熟度远不及欧美发达国家衍生工具市场，同时高管在执行套期保值计划时，经常会根据自己对市场的判断改变衍生工具交易的规模和时机（Adam et al.，2017），以承担预期判断失误所带来的风险为代价进行“选择性对冲”，因此公司使用衍生工具要求高管具有较高的风险承担意愿，这种意愿同时反映了高管彰显才能和甘愿冒风险的内在心理倾向。由此产生以下问题：由高管风险承担意愿和极端的赌博式投机心理的异质性特征带来的衍生工具使用意愿能否在已有文献基础上，更进一步地解释中国上市公司衍生工具的使用现状？

鉴于高管风险承担意愿可能成为公司衍生工具使用的重要影响因素，公司使用衍生工具很可能表征其高管具有较高的风险承担意愿，在此基础上，本书进一步将衍生工具的使用效应区分为经济效应和表征效应①。其中，本书关于衍生工具使用的经济效应主要是指目前主流文献研究的关于衍生工具使用能否通过影响公司经营风险和信息风险等进而影响公司融资成本和公司价值等的风险管理或投机套利效应；本书所指的衍生工具使用的表征效应主要是指公司使用衍生工具所表征的公司高管所具有的风险承担意愿特质是否能够影响公司其他具有高风险特征的财务决策行为。

首先，目前关于衍生工具使用的经济效应研究尚未形成一致结论。部分研究表明，衍生工具使用降低了公司风险（Guay，1999）和融资成本（Gay et al.，2011），并发现其提升公司价值的证据（Allayannis and Weston，2001；郭飞，2012；Vivel Búa et al.，2015），并且这种积极的作用主要通过降低破产风险、代理成本和缓解投资者与管理层之间的信息不对称程度实现的（Chen and King，2014）。当然，也有研究提供了相反的证据，对衍生工具使用的积极作用提出质疑（Yi et al.，2008；Belghitar et al.，2013），发现衍生工具使用并没有影响公司债券融资成本和公司价值，而张倩和冯芸（2014）以及 Lau（2016）甚至发现衍生工具使用毁损公司市场价值的证据。一方面，由于使用衍生工具对冲风险进而影响公司价值是一种间接作用，对冲是锁定风险水平的策略，并不一定会带来经营业绩的提升，而投资者与公司风险之间具有更为直接的联系（郭飞等，2020）。因此，要研究衍生工具使用与公司风险之间的关系可以从考察投资者是否关心衍生工具的使用着手，而目前针对中国企业的研

① 效应，是指由某种动因或原因产生的一种特定科学现象。其使用范围较广，并不一定指严格的科学定理或定律中的因果关系，常用于描述一种自然现象或社会现象。为了形象地描述现象并让人熟知，可以根据具体现象进行命名，如木桶效应、毛毛虫效应等。

究比较缺乏。另一方面，由于股东拥有公司的剩余索取权，而债权人的权益被限定为对本金和预期利息的要求权，因此债权人更加关注公司风险（高强和邹恒甫，2015），与债务人进行保护性条款谈判时通常处于劣势地位，导致相对于股东来说，债权人对公司风险的敏感性更高。可见，从公司债权人角度检验衍生工具使用的经济效应，能够更好地验证衍生工具使用与公司风险的关系，这也是本书将经济效应聚焦为衍生工具使用对债务融资影响效应的重要原因。负债按照是否需要偿付利息，可以分为以银行、债券持有人为代表的有息负债和以供应商为代表的无息负债，由此产生以下问题：衍生工具使用是否以及如何影响公司债务融资成本和商业信用融资？

其次，衍生工具的高复杂、高杠杆和高风险特征使人们对其使用效应的认识仍不全面。当高管的风险承担意愿成为衍生工具使用决策的重要影响因素时，使用衍生工具将能够表征高管的风险承担意愿，产生使用衍生工具的公司更愿意从事其他类似高风险活动的表征效应，从而突破已有研究得到的衍生工具使用带来的经济效应结论，为投资者等利益相关者更加全面评价衍生工具的使用效应带来契机。创新是公司为获得持续竞争优势而选择的探索型战略，采取这种战略导向通常伴随着非常高的不确定性和挑战性，高管是否具有较高的风险承担意愿将在很大程度上决定着公司创新水平的高低（Sunder et al.，2017）。可见，从公司创新的视角可以进一步验证中国上市公司衍生工具使用表征的高管风险承担意愿带来的表征效应。此外，公司创新除了需要高管的高风险承担意愿外，也需要大量财力支持（余明桂等，2019）。衍生工具使用能否同时通过表征的高管风险承担意愿和缓解融资约束分别影响公司创新的愿力和财力，这将为本书在同一场景下研究衍生工具的经济效应和表征效应提供很好的条件。由此产生以下问题：使用衍生工具的公司是否更创新？公司衍生工具使用是缓解了融资约束带来创新增加，还是表征了高管风险承担意愿促进了公司创新？抑或是两者共同作用带来创新增加？

基于此，本书以 2010 ~ 2018 年沪深 A 股非金融上市公司为样本，通过文本搜索和阅读年度财务报告的方式获得上市公司衍生工具使用数据，研究后金融危机时期上市公司衍生工具使用的影响因素以及带来的经济效应和表征效应。其具体包括：基于高管风险承担意愿和赌博式投机心理视角的上市公司衍生工具使用的影响因素研究；将公司债务分为有息债务和无息债务，基于信息风险和经营风险视角研究衍生工具使用影响上市公司融资约束，包括债务融资成本和商业信用融资的经济效应研究；基于融资约束和高管风险承担意愿视角，区分衍生工具使用的经济效应和表征效应，研究衍生工具使用与公司创新的关系。

（二）理论意义

第一，从高管风险承担意愿和赌博式投机心理的异质性特征视角考察衍生工具使用的影响因素，不仅深化了高阶理论和心理学的应用文献，也丰富了衍生工具使用影响因素的相关文献。本书基于衍生工具高复杂、高杠杆和高风险特征，以及上市公司使用衍生工具普遍进行选择性对冲的现状，考察高管风险承担意愿和极端的赌博式投机心理对上市公司衍生工具使用决策的影响，以期在现有文献基础上，从高管特征层面对中国上市公司衍生工具使用率低下作出更进一步的解释，拓展衍生工具使用影响因素的理论研究。

第二，在高管风险承担意愿成为上市公司衍生工具使用的重要影响因素基础上，搭建衍生工具的使用效应框架，将其分为衍生工具的经济效应和表征效应，为后续学者研究衍生工具的使用效应提供新视角。本书将衍生工具的使用效应区分为影响公司经营风险和信息风险带来的风险管理抑或是投机套利的经济效应，以及衍生工具使用决策本身表征的高管高风险承担意愿带来的表征效应。这不仅为未来研究度量高管风险承担意愿的内在特质提供了新视角，也丰富了衍生工具使用效应的文献。

第三，将上市公司债务分为有息债务和无息债务，分别从债务融资成本和商业信用融资角度，考察衍生工具使用对公司风险的影响，进一步拓展衍生工具使用的经济效应研究，并丰富债务融资成本和商业信用融资的影响因素研究。本书基于信息风险和经营风险双重视角，将衍生工具使用的经济效应研究场景从资本市场拓宽到商品市场，从债权人角度探索衍生工具与公司风险的关系，这不仅能够提供衍生工具使用与公司价值创造关系的间接证据，也为衍生工具使用影响公司债务融资行为提供经验证据。

第四，同时从融资约束和高管风险承担意愿视角，考察衍生工具使用与公司创新的关系，不仅为全面理解衍生工具使用的经济效应和表征效应提供新思路，也进一步丰富和拓展了公司创新影响因素的文献。本书将衍生工具使用与公司创新关系的总效应拆分出融资约束作用路径下带来的经济效应和高管风险承担意愿作用路径下带来的表征效应，并探究这两种机制之间是协同作用还是抑制作用，为后续学者研究衍生工具的使用效应奠定良好基础。

（三）实际意义

第一，对于上市公司自身而言，不仅有利于治理层通过高管选聘环节影响公司衍生工具的使用，而且有助于公司认识到不断加强与衍生工具相关的风险管控体系和规范衍生工具的会计处理、信息披露行为的重要性。高管是公司行为的重要决策者和执行者，本书基于高管风险承担意愿和极端的赌博式投机心理研究衍生工具使用的影响因素，以帮助上市公司治理层正确、清晰地认识高管特质对衍生工具使用决策的关键作用，为选聘特定高管提供指导。此外，本书从信息风险和经营风险视角论证衍生工具使用对债务融资的影响，发现上市公司衍生工具使用增加了债务融资成本并降低了商业信用融资，衍生工具使用产生的公司融资约束恶化的负面影响给上市公司以警示，要求上市公司在不断完善衍生工具相关风险管控体系以降低经营风险的基础上，还要不断完善衍生工具会计处理、提高衍生工具会计信息的披露，以降低公司与外部利益相关者的信息不对称程度，降低信息风险。

第二，对于政府和监管机构而言，为加快衍生工具市场发展和加强衍生工具市场监管，以及规范上市公司衍生工具使用和会计处理、信息披露的必要性和重要性提供证据支持。当前世界经济增速放缓、国际金融市场震荡、贸易摩擦增加、保护主义和单边主义加剧，以及全球疫情蔓延，进一步加剧中国乃至国际资本市场的波动。衍生工具是重要的风险管理工具，应该被使用主体充分用于对冲风险、降低外部环境变化带来的不利影响。然而中国衍生工具市场仍处于初级阶段，场内市场仍占据主导地位，场外市场不够发达，且产品种类不够丰富，难以满足使用者个性化需求；同时，中国上市公司衍生工具使用率较低且使用的公司更多为“选择性对冲”，导致公司风险增加，降低上市公司债务融资成本和商业信用融资水平，加大公司融资约束。因此，政府部门和相关监管机构应该大力支持并积极引导中国衍生工具市场健康发展，真正发挥出金融服务实体作用；同时，监管部门应该加大上市公司衍生工具使用的监管，提高相关会计信息透明度，使衍生工具真正发挥出风险对冲、稳定资本市场的作用。

第三，对于外部利益相关者而言，能够帮助其从经济效应和表征效应角度正确、全面地评价上市公司衍生工具使用决策提供新的视角，并帮助其对公司关注的侧重点不同做出不同的决策。当利益相关者更注重收益的稳定性时，如债权人，那么其在选择投资组合时则应更关注上市公司衍生工具使用是否真正达到了有效套期保值效果；当利益相关者更注重公司的成长性时，如股东，则不仅要考虑衍生工具使用带来的经济效应，还要关注衍生工具决策本身所表征的高管高风险承担意愿带来的表征效应。

二、研究思路与研究方法

（一）研究思路

根据前面对衍生工具选题背景和研究意义的阐述，基于高管风险承担意愿和赌博式投机心理研究中国上市公司衍生工具使用的影响因素，以及区分衍生工具使用的经济效应和表征效应是一个非常重要且具有理论和现实意义的研究话题。为了实现研究目的，本书将按照以下思路展开研究：（1）在全面回顾国内外与衍生工具相关的影响因素和使用效应文献基础上，运用归纳和演绎的方法对相关文献进行以下系统梳理：一是基于公司特征和高管特征视角的衍生工具使用的影响因素研究；二是基于经营风险和信息风险视角的衍生工具使用与公司债务融资研究；三是衍生工具使用与公司创新研究。本书通过对上述文献进行深入分析，找出已有文献关于衍生工具研究的局限性，进而提出本书的研究话题。（2）深入分析与衍生工具相关的理论基础，包括金融对冲理论、信息不对称理论、信用风险框架理论、风险决策理论和高阶理论，为后续理论分析与假设提出提供理论依据。（3）结合国内外衍生工具市场发展与监管，以及国内外公司衍生工具使用与监管，对比发现中国衍生工具市场和中国公司分别在衍生工具市场发展、制度监管和使用现状上的区别，进一步强调在中国衍生工具市场上研究上市公司衍生工具使用影响因素和使用效应的重要性和迫切性。(4)在理论分析的基础上，依次进行如下三部分实证检验：基于高管风险承担意愿和赌博式投机心理视角的衍生工具使用影响因素研究；基于债务融资视角的衍生工具使用经济效应研究；基于高管风险承担意愿和融资约束视角的衍生工具使用与公司创新关系的表征效应研究。其具体包括：第一，使用CEO预期任期并结合CEO离职后能否与公司实质性脱离度量CEO风险承担意愿和赌博式投机心理，研究这两种心理对上市公司衍生工具使用决策的影响，同时验证中国上市公司衍生工具使用主要是选择性对冲还是纯粹的套期保值，抑或是投机行为；第二，基于信息风险和经营风险双重视角，分别研究上市公司衍生工具使用对公司债务融资成本和商业信用融资的影响及作用机制，探究衍生工具使用对上市公司融资约束的影响，同时丰富衍生工具使用的经济效应研究；第三，基于高管风险承担意愿和融资约束视角，区分衍生工具使用的经济效应和表征效应，研究衍生工具使用与公司创新的关系及作用机制。(5)得出研究结论和可能的创新，以及本书的不足和未来展望，最后提出政策建议。

(二)研究方法

本书采用定性和定量研究相结合的方法，在综述国内外衍生工具相关文献的基础上，结合已有理论基础和中国衍生工具使用和监管现状，建立回归模型进行实证研究。

1. 定性研究

本书采用的定性研究方法主要包括采用归纳演绎方法梳理与衍生工具相关的国内外文献，分析现有文献的主要观点并进行评述，总结出现有研究的不足和有待进一步拓展的方向；采用理论归纳法深入分析与衍生工具相关的理论，并结合中国衍生工具使用和监管现状，为后面衍生工具使用的影响因素和使用效应的实证研究奠定良好的理论基础。

2. 定量研究

本书采用的定量研究主要是实证研究方法，具体包括通过文本搜索和阅读上市公司年报相结合的方式获取后金融危机时期中国A股非金融上市公司衍生工具的使用情况；采用单变量检验方法对使用和未使用衍生工具的两组样本中的债务融资成本和商业信用融资进行均值检验和中位数检验；对主要变量进行描述性统计；采用 Logit 模型和传统的 OLS 方法对衍生工具使用的影响因素和使用效应进行回归；采用温忠麟和叶宝娟（2014）的中介效应（遮掩效应）检验和 Sobel 检验方法对衍生工具使用与公司债务融资成本、衍生工具使用与公司商业信用融资、衍生工具使用与公司创新之间的关系进行机制检验；分别在主回归中加入交乘项对衍生工具使用的经济效应和表征效应进行进一步异质性检验；采用滞后变量、替换核心解释变量和被解释变量、缩减样本、处理效应模型和倾向得分匹配法（PSM）对衍生工具使用的影响因素和使用效应进行稳健性检验，以解决可能存在的内生性问题。

三、研究框架与内容

如图 0－1 逻辑框架图所示，本书主要部分的安排如下：

第一章为文献综述与理论基础。首先，本章对衍生工具相关的文献进行回顾和评述，具体包括：从公司特征和高管特征视角分析衍生工具使用的影响因素；从经营风险和信息风险视角分析衍生工具使用与公司债务融资；从衍生工具使用与公司投资以及公司创新影响因素出发分析衍生工具使用与公司创新；通过对上述文献进行系统梳理和文献述评后，指出现有文献研究的不足并提出本书将要研究的话题。其次，本章从衍生工具视角，对金融对冲理论、信息不对称理论、信用风险框架理论、风险决策理论和高阶理论相关理论基础进行分析，为后面的理论分析和假设提出提供支撑。

第二章为国内外衍生工具的发展与监管。结合国内外衍生工具市场发展与监管，以及国内外公司衍生工具使用与监管，对比发现中国衍生工具市场和中国公司分别在衍生工具市场发展、制度监管和使用现状上的区别，为在中国衍生工具市场上研究上市公司衍生工具使用影响因素和使用效应的必要性和重要性提供现实证据。

第三章为基于高管风险承担意愿和赌博式投机心理的异质性特征视角研究上市公司衍生工具使用的影响因素。本章以风险决策理论和高阶理论为基础，并以中国上市公司使用衍生工具主要是选择性对冲为现实背景，采用 CEO 预期任期并结合 CEO 离职后能否与公司实质性脱离来度量 CEO 风险承担意愿和赌博式投机心理，研究 CEO 这两种心理对上市公司衍生工具使用决策的影响，以期在现有文献基础上进一步探索中国上市公司衍生工具使用率低下的原因，并通过一系列稳健性检验来保证本章研究结论的稳健性。进一步地，本章检验具备衍生工具专业才能的上市公司其他高管分别对 CEO 风险承担意愿下的衍生工具使用和 CEO 赌博式投机心理下的投机决策持支持还是反对态度。最后，本章通过剔除 CEO 赌博式投机心理的观测样本并在使用衍生工具的公司样本中进行检验，来验证中国上市公司衍生工具使用是否主要为选择性对冲。

第四章为衍生工具使用影响上市公司债务融资成本和商业信用融资的经济效应研究。本章以金融对冲理论、信息不对称理论、信用风险框架理论为基础，将公司债务分为有息债务和无息债务，基于信息风险和经营风险双重视角，分别研究上市公司衍生工具使用对公司债务融资成本和商业信用融资的影响及作用机制，并通过一系列稳健性检验来保证本章研究结论的稳健性。在债务融资成本方面，进一步区分内外部公司治理水平对衍生工具使用与债务融资成本之间关系的影响。在商业信用融资方面，本章进一步探讨供应商议价能力和公司自身议价能力对衍生工具使用与商业信用融资之间关系的异质性。

第五章在第三章和第四章研究结论的基础上，同时基于融资约束和高管风险承担意愿视角，区分衍生工具使用的经济效应和表征效应，研究衍生工具使用与公司创新的关系及作用机制。本章以金融对冲理论、信息不对称理论、信用风险框架理论、风险决策理论和高阶理论为基础，同时从融资约束和高管风险承担意愿视角，考察衍生工具使用与公司创新的关系及作用机制，并通过一系列稳健性检验来保证本章研究结论的稳健性。进一步地，本章验证衍生工具使用与公司创新之间的关系来自高管风险承担意愿而非赌博式投机心理；此外，本章进一步考察行业竞争压力和市场化水平带来的创新愿力以及公司获得更多政府补助和拥有更多技术人员带来的创新财力和能力对衍生工具使用与公司创新之间关系的异质性影响。

第六章为研究总结与政策建议。根据前述检验结果总结出本书主要研究结论，并指出本书可能的创新点、研究不足和展望后续的研究方向，最后提出相关政策建议。

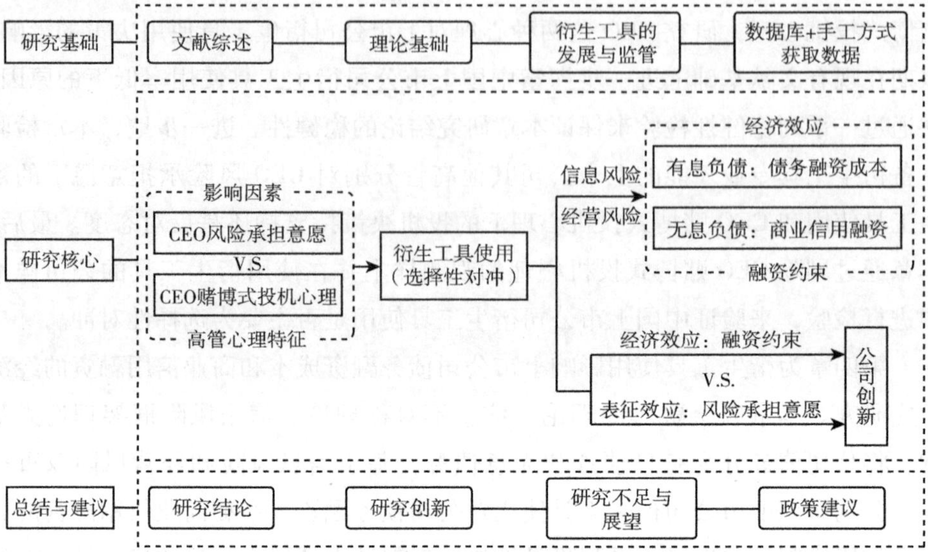
研究基础
文献综述
理论基础
衍生工具的发展与监管
数据库+手工方式获取数据
研究核心
影响因素
CEO风险承担意愿
V.S.
CEO赌博式投机心理
高管心理特征
衍生工具使用（选择性对冲）
信息风险
经营风险
经济效应
有息负债：债务融资成本
无息负债：商业信用融资
融资约束
经济效应：融资约束
V.S.
表征效应：风险承担意愿
公司创新
总结与建议
研究结论
研究创新
研究不足与展望
政策建议

图 0－1　本书的逻辑框架

第一章

文献综述与理论基础

第一节 衍生工具使用的影响因素

一、公司特征与衍生工具使用

现有关于从公司特征视角研究衍生工具使用影响因素的文献较为丰富。学者们主要从公司具体动机出发来研究衍生工具使用，具有包括降低公司破产和缓解投资不足的风险管理动机、税收优惠动机、管理者激励动机等。

（一）风险管理动机

衍生工具诞生的初衷是为了对冲风险，因此风险管理是公司使用衍生工具的主要目的。

首先，在降低公司破产风险方面，Smith 和 Stulz（1985）通过建立理论模型认为，预期的财务困境成本和破产交易成本能够影响公司衍生工具的对冲行为，它们会促使频繁借款的公司出于声誉动机，通过衍生工具对冲来降低债务融资成本和减少债券契约的约束条款。Lel（2012）采用实证方法研究了 1990 ~ 1999 年来自 30 个不同国家的公司样本发现，公司治理水平高的公司通常为了对冲外汇风险和降低外部融资成本而使用衍生工具。之后的一些学者也通过实证研究证明了外汇风险敞口越大和破产风险越高的公司更可能使用衍生工具进行对冲（Choi et al.，2015；Huang et al.，2017；Ahmed et al.，2018）。相反，多样化经营和内部流动资金充裕度高的公司因其破产风险更小而较少使用衍生工具（Adam et al.，2017；Ahmed et al.，2018）。此外，规模越大的公司越可能拥有更多的资源和经验使用衍生工具，从而产生降低风险管理成本的规模经济效应（Choi et al.，2015；Huang et al.，2017）。国内学者也通过实证研究发现了衍生工具使用降低财务困境成本（郭飞和徐燕，2010；贾炜莹等，2010；戴致光，2013）和降低现金流波动的风险管理动机（黄世忠和王晓珂，2016）。例如，郭飞和徐燕（2010）基于沪深300指数公司的实证研究发现，上市公司使用衍生工具对冲的动机主要有两个，其中之一就是降低财务困境成本。

其次，在缓解投资不足风险方面，Froot等（1993）通过建立理论模型认为，当公司外部融资成本高于内部融资成本时，公司更可能通过对冲行为降低现金流波动来缓解投资不足风险。同样地，Geczy等（1997）基于外汇衍生工具视角，也发现拥有更多投资机会和更大融资约束的公司更可能通过衍生工具对冲来降低现金流波动，从而抓住有价值的投资增长机会。之后的一些学者通过实证研究也证明了有更高增长机会的公司更可能从事衍生工具对冲来缓解投资不足风险（Huang et al.，2017；Ahmed et al.，2018）。然而，Geyer－Klingeberg等（2019）通过元回归分析，却没有发现公司使用衍生工具避免投资不足的动机。同样地，国内一些学者也没有发现中国上市公司使用衍生工具的投资不足动机（贾炜莹等，2010；郭飞和徐燕，2010），如戴致光（2013）基于2003~2011年沪深A股有色金属行业上市公司样本，甚至得出了有更多投资机会的公司却不进行对冲的结论。

（二）税收优惠动机

获得税收优惠是公司使用衍生工具的重要影响因素。Smith和Stulz（1985）通过建立理论模型认为，当公司的有效边际税率是公司税前价值的增函数且对冲成本不大时，公司能够通过衍生工具对冲降低税前价值的波动，进而带来公司预期税负的降低和预期税后价值的增加。Graham和Rogers（2002）也发现公司衍生工具对冲的避税目的，但他认为公司进行衍生工具对冲是为了提高负债能力和实现利息税的减免，而非因为税收凸性带来预期税负的降低。同样地，郭飞和徐燕（2010）选取2008年沪深300指数公司样本进行实证研究，也发现上市公司使用衍生工具降低税负的动机。然而，与以上学者研究结论相反，贾炜莹等（2010）和 Geyer - Klingeberg 等（2019）分别通过建立结构方程模型和实证研究均没有发现衍生工具使用的避税动机。

（三）管理者激励动机

管理者激励动机也是公司使用衍生工具的重要影响因素。Smith 和 Stulz（1985）通过建立理论模型，认为管理者薪酬影响公司衍生工具的对冲行为。当管理者薪酬计划中包含的奖金和股票期权条款越多时，越会促使管理者冒风险，导致公司衍生工具对冲的可能性越小；而当管理者拥有公司股份越多时，管理者越会出于风险规避动机通过衍生工具对冲来降低公司风险。此后，也有一些学者在此基础上得到拥有股票期权的管理者不进行对冲的结论，他们认为对冲由于能够降低公司价值波动性，进而降低股票期权的价值，导致他们面临高昂的对冲成本（Tufano，1996；郭飞和徐燕，2010；Breeden and Viswanathan，2016）。贾炜莹等（2010）结合中国资本市场的特殊制度背景，甚至认为管理者效用最大化理论下的管理者薪酬和持股比风险管理理论在解释上市公司衍生工具使用动机时作用更强。但与上述结论相反，戴致光（2013）基于 2003 ~ 2011 年有色金属行业的上市公司样本，却没有发现管理者持股影响衍生工具对冲的证据。

二、高管特征与衍生工具使用

现有关于从高管个人特征视角研究衍生工具使用影响因素的文献相对较少。少数学者从高管风险偏好视角研究公司衍生工具使用的影响因素。Smith 和 Stulz（1985）通过建立理论模型认为风险厌恶型经理会通过衍生工具对冲来降低其薪酬不确定性。然而，衍生工具的高杠杆性使其成为投机套利工具，高管追求套利收益也构成公司使用衍生工具的动机（Bartram，2019）。Lel（2012）基于外汇衍生工具视角，采用30 个不同国家的公司样本，发现在公司治理水平低的公司中，管理者风险偏好会促使其出于自身利益进行选择性对冲，从而增加公司外汇衍生工具使用。Beber 和 Fabbri（2012）同样基于外汇衍生工具视角，以 1996 ~ 2001 年美国标准普尔 500 指数成分股非金融公司为样本发现，拥有 MBA 学位、年轻、工作经验较少的 CEO 更可能过度自信，他们会根据过去汇率信息来预测未来汇率变动，进而动态调整公司所持有的外汇衍生工具的名义金额，表现出更强的投机动机。而 Doukas 和 Mandal（2018）基于衍生工具对冲的视角，使用美国《财富》500 强 2008～2012 年的非金融公司数据，发现任期越长、经验越多的 CEO 越可能为了规避风险而使用衍生工具进行对冲。在国内，孙叶萌和侯粲然（2015）通过 2008～2012 年 A 股制造业上市公司数据，同样发现管理者过度自信能够增加公司衍生工具使用的证据。

也有学者从高管能力视角研究公司衍生工具使用的影响因素。Breeden 和 Viswanathan（2016）通过建立理论模型认为，由于对冲存在如股票期权价值降低这样的对冲成本，因此只有拥有超强能力的管理者在发生自己无法控制的风险，且由于管理者超强能力带来公司业绩明显高于其他能力较差管理者所在的公司业绩时，对冲才会发生。Boubaker 等（2020）利用法国教育背景的特殊数据，研究了 CEO 受教育质量（是否来自 Polytechnique、ENA 和 HEC 这三家精英教育机构）、受教育水平（学历高低）和受教育类型（工程类、管理类、其他）对公司衍生工具使用的影响，发现受到精英教育的 CEO 由于其高风险管理能力而更可能使用衍生工具对冲风险，同时使用衍生工具也提升了公司绩效，而非精英教育的 CEO 无论是其受教育类型还是受教育水平均对公司衍生工具使用无显著影响。此外，曹玉珊（2018）分别从高管权力和能力视角进行实证研究发现，高管权力越大、因缺乏金融财务专业知识和从业经验导致的认知偏差越大，越有可能使用衍生工具投机，且这种正向作用在快速增长的公司越显著。

第二节 衍生工具使用与公司债务融资

一、衍生工具使用与公司风险

（一）衍生工具使用与经营风险

衍生工具作为公司重要的风险管理工具，其初衷是为了建立对冲组合降低外部环境变化带来的汇率、利率和商品价格等的波动风险，实现套期保值。然而现实中关于衍生工具能否切实管理风险并没有得到一致性直接或间接结论（Lau，2016）。部分研究表明衍生工具使用降低了公司经营风险。Guay（1999）基于美国的研究样本发现，随着公司开始建立衍生工具头寸，利率风险敞口、汇率风险敞口和股票回报波动率都出现了下降。同样地，Allayannis 和 Ofek（2001）也基于美国公司样本，发现外汇衍生工具对冲降低了公司汇率风险敞口。Bartram 等（2011）基于 47 个国家的公司样本发现衍生工具使用降低了总风险和系统性风险。Belghitar 等（2013）基于 2002～2005 年法国最大的非金融公司数据，发现外汇衍生工具使用能够降低整体外汇风险敞口的证据。Huang 等（2017）基于 2003～2009 年的英国公司样本，发现衍生工具使用能够降低公司周股票回报波动率和系统性风险，且这种降低作用在金融危机期间以及使用外汇和利率衍生工具的公司中更明显。在国内，黄世忠和王晓珂（2016）基于 2007～2011 年中国上市公司数据，发现衍生工具使用降低公司现金流波动性的效果在非国有企业中明显，但在国有企业中不明显，同时文章并没有发现衍生工具降低公司盈余波动性的证据。Shao 等（2019）以中国非金融上市公司为研究对象，发现采用商品期货对冲能够降低公司商品价格风险敞口，而投机目的对商品价格风险敞口的影响不大。

然而，也有学者认为衍生工具并未降低公司经营风险，甚至加剧经营风险的扩张。Hentschel 和 Kothari（2001）基于美国大型公司样本数据，发现使用衍生工具的公司与未使用衍生工具的公司相比，其风险敞口并没有明显差异。Lien 和 Zhang（2008）基于新兴衍生工具市场的调查研究发现，衍生工具的使用可能会加剧市场波动，成为金融危机的助推器，加速危机蔓延。在国内，由于金融机构披露的衍生工具使用信息相较于非金融公司更加完善，因此大部分集中在金融机构衍生工具的使用效果上。例如，郭飞和线婷婷（2018）基于中国上市商业银行数据，发现银行外汇衍生工具使用扩大了银行的短期和长期外汇风险敞口。冯晓晴等（2019）也得到了类似的证据，他们发现衍生工具使用提高了金融类上市公司的股价崩盘风险，但采用套期会计处理可以降低股价崩盘风险。张肖飞和徐龙炳（2020）甚至发现后金融危机时期和股市处于熊市期间，上市银行衍生工具使用加剧银行整体系统性风险的证据。

（二）衍生工具使用与信息风险

基于对冲理论的研究发现，衍生工具能够降低公司现金流波动（Froot et al.，1993），易于外部利益相关者根据公司稳定的现金流作出更准确的价值判断，从而降低公司信息风险。然而大部分研究表明，衍生工具由于经济性质和会计处理复杂，成为公司盈余管理的工具，增加公司与外部利益相关者的信息不对称程度，带来信息风险。Barton（2001）使用美国财富 500 强 1994～1996 年的非金融公司样本，发现公司使用衍生工具进行盈余管理的证据。王晓珂和黄世忠（2017）使用 2007～2013 年非金融上市公司数据发现，公司使用衍生工具显著增加了操纵性应计利润，可能的原因是高管投机行为和套期会计复杂性带来的信息透明度降低。同样地，郭飞等（2019）以 2010～2016 年上市商业银行为研究样本发现，除了计提操纵性贷款损失准备外，使用衍生工具是银行盈余管理的另一主要手段。已有国内外文献均发现，即便是金融分析师这样的专业人士，也难以识别公司使用衍生工具对其盈利的影响，当公司使用衍生工具之后，分析师的盈余预测偏差和盈余预测分歧度都开始大幅增加（Campbell et al.，2015；Chang et al.，2016；王晓珂等，2020）。同时，衍生工具的使用也给审计师的审计带来极大挑战，审计风险和审计收费随之增加，且衍生工具的复杂性（包括会计复杂性和经济复杂性）越高，审计收费越多（郭飞等，2018）。

二、公司风险与公司债务融资

由于股票市场发展需要良好的法治环境和信用环境作为保障，作为新兴资本市场国家，中国的股票融资增长较为缓慢，实体企业融资仍然以银行等债务融资为主（易纲，2020）。目前已有关于债务融资影响因素的研究较为丰富，但无论是研究以银行借款和债券融资为代表的有息负债，还是研究以商业信用融资为代表的无息负债，都离不开风险因素。风险感知是超额收益率的主要来源（Merton，1974），风险越大，风险溢价越高，银行贷款利率越高（Blackwell and Winters，1997），债券信用价差越大（Rahaman and Zaman，2013），商业信用融资越低（Smith，1987）。其中，经营风险和信息风险是影响公司债务融资的两个主要风险来源。

（一）经营风险与公司债务融资

经营风险衡量了公司出现财务困境的可能性，决定着公司违约风险的高低。Merton（1974）基于 Black 和 Scholes（1973）期权定价模型提出债券违约的结构模型，该模型提供了债券信用利差与违约风险的整合框架，并被后续很多学者使用（Avramov et al.，2007；Liao et al.，2009）。此后，很多学者分别从宏观和微观影响因素来分析经营风险对公司债务融资的影响。周宏等（2011）以 2008 年全球金融危机为背景，采用 2007～2009 年中国上市公司发行的企业债券为研究样本，发现经济全球化背景下金融危机的爆发加大了企业债券的违约风险，企业偿债能力受到严重影响，债券信用利差显著增加。Rahaman 和 Zaman（2013）采用 1994～2004 年美国中型制造业公司数据，发现管理良好的公司增长机会更多、经营风险更低，从而带来更低的银行融资成本，表明银行在进行定价和设计债务合约条款时会充分考虑公司管理不善带来的经营风险。陈运森和王汝花（2014）基于 2004～2012 年中国违规被处罚公司数据，发现公司违规后受到的法律和监管机构处罚会使公司未来经营的不确定性增加，经营风险提高，此时供应商会缩紧对违规公司的商业信用供给，降低其商业信用融资的可得性。D'Mello 和 Toscano（2020）通过 1986～2016 年美国非金融公司样本发现，经济政策不确定性会加大公司财务困境的可能性和财务困境程度，带来公司经营风险的增加，从而降低公司商业信用融资。此外，相关研究表明良好的公司治理（周宏等，2018）和高内部控制质量（李晓慧和杨子萱，2013；敖小波等，2017）均能够通过降低债务人的经营风险来降低资本成本，增加公司债务融资能力。

（二）信息风险与公司债务融资

债务人与债权人之间的信息不对称性引发的信息风险会导致更高的债务融资成本和更低的商业信用融资。Diamond 和 Verrecchia（1991）以及 Duffie 和 Lando（2001）分别通过建立理论模型认为资本成本受信息不对称程度的影响，债权人面对信息风险时会要求更高的风险溢价。周宏等（2012）利用改进的 Black - Scholes 期权估值模型，也发现随着发行公司与投资者之间信息不对称程度的加深债券信用利差提高。实证研究方面，Bharath 等（2008）认为会计信息质量衡量了借款公司与未来现金流相关的信息风险，他们使用美国所有 1988 ~ 2003 年发起银行借款和公募债券的公司，研究发现针对高信息风险的借款公司，无论是银行还是债券持有人都会制定更严格的价格条款。Graham 等（2008）使用 1997 年 1 月至 2002 年 6 月美国财务重述的公司数据，发现相较于财务重述之前，公司财务重述后由于其财务报告信息不确定性增加，导致其申请的银行贷款利差显著提高。Lu 等（2010）基于美国 2001 ~ 2006 年上市公司数据发现，市场对信息不确定性和不对称性要求了更高的信用利差，即使控制了债券信用评级之后这种现象依然存在。Hui 等（2012）采用 1995 ~ 2007 年美国制造业公司数据，发现稳健、可靠和高质量的会计信息是商业信用供给方进行信用供给决策时判断需求方财务风险和还款能力最直接的信息来源。之后的研究也证明缓解债权人与债务人之间的信息不对称程度能够降低公司债务融资成本（杨大楷和王鹏，2014；钱爱民和朱大鹏，2017；Cai and Zhu，2020）。此外，相关研究表明良好的公司治理（周宏等，2018）、高外部审计质量（陈超和李鎔伊，2013）和高内部控制质量（郑军等，2013；敖小波等，2017）均能够通过降低公司与债权人之间的信息不对称程度来降低资本成本，增加公司债务融资能力。

三、衍生工具使用与公司债务融资

已有关于衍生工具使用影响公司债务融资行为的研究未得到一致的研究结论。部分研究表明，衍生工具使用增加了公司债务融资能力，并降低了公司债务融资成本。Graham 和 Rogers（2002）较早地发现衍生工具对冲提升公司债务融资能力的证据。Campello 等（2011）基于 1996 ~ 2002 年美国公司样本数据，发现衍生工具对冲能够降低银行融资成本并缓解信贷合约条款限制的证据。类似地，Beatty 等（2012）基于 1995 ~ 2005 年美国公司样本数据发现，当借款人的违约风险较高或在利率上升环境下借款人销售收入下降时，银行会在贷款协议中包含利率保护契约，强制要求借款人使用衍生工具对冲利率风险；若借款人通过利率保护契约承诺在获得银行贷款后持续对冲利率风险，会相应获得较低的借款利率；相反，他们没有发现自愿进行利率衍生工具对冲的借款人其借款利率降低的证据，但会计稳健性能够增强自愿使用衍生工具的借款人承诺对冲的能力，最终带来借款利率的降低。Chen 和 King（2014）以 1994~2009 年美国大型公司发行的公募债为对象，研究发现衍生工具的对冲作用显著降低了债券融资成本，并且这种积极的作用主要通过降低破产风险、代理成本和缓解投资者与管理层之间的信息不对称来实现。Kim（2016）以 2001~2008 年美国上市公司启动信用违约互换（CDs）交易的投资级公司债券为对象，发现战略性违约可能性较高的公司在引入 CDs 后其二级市场公司债券利差出现相对较大的下降，且这种影响在股东议价能力较强、重新谈判成本较小以及风险较高的公司中更明显。在国内，李红坤等（2016）选取 2010~2013 年中国制造业中两个代表性行业的季度数据，发现衍生工具通过对冲公司财务困境风险和降低信息不对称程度降低了公司债务成本的证据。郭飞等（2020）基于后金融危机时期上市公司发行的公司债券数据，发现符合套期保值会计准则的衍生工具对冲降低了公司债券的发行利差。然而，部分研究发现衍生工具使用并没有显著影响公司债务融资成本，甚至提高了公司债务融资成本。Yi 等（2008）基于 1992~1996 年美国 315 家大型公司年度数据的检验发现，衍生工具使用并没有影响债券发行人的信用评级和债券融资成本。Coutinho 等（2012）以外汇衍生工具为研究对象，基于 2004~2010 年巴西资本市场的非金融上市公司数据，甚至发现衍生工具使用提高公司资本成本的证据，但在 2008 年金融危机后衍生工具使用带来了公司资本成本的下降，可能的原因是公司更加谨慎地使用衍生工具和资本市场更加严格的监管。

第三节 衍生工具使用与公司创新

目前极少数学者直接研究了衍生工具使用与公司创新的关系。由于公司创新属于公司高风险、高回报的战略性投资行为，部分学者对衍生工具使用与公司投资行为的关系进行了相关研究。因此，本书分别从衍生工具使用与公司投资、公司创新的影响因素、衍生工具使用与公司创新三个方面进行文献梳理。

一、衍生工具使用与公司投资

已有关于衍生工具使用与公司投资行为关系的直接研究较少。相对较早的研究发现，具有高成长机会但存在融资约束的公司更可能使用衍生工具对冲，以降低与投资机会相关的投资不足成本（Froot et al.，1993；Geczy et al.，1997）。之后的学者在此基础上进行了进一步研究，Berrospide 等（2008）以 1998 年金融危机之后巴西从固定汇率制度向浮动汇率制度转变为背景，采用 1997 ~ 2005 年巴西非金融、非国有和非外资公司的数据，发现积累了外币债务的公司使用外汇衍生工具对冲增加了其外债能力，进而降低资本支出对公司经营现金流的依赖度，提高了公司投资水平，该结论支持了 Froot 等（1993）建立的理论模型。Campello 等（2011）使用美国 1996 ~ 2002 年的数据，发现使用衍生工具对冲的公司获得了相对较低的信贷利差，且信贷条款上关于公司投资支出的限制也更少，从而提高了公司的投资能力。Jankensgård 和 Moursli（2020）通过手工搜集 2000 ~ 2015 年美国石油和天然气行业数据分析发现，当公司使用衍生工具带来现金流增加 1 美元，资本支出将平均增加 1 美元，且衍生工具对投资的促进作用在公司外部融资成本更高时效果更明显，在行业衰退期间，公司使用衍生工具对冲带来的现金流增加占到其投资过程中所获融资额的约 20%。

二、公司创新的影响因素

创新作为公司持续性竞争优势获取的重要途径，是公司一项非常重要的投资性战略。已有关于公司创新影响因素的研究非常丰富，尤其是在当前世界经济增速放缓、国内经济下行压力加大的严峻环境挑战下，关于创新影响因素的研究更是成为学者关心的热点话题。本书将从创新愿力、创新财力和创新能力这三个影响创新的基本要素出发，对已有文献关于公司创新影响因素的研究进行梳理。

从创新愿力角度看，创新是一项高风险高回报的投资项目，而公司高管是创新的决策者和执行者，其创新意愿对公司创新起到了决定性作用。早期文献发现，高管出于声誉担忧（Hirshleifer and Thakor，1992）和职业规划（刘运国和刘雯，2007）等考虑会偏向于选择安全性较高的投资项目，规避风险较大的创新活动。近期有研究发现，高管薪酬黏性是在某种程度上容忍高管决策失利的制度安排，能够适当提高高管的冒险意愿，进而促进其推动公司创新水平和创新效率的提高（徐悦等，2018）。胡国柳等（2019）基于2009~2015年中国A股上市公司数据发现，高管认购责任险（D&O保险）有助于增强其风险容忍度，进而推动公司自主创新。随着行为金融学理论的不断发展，一些学者开始从高管特质视角捕捉其敢于冒险和勇于探索的精神，进而研究其对创新愿力大小的影响。Hirshleifer等（2012）基于1993~2003年美国公司的样本发现，过度自信的CEO由于可以通过接受高风险高回报的项目来获得更高的平均创新生产力，其所在的公司创新投入和创新产出均更多。同样地，易靖韬等（2015）选取2008~2011年中国上市公司数据，也发现过度自信的高管会加大其所在公司创新投入和创新产出的证据。此外，Ham等（2018）利用CEO在SEC文件中的签名大小来判断其自恋程度，发现自恋的CEO更容易出现研发、并购等过度投资。同时，也有文献根据高管个人经历判断其是否具有冒险精神，进而分析其对公司创新的影响。张信东和郝盼盼（2017）选取2002~2013年制造业和信息技术行业中国上市公司数据，发现早年有饥荒经历的CEO因其更加保守而阻碍公司创新的证据。Sunder等（2017）使用美国研究数据，发现拥有飞行员资历的CEO能够将风险承受能力和对新奇体验的渴望结合起来，通过提高创新效率推动创新的成功。权小锋等（2019）使用中国上市公司样本，发现从军经历使高管具有更大的冒险精神和更高的风险承受力，对公司创新具有显著的促进作用，具体表现为拥有从军经历的高管其所在公司创新水平更高，且当高管之前从军经历越长、军衔越高，其所在公司创新水平越高。

从创新财力角度看，创新需要大量且长期的资金投入，充足的资金保障是创新得以开展和持续的必要条件。已有文献从融资约束视角对此进行了充分探讨。Hsu等（2014）基于32个发达国家和新兴国家1976~2006年数据，研究股票市场和信贷市场发展程度对创新的影响，发现对于外部融资依赖度高和科技密集型行业来说，发达的股票市场促进了其创新水平，而信贷市场发展却起到了抑制作用。Cornaggia 等（2015）基于 1976 ~ 2006 年美国公司样本，发现银行业竞争改善了外部融资约束高的企业的信贷环境，进而提高其创新水平。在国内，唐清泉和巫岑（2015）、翟胜宝等（2018）分别发现银行业竞争加剧、银企关联均能通过缓解融资约束促进公司创新。章元等（2018）以中关村高新技术企业为样本，发现政府补贴仅对企业以购买方式获得新技术和短期创新有促进作用，而对长期创新激励效果不明显，甚至还阻碍了企业自主创新。此外，余明桂等（2019）基于中国工业企业数据发现，国有企业民营化因加大融资约束抑制了企业创新。毛其淋（2019）基于中国本土制造业企业数据发现，外资进入由于缓解融资约束提高了企业创新。

从创新能力角度看，创新还需要知识和智力因素的支撑。Hottenrott 和 Peters（2012）基于德国制造业公司数据，发现制约公司创新水平的因素不仅包括融资约束，还包括创新能力。张振刚等（2016）选取珠三角地区大中型公司数据，基于社会交换理论发现，慈善捐赠由于与科技资源获取存在倒“U”形关系，从而对创新绩效产生影响，即中等慈善捐赠水平的公司由于获取的科技资源更多，进而带来的专利产出也越多。王营和张光利（2018）基于中国民营上市公司数据发现，董事网络作为专利知识传播载体，能够提高民营企业的创新水平和专利质量。姚立杰和周颖（2018）发现管理层能力是提高公司创新水平和创新效率的重要影响因素，且这种促进作用并不随产权性质和行业不同而不同。毛其淋（2019）也发现外资引入除了能够缓解本土企业融资约束外，还能够提高研发能力进而促进企业创新。

三、衍生工具使用与公司创新

公司创新是一项具有高风险、高回报的战略性投资行为，金融衍生工具如何影响实体企业具有战略性决策的创新行为值得深入研究，然而已有关于衍生工具使用与公司创新关系的相关研究非常匮乏。Blanco 和 Wehrheim（2017）选取制药、电子通信、运输设备等 5 个美国制造业的代表性行业，考察作为股票期权交易标的的公司与其创新之间的关系，发现期权交易通过提高信息效率降低了标的公司与研发相关的信息不对称程度，进而鼓励标的公司从事更具创造性、多样化和高风险的创新活动，提高标的公司资源配置效率。具体地，期权交易量每增加1%，标的公司创新力将增加0.155%，即股票期权交易对标的公司研发投入带来的专利和专利引用具有明显的促进作用。在国内，郝项超和梁琪（2019）采用2001～2017年中国上市公司数据，从外汇衍生工具使用视角研究其对公司创新的影响。该研究发现，公司使用外汇衍生工具提高了创新数量和质量；进一步研究发现，外汇衍生工具使用降低了公司债务融资成本，并增加了研发投入以及探索性专利占比和新分类专利占比，因此研究认为外汇衍生工具使用产生的积极作用可能来源于两个途径：一是降低公司债务融资成本促使其扩大研发投入带来创新数量增加，二是鼓励公司承担更多风险以进行新领域研发提高创新质量。

第四节 文献评述

现有关于衍生工具使用影响因素的文献较为丰富，尤其是从公司特征视角研究衍生工具使用动机对公司是否使用以及何时使用衍生工具的文献较多，如风险管理动机（Smith and Stulz，1985；Froot et al.，1993；黄世忠和王晓珂，2016；Huang et al.，2017）、税收优惠动机（Smith and Stulz，1985；Graham and Rogers，2002；郭飞和徐燕，2010）、管理者激励动机（Smith and Stulz，1985；Tufano，1996；贾炜莹等，2010；Breeden and Viswanathan，2016）。而从高管特征视角研究衍生工具使用影响因素的文献相对较少，已有研究包括高管风险偏好（Smith and Stulz，1985；Lel，2012）、高管过度自信（Beber and Fabbri，2012；孙叶萌和侯粲然，2015）、高管能力（Breeden and Viswanathan，2016；Boubaker et al.，2020）和高管权力（曹玉珊，2018）对公司衍生工具使用的影响。其中，尤其是国内的相关研究更是屈指可数，只有孙叶萌和侯粲然（2015）以及曹玉珊（2018）这两篇文献。随着中国国际化步伐的加快，中国公司受到国内外宏观环境的影响日益变大，风险管理已成为中国公司面临的重要问题，而衍生工具作为有效的风险管理手段，其重要性与中国当前衍生工具学术研究的匮乏和实务中使用率低下的现状均不符。虽然少数研究从公司层面的成本和效益最大化目标出发对衍生工具使用的影响因素展开了相应讨论，但这些研究仍不能很好地解释中国上市公司面临着日益加深的外部环境风险，却很少使用衍生工具进行风险管理这一现实问题。考虑到高管是公司战略和财务行为的重要决策者和执行者，公司衍生工具的使用决策除了受到公司主体特征的影响外，还会受到高管个人特质的影响。鉴于衍生工具的高复杂、高杠杆和高风险特征，高管风险承担意愿和极端赌博式投机的心理特征很有可能成为影响公司衍生工具使用的重要因素。现有研究围绕高阶理论和风险决策理论已经发现高管风险承担意愿和赌博式投机心理在解释高管决策异质性中起到的作用，但却鲜有直接将其用于研究公司衍生工具的使用决策中。因此，从高管风险承担意愿和赌博式投机心理视角研究衍生工具使用的影响因素具有必要性和可行性。

关于衍生工具使用与公司债务融资的关系研究，可以从研究衍生工具使用带来公司经营风险和信息风险的改变着手，进而研究其对公司债务融资的影响。首先，关于衍生工具使用对公司风险的影响，目前已有大量文献从公司经营风险和信息风险视角进行研究。其中，关于衍生工具使用对公司经营风险影响的研究结论并不一致，部分学者基于不同国家样本发现衍生工具使用降低公司经营风险的证据（Guay，1999；Bartram et al.，2011；Belghitar et al.，2013；Huang et al.，2017），也有学者认为衍生工具使用并未降低公司经营风险，甚至加剧经营风险的扩张（Hentschel and Kothari，2001；Lien and Zhang，2008；郭飞和线婷婷，2018）；关于衍生工具使用对公司信息风险影响的研究结论基本一致，即认为衍生工具由于经济性质和会计处理复杂，成为公司盈余操纵的手段，增加了公司信息风险（Barton，2001；王晓珂和黄世忠，2017；郭飞等，2019）。其次，关于公司风险对公司债务融资的影响，目前已有大量文献从经营风险和信息风险视角进行研究并得出了一致结论，即，随着公司经营风险和信息风险的增加，其债券信用利差（Merton，1974；周宏等，2012）和银行贷款利差（Graham et al.，2008；Rahaman and Zaman，2013）均会显著增加，而商业信用融资规模会显著降低（钱爱民和朱大鹏，2017；D'Mello and

Toscano，2020）。然而，目前国外关于衍生工具使用与公司债务融资的研究较多，而国内的相关研究屈指可数，且已有关于衍生工具使用影响公司债务融资行为的研究也未得到一致结论。有部分研究认为衍生工具使用增加了公司债务融资能力，降低了债务融资成本（Campello et al.，2011；Chen and King，2014；李红坤等，2016；郭飞等，2020），也有研究认为衍生工具使用没有显著影响公司债务融资成本，甚至带来债务融资成本的增加（Yi et al.，2008；Coutinho et al.，2012）。衍生工具产生的初衷是对冲公司风险，而公司融资行为与公司风险之间具有直接的联系。同时，由于股东拥有对公司的剩余索取权，而债权人的权益则被限定为对本金和预期利息的要求权，使得债权人相较于股东更加关注公司风险（高强和邹恒甫，2015）。因此，从公司债务融资的角度检验衍生工具的经济效应，能够更好地验证衍生工具使用是否能够降低公司风险。

目前无论是国内文献还是国外文献，关于衍生工具使用与公司投资行为关系的直接研究较少，而具体到其与公司创新关系的研究更是匮乏。其中，关于衍生工具使用对公司投资的影响研究得出的结论较为一致，即公司使用衍生工具提高了公司投资水平（Froot et al.，1993；Berrospide et al.，2008；Campello et al.，2011；Jankensgård and Moursli，2020）。而关于衍生工具使用与公司创新的关系研究，目前只有 Blanco 和 Wehrheim（2017）、郝项超和梁琪（2019）分别从公司使用股票期权和外汇衍生工具的样本中发现，使用衍生工具能够通过降低公司风险带来创新增加。然而正如前所述，衍生工具具有高复杂、高杠杆和高风险特征，在新兴资本市场背景下中国衍生工具市场发展不够成熟，中国公司使用衍生工具更多地表现为选择性对冲，这本身就是一项高风险的财务和战略决策，且基于高阶理论，高管是公司财务和战略的重要决策者和执行者，因此大部分使用衍生工具的公司很可能意味着其高管本身具有高风险承担意愿个人特质，而非衍生工具起到对冲风险作用之后高管才敢于冒风险。同时，创新愿力中的高管风险承担意愿个人特质也正是公司创新的重要驱动力，如果衍生工具使用这种高风险、即时和显性的公司财务和战略决策可以表征高管风险承担意愿，那么将会发现使用衍生工具的公司更创新，从而验证衍生工具使用的表征效应。因此，在中国公司具体实践背景下，研究衍生工具使用与公司创新之间的关系可以验证衍生工具使用带来的表征效应的存在性，也对全面理解和评价衍生工具的使用效应具有重要参考意义。

第五节　理论基础

一、金融对冲理论

金融对冲理论，亦称套期保值理论，是通过衍生工具来规避和管理风险。传统的金融对冲理论是指为降低商品价格、利率和汇率等的波动带来的风险敞口，而进行的与现货市场交易方向相反、交易种类相同、交易数量相等、交易月份相同或相近的衍生工具市场操作。其理论前提是：（1）期货市场的期货品种足够多，能够与现货市场的商品品种相对应，或者能够在期货市场匹配到与现货市场商品原材料或原材料替代品等相关程度高的期货品种；（2）由于基础标的相同，由供求关系决定的期货和现货市场价格同涨同跌，走势相同；（3）随着期货合约到期日的接近，现货和期货市场投机套利空间的降低带来两个市场的价格趋于一致。

然而现实中由于基差风险的存在和合约的标准化问题，金融对冲者很难同时满足这些交易原则和理论前提，实现完全金融对冲。Working（1962）提出了基差逐利型套期保值理论，亦称选择性套期保值或选择性对冲理论。他认为套期保值不仅仅是风险转移和降低，其核心在于金融对冲者能否通过现货和期货市场价格的波动获得基差收益，即在既定的基差风险下最大化利润或在预期的收益下最小化风险。Johnson（1960）和 Ederington（1979）在套期保值中引入投资组合理论，逐渐形成现代金融对冲理论。他们认为金融对冲是风险管理而非风险转移的过程，对冲者对期货和现货市场的资产进行组合，这种组合的比率，即最佳对冲比率取决于对冲目的和两类市场价格相关性。按照选择性对冲理论观点，衍生工具使用的投机行为不可避免，决策者根据自身判断权衡现货与期货整体风险与收益以确定风险对冲程度（Working，1967），通常会以接受较小基差风险来避免较大价格风险。全球各地公司经理人在执行套期保值计划时，经常会根据自己对市场的判断改变衍生工具交易规模和时机（Adam et al.，2017），表现出选择性对冲特征。有研究认为，实务中衍生工具使用已经从纯粹规避风险转向有选择地承担特定风险的行为（刘淑莲，2009），市场上衍生工具的交易量已远远超出实体经济的实际需要量，2004～2013 年声明以商品期货进行衍生工具对冲的中国上市公司中有 68% 的公司年度实际上进行着期货投机（张倩和冯芸，2014）。因此，中国上市公司衍生工具使用也很有可能是决策者基于对市场和时机判断而做出的一种特定风险承担行为，受到高管风险承担意愿的影响。

二、信息不对称理论

信息不对称理论由美国经济学家 Akerlof、Spence 和 Stiglitz 于 20 世纪 70 年代提出。该理论认为不同市场参与主体因在获取信息的渠道、掌握信息的数量和质量上存在不同而承担不同的风险和收益。一般来说，处于信息优势方获得更多收益、承担较少风险，而处于信息劣势方获得较少收益却承担更多风险。在所有权与经营权分离的现代企业中，管理者相对于投资者拥有更多信息，股东相对于债权人拥有更多信息。因此，债权人在投资者中处于信息劣势方，与公司进行保护性条款谈判时通常处于劣势地位，从而导致相对于股权融资成本来说，债务融资成本对公司风险的敏感性更高。

债权人判断公司能否获得到期债务价值的前提是对公司价值进行正确评估，因此用于评估公司价值的信息质量将直接影响公司估值的高低，如果信息不对称程度较高，则债权人必然会对公司价值进行“折扣”从而预期到更高的违约风险，表现为债务人更高的债务融资成本和更低的债务融资规模。对冲理论认为，理想的衍生工具对冲能够降低公司现金流波动（Froot et al.，1993），易于外部利益相关者根据公司稳定的现金流做出更准确的价值判断，从而降低公司信息风险，提高公司价值评估所需信息的质量，提升债权人对公司价值评估的准确程度（Yu，2005）。然而，现有研究基本认为衍生工具由于经济性质和会计处理复杂，成为公司盈余管理的工具，增加了公司与外部投资者之间信息不对称程度，带来信息风险的增加（Barton，2001；王晓珂和黄世忠，2017；

郭飞等，2019）。因此，基于信息不对称理论，处于信息劣势方的债权人由于对公司风险具有高敏感度，其在评估债务人能否按期还本付息时，会关注债务人衍生工具使用带来的信息风险变化，从而影响到其信贷决策，表现为债务人融资成本或融资规模的改变。

三、信用风险框架理论

Merton（1974）提出信用风险框架理论，他认为股东对有债公司的剩余索取权可以看作是以负债到期价值为执行价格的特殊看涨期权，当到期公司价值（标的资产价值）小于执行价格时，股东执行期权将无利可图，其会放弃期权即发生违约，而公司价值低于债务到期价值的风险即为违约风险。已有关于衍生工具使用对公司经营风险影响的研究，部分学者认为衍生工具使用降低公司经营风险（Guay，1999；Bartram et al.，2011；Belghitar et al.，2013；Huang et al.，2017），也有学者认为衍生工具使用并未降低公司经营风险，甚至加剧经营风险（Hentschel and Kothari，2001；Lien and Zhang，2008；郭飞和线婷婷，2018）。而公司经营风险越高，其违约风险将越大。根据期权定价理论，标的资产价值波动越大期权价值越大，拥有看涨期权的股东有动机使用高风险的投资项目替代低风险的项目，即发生资产替代或风险转移问题。高风险投资项目会导致未来公司价值不确定性上升，扩大公司违约的可能性（Aretz and Bartram，2010）。如果衍生工具使用能够抵消外部因素对投资项目未来现金流分布的影响，降低投资项目价值的不确定性，进而抑制股东风险转移的动机，则会降低公司价值低于债务到期价值发生的可能性；如果衍生工具使用加大公司经营风险，带来违约风险增加，将会加大股东风险转移的动机，则会增加公司价值低于债务到期价值发生的可能性。因此，债权人在评估债务人能否按期还本付息时，将会关注债务人衍生工具使用带来的经营风险变化，从而影响到其信贷决策，表现为债务人融资成本或融资规模的改变。

四、风险决策理论

风险决策理论是决策者面对风险（不确定性）时如何进行决策的理论，

决策者面对风险时的心理状态会直接影响其作出的决策。因此，风险承担意愿和赌博式投机心理作为决策者面对风险时的两种重要心理状态，会影响风险决策行为。

首先，Tversky 和 Kahneman（1974）提出“易得性偏差”概念，他们通过研究发现，人们在进行决策时容易根据自己过去回忆得到的案例或熟知的非全面有效信息判断事件发生的概率和后果，进而做出偏差较大的决策，同时过去类似事件的显著性会导致决策者高估他们这次决策事件发生的概率。具体到衍生工具，关于衍生工具使用失败产生巨额亏损的案例时有发生且被媒体大肆报道，甚至 2008 年全球金融危机的爆发也与衍生工具的滥用有很大关联，加之中国衍生工具市场不够成熟，很多公司对衍生工具不够熟悉，致使一些公司虽然有对冲市场风险的需要，但其高管基于过去市场上多次衍生工具使用失败案例的判断而不敢使用衍生工具，其风险承担意愿较低。

其次，个体差异决策理论认为态度和动机是影响决策者个体差异的两个重要函数。其中，Von Neumann 和 Morgenstern（1947）提出的期望效用理论认为，决策者会最大化自己的期望效用，其进行风险决策时会受到决策结果的价值和对风险的态度两个因素影响。Atkinson（1964）提出的成就动机理论也指出，拥有强烈成功欲望的人会选择增加具有成就感的任务，而通常这样的任务具有高难度。因此，无论是具有风险偏好态度的决策者还是拥有强烈成就动机的决策者，均会具有较高的风险承担意愿。具体到衍生工具，虽然其具有高复杂性和高风险性，但如果使用得当将能够在对冲风险的同时尽可能地获取最大收益，表现为选择性对冲。尤其是当高管熟悉衍生工具时，具有高风险承担意愿的高管更会有足够的自信基于对市场的判断选择对公司有利的衍生工具种类、规模和时机。因此，本书所指的风险承担意愿并不是对风险的盲目追求，而是通过使用衍生工具进行选择性对冲以实现一定收益或达成特定目标而愿意承担特定风险的心理倾向。

最后，Kahneman 和 Tversky（1979）提出的前景理论中指出决策者是有限理性的，其在面对损失时具有风险偏好态度，即乐于冒险。沉没成本谬误概念认为决策者在进行决策时不仅会考虑未来要投入的成本，还会考虑之前投入的所有成本。因此，当决策者在面对损失或困境时，其内心会不愿意接受之前错误的投入成本，表现出“搏一把”的赌博式投机心理，因为他们认为一旦放弃赌博，之前的沉没成本就会白费。具体到衍生工具，如著名的巴林银行案和中航油新加坡公司案中，决策者为了掩盖重大亏损保住职位采用“孤注一掷”的衍生工具赌博式投机行为，造成银行倒闭和公司破产。因此，本书所指的赌博式投机心理是决策者在没有被套期保值实物资产时，主动单向地承受巨大的市场风险，预测正确则获取巨额收益，预测错误则遭受巨额亏损的非赢即输的投机行为。

五、高阶理论

Hambrick 和 Mason（1984）建立在人的有限理性基础上提出高阶理论，他们认为高管特质会影响公司战略选择，人口统计学特征如年龄、学历和职业背景等可以捕捉高管的认知、价值观和经验等特质。根据前述的风险决策理论，使用衍生工具的公司高管很可能具有高风险承担意愿的选择性对冲心理或者面临损失或困境时的赌博式投机心理。而如何衡量高管这两种内在心理倾向可以从高管显性的人口统计学特征着手。

已有研究表明，预期任期会影响高管的决策偏好（Antia et al.，2010；张兆国等，2014）。当高管预期其未来任期较长时，其越可能从未来任期中收回风险投资的回报，此时高管会倾向于主动进行诸如研发投资等周期长、风险高项目或站在公司利益角度使用衍生工具进行选择性对冲，以增加自身未来收益或实现自身成就动机。因此，高管在预期任期长时会表现出较高的风险承担意愿。而当预期任期即将结束且离任后自身利益与公司关联很小时，为寻求任期延长而追求速胜或获得离任前更大收益，高管很可能出现复活赌博或风险转移行为（Cziraki and Xu，2014）。此时，这种赌博式投机行为如果成功则高管继续留任或获得离任前高收益，如果失败最多失去自己本就所剩无多的职位，损失由公司承担。因此，当高管预期任期即将结束且离任后自身利益与公司关联很小时很可能会“孤注一掷”地进行赌博式高风险投机行为。因此，从高管异质性层面，通过高管预期任期并结合高管离职后能否与公司实质性脱离可以较好地度量高管风险承担意愿和赌博式投机心理。

第二章

衍生工具的发展与监管

第一节 衍生工具市场发展与监管

一、衍生工具的起源、内涵与分类

衍生工具亦称衍生品（Derivatives）、金融衍生品（Financial Derivatives）或金融衍生工具（Derivative Instruments）。典籍上记载最早应用于经济的衍生工具来自亚里士多德（1965）在其著作《政治学》对自然哲学家泰勒斯利用“期权”敛财的批评①。当时人们嘲笑以哲学闻名的泰勒斯只关注无用的哲学而自己却穷困潦倒，为证明哲学家不难致富，泰勒斯应用自己的天文学知识和理财智慧进行了一次期权投机。某年冬他通过观星术预测第二年夏季橄榄树将会丰收，于是将自己所有资金交给附近两个城邦的油坊作为定金，约定租用所有榨油设备。由于此时无人与他竞争，签订的租金很低。第二年橄榄果然丰收，需要榨油的人到油坊只能按照他制定的更高租金租入榨油设备，最终泰勒斯凭借期权升水赚得大量金钱。

关于衍生工具的定义，国内外学术界和实务界均没有统一标准。国际比较权威的定义，如国际互换与衍生品协会（ISDA）认为衍生工具是一种通过互换现金流以转移交易者自身风险的双边合约，交易者最终交割金额由合约到期时相应的基础商品、证券或指数价格决定。国际清算银行（BIS）认为衍生工

① 亚里士多德. 汉译世界学术名著丛书：政治学［M］. 北京：商务印书馆，1965：34－35.

具是价值取决于一种或多种基础资产或指数价值的金融合同。国内比较权威的定义，如中国银监会（2004）在其发布的《金融机构衍生产品交易业务管理暂行办法》中给出了类似定义，认为衍生工具是一种金融合约，其价值取决于一种或多种基础资产和指数。中国企业会计准则第22号（CAS22，2017）对衍生工具作了较为详细的定义，即衍生工具是一种价值随特定利率、汇率、商品价格或金融工具价格、价格指数或费率指数、信用等级或信用指数等变量（非金融变量不应与合同任何参与方有特定联系）的变动而变动，不要求或者要求较少初始净投资，并在未来结算的金融工具或其他合同。

从以上多个权威的定义可以看出，首先，衍生工具是建立在基础产品或指数等基础变量之上派生出来的，因此与基础变量具有联动性；其次，衍生工具是在当前签订合约，未来特定时间交割，具有跨期性；再次，签订衍生工具合约时，参与方不要求或者要求较少初始净投资，只须支付少量保证金就可以签订金额巨大的合约，具有高杠杆性；最后，由于衍生工具的联动性、跨期性和高杠杆性，以及可能的信用风险、操作风险、法律风险和流动性风险等，使其具有高风险性。衍生工具既可以作为套期保值者的风险对冲工具，也可以作为投机套利者的投资工具，但这均需要建立在参与者对基础变量未来走势的准确预测基础之上，其高复杂性和高风险性不言而喻。

衍生工具的种类繁多，其常见的分类方法包括按产品形态划分、按标的资产划分和按交易场所划分为三种，具体见表2-1。其中，期权是一种给予买方或持有者在未来特定时点或时间段以事先约定价格买入（卖出）约定数量标的资产的权利，这种权利赋予买方或持有者最终可以选择执行或不执行合约，而履行的义务是事先向卖方支付期权费，卖方只能接受买方的选择，当买方行权时，卖方必须按照合约约定卖出（买入）相应标的资产。期货是一种以大宗商品或金融资产为标的的标准化远期合约，期货交易所就标的资产的交割时间和数量进行统一制定，买卖价格由集中竞价确定。互换亦称为掉期，是两个或多个合约当事人按照合约条款在未来特定时间相互交换他们认为具有等价经济价值的现金流的协议，如利率互换、货币互换。远期是一种交易双方约定在未来特定时间买卖特定价格和数量标的资产的合约，如远期外汇、远期利率。同时，商品类主要指大宗商品，如各种农产品、金属、能源化工产品等，主要包括商品期货、商品期权；货币类主要指不同币种之间的比值，主要包括外汇期权、外汇期货、外汇掉期、外汇远期；利率类主要指银行存款利率和债券利率等的短期和长期利率，主要包括利率互换、远期利率、债券远期、国债期货等；股票类主要指单只股票和股票指数，主要包括股票期权、股指期货等；信用类是一种旨在分离和转移信用风险的工具或技术，主要包括信用违约互换（CDS）、信用联结票据（CLN）等。此外，场内交易亦称交易所交易，是所有供求方集中在交易所，按照交易所事先设计出的标准化合约，选择与自身需求最接近的合同和数量并采取竞价方式进行的交易，交易所收取参与者的保证金并承担着清算和履约担保的责任。场外交易亦称柜台交易，由交易者根据自身的个性化需求设计出相应内容的产品，交易双方直接成为交易对手并相互负责清算。

表 2－1　　衍生工具的基本类型

分类方式	基本类型
产品形态	期权、期货、互换（掉期）、远期
标的资产	商品、货币、利率、股票、信用
交易场所	场内（交易所）、场外（柜台）

二、海外衍生工具市场发展与监管

（一）海外衍生工具市场发展

1. 海外衍生工具市场总体发展

20 世纪 70 年代布雷顿森林体系解体后，国际社会开启了当代经济全球化新浪潮。国际贸易和跨国投融资快速增长，利率、汇率和大宗商品价格的大幅波动以及国际政治和政策的变化使投资者面临前所未有的风险，风险既存在于不同生产要素在未来不同时间和不同地点上的价格波动中，也存在于不同投资者对这些波动带来的不确定性的不同判断和需求中。由于投资者的风险偏好和风险敞口随着外部环境的变化而不断变化，衍生工具开始得到迅速发展。从 1972 年芝加哥商品交易所的金融期货和 1973 年芝加哥期权交易所的金融期权上市以来，国际衍生工具市场经历了多年的大发展。20 世纪 70 年代衍生工具市场的发展主要是为了适应全球化和管理风险的需要，80 年代衍生工具市场的发展主要是为了防范金融风险，从 90 年代至今，随着信息技术的发展，衍生工具市场进入了产品创新的全面发展时期。如图 2－1 所示，从 20 世纪 90 年代开始，全球衍生工具市场发展迅速，交易规模呈指数级增长，直到 2008 年爆发全球金融危机后，衍生工具市场得到了强有力的监管，其发展速度开始变缓，且场外衍生工具市场的总市值也基本恢复到 2008 年金融危机爆发前的水平，衍生工具市场逐步走向规范和成熟，成为当今资本市场的核心组成部分。从全球衍生工具市场的场外和场内规模比较来看，场外市场的规模远远超过场内市场，从 1998 年至今场外未平仓合约名义本金占比平均超过 85%，最高占比甚至达到近 93%。

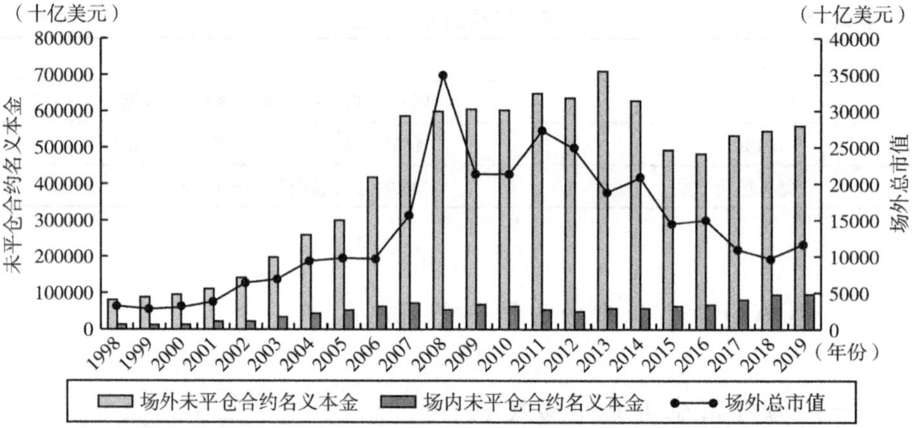

图 2－1 全球场内外衍生工具市场总体规模

数据来源：国际清算银行（BIS）。

2. 海外的场内衍生工具市场发展

海外衍生工具品种起源于农产品，逐步向工业产品、金融产品等领域拓展，并创新出对冲气候灾害的工具，如 1997 年芝加哥商业交易所出现的首个天气期货交易。在所有衍生工具交易的基本类型中，期货交易发挥着基础作用，其他类型的衍生工具定价往往要参照期货价格进行。同时，由于期货市场具有制度健全、合约标准化、信用风险低、流动性高等特点，使得期货市场转移风险的效果往往高于互换和远期等衍生工具。目前国际上期货按照大类可以分为农产品期货、金属期货、能源期货和金融期货，其不同种类的起源见表2－2。

表2－2　国际衍生工具市场期货分类及其起源

期货分类		起源时间（年份）	起源地
农产品期货		1865	芝加哥期货交易所（CBOT）
金属期货		1877	伦敦金属交易所（LME）
能源期货		1978	纽约商业交易所（NYMEX）
金融期货	外汇期货	1972	芝加哥商业交易所（CME）
	利率期货	1975	芝加哥期货交易所（CBOT）
	股指期货	1982	堪萨斯期货交易所（KCBT）

注：CBOT和CME于2006年合并成立CME集团，NYMEX和COMEX于2008年并入CME集团；LME于2012年被香港交易所收购。

场内衍生工具市场主要有期货和标准化期权两大基础类型，标准化期权合约的上市晚于期货合约。1973年，随着芝加哥期权交易所（CBOE）标准化股票期权合约的上市，标志着期权交易进入了场内交易时代。目前全球场内衍生工具交易品种中，期权的交易规模大于期货交易规模，成为支撑场内市场发展的重要力量，见图2－2。从全球不同交易所的地区分布来看，北美交易所交易规模平均占比为72%，其次是欧洲交易所交易规模平均占比为23%，而亚洲交易所规模最小，见图2－3。此外，从全球场内不同计价币种的分布来看，依然体现了欧美衍生工具市场发展的成熟强大，而同样作为亚洲地区的日本，其场内衍生工具市场的发展规模平均也是中国场内规模的近10倍，中国作为新兴资本市场国家，衍生工具市场的发展潜力巨大，见图2－4。

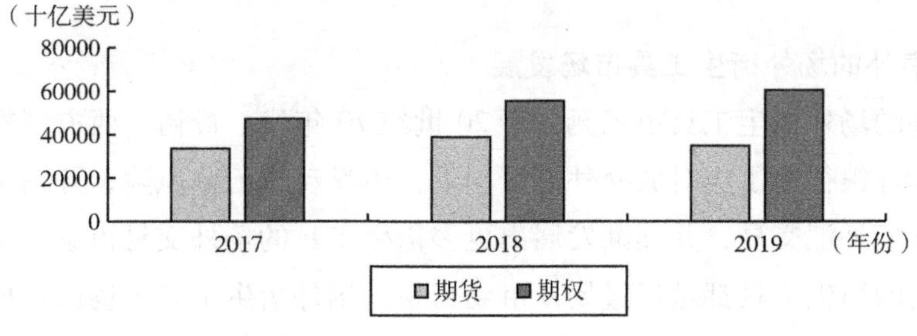

图2－2　全球场内不同产品形态衍生工具未平仓合约名义本金

数据来源：国际清算银行（BIS）。

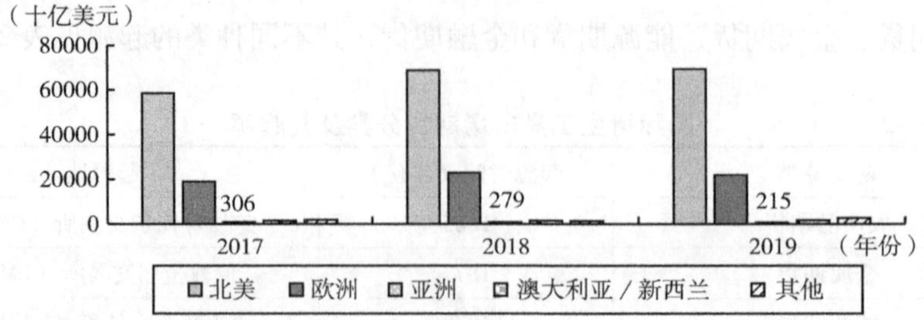

图2－3　全球不同地区交易所衍生工具未平仓合约名义本金

数据来源：国际清算银行（BIS）。

注：由于亚洲交易所衍生工具市场交易规模较小，图中柱状图显示不出来，为方便可见，标注上具体数字。

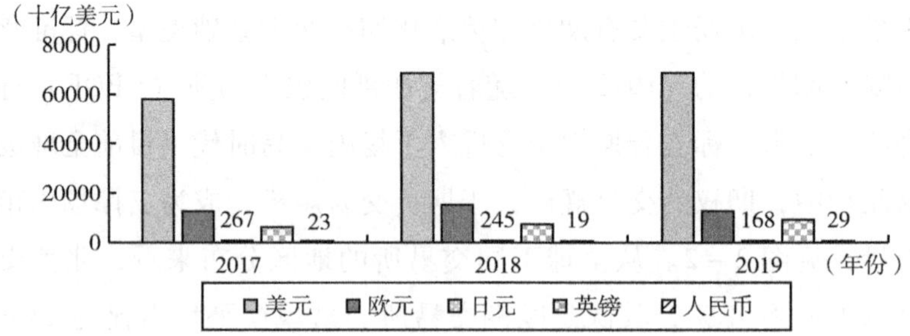

图2－4　全球场内不同计价币种衍生工具未平仓合约名义本金

数据来源：国际清算银行（BIS）。

注：由于以日元和人民币计价的场内衍生工具市场交易规模较小，图中柱状图显示不出来，为方便可见，标注上具体数字；同时，以日元计价的场内衍生工具交易规模远超过以人民币计价的规模。

3. 海外的场外衍生工具市场发展

海外的场外衍生工具市场诞生于20世纪70年代。最初，西方国家的一些大型国际性银行为了应对放松外汇管制下自由浮动的汇率风险，开始了银行间市场的远期外汇交易，并逐渐发展出更多衍生工具的场外交易市场。由于全球85%以上的衍生工具都是通过场外市场交易，场外衍生工具市场已经成为整个金融市场体系的重要组成部分，尤其是在发达国家，场外衍生工具市场在经济金融的稳定发展中起着非常重要的作用。根据国际清算银行统计数据，截至

2020 年 6 月底，场外衍生工具的名义总额已达到 607 万亿美元，同时由于受到疫情的影响，市场动荡和强有力的政策应对推动了衍生工具市场的发展，衍生工具合约总市值从 2019 年底的 11.6 万亿美元飙升到 2020 年 6 月底的 15.5 万亿美元，仅在 6 个月内上涨了 33.6%。从场外衍生工具的类型看，如图 2－5 所示，利率衍生工具交易规模最大，其次是外汇衍生工具，两者未平仓合约的名义本金占比分别达到 80% 和 16% 以上，是最重要的组成部分，剩余类型合约的交易规模从高到低依次是信用类、权益类、商品类和其他。

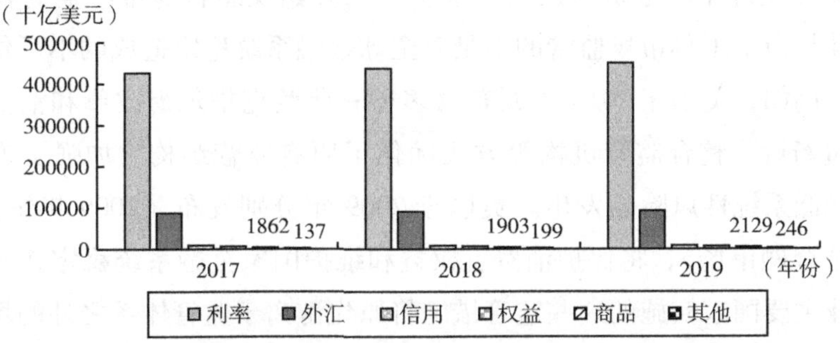

图 2－5　全球场外不同标的资产衍生工具未平仓合约名义本金

数据来源：国际清算银行（BIS）。

注：由于场外衍生工具市场中商品类和其他类的交易规模较小，图中柱状图显示不出来，为方便可见，标注上具体数字，图中其他类交易规模最小。

（二）海外衍生工具市场监管

由于包括衍生工具在内的金融市场关乎到一国的经济稳定与发展，国际组织和各个国家均对衍生工具市场的协调和监管十分重视。目前，国际上关于衍生工具市场的协调和监管没有统一的强制执行标准，比较有代表性的有巴赛尔委员会制定的《衍生产品风险管理准则》和国际互换与衍生品协会（ISDA）制定的包括主协议等在内的“协议群”，以及国际证监会制定的《温莎宣言》等。关于各个国家对衍生工具的监管，比较典型的监管模式有以美国为代表的以政府监管为主的多头监管和以英国为代表的以自律监管为主的单一监管，以及以日本为代表的政府统一监管，但无论哪种监管模式，其监管主体均包括政府、所在行业和交易所三大类。同时，不同的衍生工具市场监管模式均有利弊。其中，针对金融交易量巨大的美国，多头监管带来的各部门分工合作使衍生工具市场监管更加严密和专业，但监管成本大大增加，也容易引发监管机构之间的监管冲突并带来监管漏洞；英国以行业协会自律监管为主的监管模式能够提高监管效率，业内人士专业程度高、行业认同感强，能够迅速找出问题并提出解决方案，但单一监管模式下容易滋生腐败，不够客观公正；日本的行政式统一监管能够节约成本、提高效率，但容易对环境变化反应不够敏感，与海外强大的金融市场和发达的监管体系相比，仍然较为薄弱。

2008 年全球金融危机爆发后，很多国家开始反思自身金融监管模式的不足，尤其是衍生工具市场监管的不足对全球金融系统稳定造成的不可估量的负面影响。例如，美国于 2010 年颁布《多德—弗兰克华尔街改革和消费者保护法》通过新设、整合监管机构等方式优化了原有监管结构，加强了宏观审慎监管以降低系统性风险的发生。英国于 2009 年分别发布《2009 年银行法案》和《改革金融市场》，将保护消费者权益和维护国家金融系统稳定作为重要目标。全球主要国家实施的这些监管措施将原先游离于监管体系之外的场外衍生工具市场监管作为后金融危机时期监管改革的重点，对加强宏观审慎监管、预防系统性风险发生起到了积极作用。

三、中国衍生工具市场发展与监管

（一）中国衍生工具市场发展

1. 中国场内衍生工具市场发展

中国衍生工具市场是以交易所为核心发展起来的，是政府主导、改革开放的产物。20 世纪 80 年代末期，经济体制改革背景下市场经济不断发展壮大，农产品价格出现大幅波动，不利于农业发展和经济社会稳定。1988 年《政府工作报告》中首次提到要探索期货交易，从此中国期货市场开始了曲折的探索实践。

在市场监管不力的大环境下，中国期货市场试点初期受利益驱使盲目发展，交易所数量和交易品种飞速增加，先后 50 多家交易所成立、36 个交易品种上市，市场操纵、投机行为、违法乱纪现象屡见不鲜，严重阻碍期货市场发展。为了规范期货市场发展，国务院分别于1993年11月和1998年8月先后发布《关于制止期货市场盲目发展的通知》和《关于进一步整顿和规范期货市场的通知》，对期货市场进行了两次清理整顿。在第一次清理整顿中，国务院和证监会等相关部门大量关闭不合格、不规范的交易所，截至1994年10月底，全国交易所仅剩13家，同时暂停了多个风险高、不合时机的期货品种交易；在第二次清理整顿中，全国最终保留了郑州商品交易所（郑商所）、上海期货交易所（上期所）和大连商品交易所（大商所）共3家期货交易所，交易品种也进一步缩减，且各交易所之间的交易品种不重复设置。

从2000年末中国期货业协会成立以来，中国场内衍生工具市场开始进入稳步大发展时期。目前，全国专门从事衍生工具交易的交易所共有4家，分别为郑商所、上期所、大商所和中金所。此外，上交所和深交所有ETF期权上市交易。针对场内衍生工具品种，除了不断上市的新商品期货外，股指期货和国债期货分别于2010年和2013年上市交易，白糖和豆粕商品期权于2017年上市交易，原油期货作为中国首个国际化期货品种于2018年上市交易，同年铁矿石期货和PTA期货允许引入境外交易者，股指期权于2019年上市交易，目前场内衍生工具市场已逐步形成以商品期货交易为主、商品期权和金融期货（期权）为辅，种类不断丰富的市场。截至2020年12月1日，中国场内市场共上市68个期货品种、22个期权品种。其中，商品期货62个，商品期权18个，均涵盖农产品、金属、化工、能源等多个领域，基本覆盖了主要的国民经济领域。此外，如图2-6所示，无论是从成交量还是成交额看，中国期货市场从2000年后开始蓬勃发展，虽然中间部分年份有升有降，但总体呈逐年增长态势。

然而，中国期货市场仍处于青年期。摩根大通期货公司CEO魏红斌表示，境外成熟期货市场中商品期货交易一般只占到15%～20%，占比超过80%的是股指期货、国债期货等金融衍生工具交易；而目前中国境内商品期货交易占比仍然最高，中国期货市场未来的发展空间还很大①。

① 资料来源：中国证券报。2020年8月3日，中国境内首家由外资全资控股的期货公司摩根大通期货首席执行官魏红斌的发言。

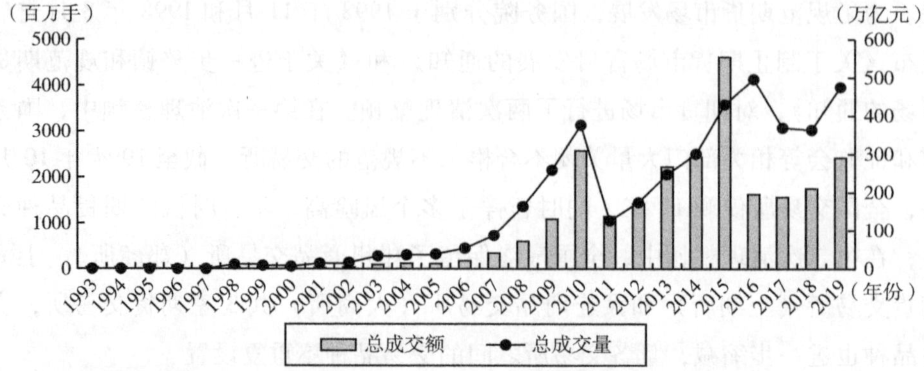

图 2－6　中国期货市场规模

数据来源：中国期货业协会。

2. 中国场外衍生工具市场发展

中国场外衍生工具业务的开展始于 20 世纪 90 年代商业银行的远期结售汇业务，而银行间市场于 2005 年推出的债券远期交易，标志着中国银行间场外衍生工具市场的初步建立。2013 年，中国期货业协会和中国证券业协会相继发布并实施了相关规范和指引，使部分期货公司风险管理子公司和证券公司先后获得开展收益互换和场外期权等场外衍生工具业务的试点资格。自此，中国场外衍生工具市场得到持续不断的创新和发展。

首先，从交易规模看，截至 2020 年 9 月底，中国场外衍生工具市场总成交名义本金近 9 万亿元。根据 Wind 统计数据，如图 2－7 所示，场外期权业务交易额呈逐年增长态势，是中国场外衍生工具市场一大亮点。截至 2019 年 12 月底，中国场外衍生工具市场未平仓名义本金为 6226. 54 亿元，其中，场外期权业务存量占比达到 74. 57%。

其次，从参与主体看，商业银行、证券公司、期货公司风险管理子公司是中国场外衍生工具市场三类重要的机构参与者，其主要交易品种见表 2－3。银行间衍生工具市场是中国起步最早也是目前业务规模最大的场外衍生工具市场，其中商业银行是其最活跃和最重要的参与机构。2019 年银行间市场衍生工具成交额约 138. 4 万亿元，如图 2－8 所示，外汇衍生工具全年累计成交额约 119. 8 万亿元（173254. 5 亿美元），占比约 86. 56%。其中，在外汇衍生工具中，外汇掉期占比超过 95%，其次是外汇期权，占比最少的是外汇远期。

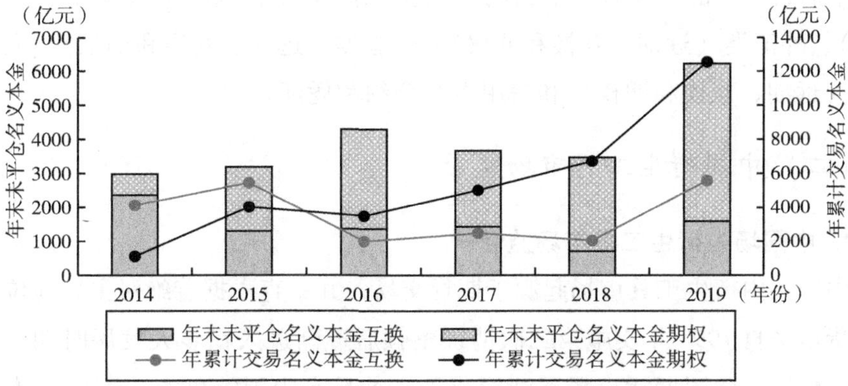

图 2－7 中国场外衍生工具交易情况

数据来源：Wind。

表 2－3 中国场外衍生工具市场重要参与主体及其主要交易品种

重要参与主体	主要交易品种	
商业银行（主要集中于汇率和利率类衍生工具）	汇率类（主）	人民币外汇掉期（主）、人民币外汇远期、人民币外汇期权
	利率类	利率互换、债券远期
证券公司	以权益类为主	场外期权（主）、收益互换
期货公司风险管理子公司	以大宗商品为主	远期、互换、场外期权

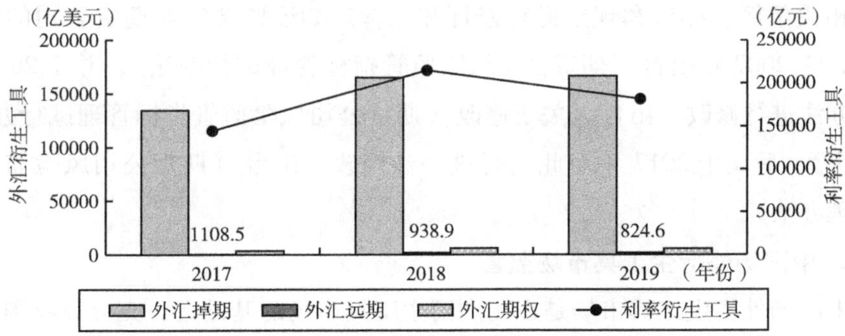

图 2－8 银行间市场衍生工具年交易规模

数据来源：中国外汇交易中心。

注：由于银行间市场中外汇远期的交易规模最小，图中柱状图显示不出来，为方便可见，标注上具体数字。

最后，从产品种类看，中国场外衍生工具主要有利率类（远期、互换和期权）、外汇类（远期、互换和期权）、权益类（远期、互换和期权）、大宗商品类（远期、互换和期权）和信用类（合约和凭证）。

（二）中国衍生工具市场监管

1. 中国场内衍生工具市场监管

中国场内衍生工具市场起源于期货交易，并一直占据着绝对主导地位。中国期货市场自1998年实施第二次清理整顿后逐渐进入稳步大发展时期。在稳步发展阶段，中国期货市场逐渐形成了一种具有中国特色的“五位一体”协作监管模式。其中，证监会负责统一领导、协调和监察；证监会及各地证监局负责对期货公司及其分支机构进行监管；期货交易所和中国期货业协会（以下简称中期协）负责对期货公司进行自律管理；期货保证金监控中心负责对客户保证金进行监控。为了实现对整个期货市场的宏观监管，国务院和证监会发布了多项条例、办法和规定，监管范围涉及面广。如针对整个期货市场的《证券期货市场诚信监督管理办法》、针对期货交易所的《期货交易所管理办法》、针对期货公司的《期货公司监督管理办法》、针对期货从业人员的《期货从业人员管理办法》、针对期货交易本身的《期货交易管理条例》等多个领域。同时，为了适应中国期货市场的发展实践，监管机构也在不断地对相关条例、办法和规定进行修订和完善。如证监会针对期货公司的风险监管，于2007年出台《期货公司风险监管指标管理试行办法》，并于2013年对此办法进行修改，出台《关于修改〈期货公司风险监管指标管理试行办法〉的决定》，后又于2017年对此进行进一步修改，出台《期货公司风险监管指标管理办法》。

2. 中国场外衍生工具市场监管

中国场外衍生工具市场是在场内衍生工具市场的基础上，充分吸收国外经验教训之后自上而下发展起来的。目前共形成三大市场监管体系，不同监管体系下的子市场分别采用不同的主协议体系并相互独立发展，分别是NAFMⅡ体系下的银行间场外衍生工具市场、SAC体系下的证券期货场外衍生工具市场以及国际互换与衍生品协会（ISDA）体系下的外资机构柜台市场。其中，银行间衍生工具市场由人民银行主导，以平台交易为主、柜台交易为辅，主要交易场所包括中国外汇交易中心暨全国银行间同业拆借中心、上海清算所、银行间交易商协会、上海黄金交易所和商业银行柜台；证券期货衍生工具市场由证监会主导，主要交易场所包括证券公司柜台市场和报价系统、期货风险管理公司柜台市场、大商所和沪深交易所；外资机构柜台市场由外资机构主导。

在分业监管的大背景下，中国场外衍生工具市场发展迅速，无论是在主协议，还是在市场组织、交易报告、基础设施建设方面均初步建立了相对完善的规则体系，同时场外衍生工具市场的参与机构和产品种类也不断丰富，规模不断扩大。然而，分业监管带来的不同子市场之间独立发展，致使每个交易场所在业务制度和市场组织方面存在差异，这既增加了市场参与者的合规成本和交易成本，也容易滋生监管套利行为，导致场外衍生工具市场的复杂性和监管难度增加。

四、国内外衍生工具市场发展与监管对比分析

从国内外衍生工具的市场起源和发展时间看，以欧美市场为代表的海外衍生工具市场是在现货交易基础上自发产生的，起源于 1865 年芝加哥期货交易所推出的首个标准化农产品期货合约。同时，海外场内期权合约起源于 1973 年芝加哥期权交易所推出的标准化股票期权合约，场外衍生工具市场起源于 20 世纪 70 年代布雷顿森林体系解体后的银行间远期外汇交易。中国衍生工具市场是以交易所为核心发展起来的，是政府主导、改革开放的产物，于 20 世纪 80 年代末期开始曲折的期货市场探索实践，直到 2000 年末中国期货业协会成立以来，中国期货市场才开始进入稳步大发展阶段；同时，中国场内期权合约起源于 2017 年郑州商品交易所推出的白糖期权合约和大连商品交易所推出的豆粕期权合约，场外衍生工具市场起源于 20 世纪 90 年代商业银行的远期结售汇业务，直到 2013 年期货公司风险管理子公司和证券公司获得场外业务试点资格后，中国场外衍生工具市场才得到持续不断的创新和发展。可见，中国衍生工具市场起步晚于海外市场 120 多年，属于新兴市场。

从国内外衍生工具的场内外市场构成和交易规模看，全球场外衍生工具市场交易规模占总体市场规模的比例超过 85%，远远高于场内市场规模；而中国场内市场仍占据主导地位，场外市场不够发达。由于场外衍生工具市场具有产品个性化定制和交易灵活等特点，有利于满足各类投资者的多样化需求，成为包括实体企业在内的投资者的重要风险管理工具，在欧美等发达国家经济社会中发挥强大作用。此外，即使中国场内市场相对于场外市场占据主导地位，其场内交易规模也远远不及美国。据国际清算银行统计，2019 年以美元计价的全球场内衍生工具未平仓合约名义本金为 685900 亿美元，而以人民币计价的相应金额仅为 290 亿美元；同时，2019 年北美地区交易所衍生工具未平仓合约名义本金为 693030 亿美元，而中国所在的亚洲地区交易所的相应金额仅为 2150 亿美元。可见，从衍生工具的场内外市场构成和交易规模看，以欧美市场为代表的海外衍生工具市场已经走向成熟，而中国衍生工具市场的发展还处于初级阶段。

从国内外衍生工具的交易品种看，海外市场期货品种丰富，从初始的农产品期货逐渐向工业品期货、金融期货等领域拓展，甚至创新出对冲气候灾害风险的天气期货。国内期货品种也从农产品开始，逐渐向工业品和金融产品等领域拓展，特别是近两年随着中国金融市场开放步伐的推进，中国期货市场在世界衍生工具市场的影响力逐渐增大，尤其是中国推出的一些独有的 PTA 等期货品种受到很多境外机构的欢迎①。然而，在海外成熟期货市场中，商品期货交易一般只占到 15% ~20%，包括股指期货和国债期货等在内的金融期货占比一般超过 80%；同时，全球场内期权发展迅速，其交易规模超过期货，成为支撑场内市场发展的重要力量。而中国境内期货市场中商品期货占比仍然最高，且场内期权由于从 2017 年才开始上市交易，品种较少。此外，以欧美为代表的场外衍生工具市场交易品种丰富，能够满足投资者的个性化需求，成为投资者对冲、管理风险的重要途径；而中国场外衍生工具市场由于发展滞后导致场外品种和类型单一，难以满足各类投资者的个性化需要。

① 资料来源：中国证券报。2020 年 8 月 3 日，中国境内首家由外资全资控股的期货公司摩根大通期货首席执行官魏红斌的发言。

关于衍生工具的监管。欧美衍生工具市场是在现货交易的基础上自发产生的，并在自由混乱发展与严格监管之间反复博弈的过程中慢慢走向成熟强大。自2008年全球金融危机爆发后，欧美衍生工具市场的监管已进入全面强监管时期。如2011年美国颁布的《多德—弗兰克法案》采取了一系列措施对场外市场进行全面监管，包括增加场外市场透明度，推动场外衍生工具进入场内统一清算；加强投资者保护机制等。中国衍生工具市场的监管在借鉴欧美发达国家的基础上，走出了一条具有中国特色的监管发展道路。如中国商品衍生工具市场诞生后很快被纳入由证监会集中统一监管，并整体走向规范稳健的发展道路。中国作为全球第二大经济体，需要协调好政府监管和市场发展，在防范系统性风险的基础上，加强包括信息共享、结算服务和诚信制度等在内的衍生工具市场基础设施建设和人才智库建设，逐步建立并完善与现货市场规模相匹配、与企业风险管理需求相适应的衍生工具市场。

第二节　公司衍生工具使用与监管

一、国内外公司衍生工具使用

（一）海外公司衍生工具使用

关于国内外公司衍生工具的使用情况，早期由于会计准则并不要求公司对外强制性披露相关信息，因此很难获得较为全面的数据。一些学者为了自身研究的需要，通过小范围问卷调查或实地访谈获得部分行业的公司衍生工具使用数据。随着各国会计准则将公司使用衍生工具信息从自愿性披露转化为强制性披露后，学者们大多开始通过年度财务报告获得公司衍生工具使用情况。然而由于不同学者之间研究样本选择差别较大，导致不同国家的公司在不同时期使用衍生工具的情况缺乏可比性。

作为世界最大的全球金融贸易协会之一，国际互换与衍生品协会（ISDA）于2009年通过公司年度财务报告和与公司直接联系的方式，对2008年《财富》全球500强公司衍生工具的使用情况进行了第二次调查，调查结果发现超过94%的公司使用衍生工具管理和对冲风险①，且总部设在发达国家的公司其使用比例普遍较高，具体见表2－4。从表中可以看出，世界500强公司中，总部设在英国、法国、加拿大、荷兰、日本和瑞士的公司衍生工具使用率达到100%，而中国公司的衍生工具使用率最低，只有62%。

表2－4　世界500强公司衍生工具使用率排名前十的国家使用情况　单位：家，%

国家	使用衍生工具的公司数	不使用衍生工具的公司数	公司总数	公司衍生工具使用率
英国	34	0	34	100
法国	39	0	39	100
加拿大	14	0	14	100
荷兰	13	0	13	100
日本	64	0	64	100
瑞士	14	0	14	100
德国	36	1	37	97
美国	140	13	153	92
韩国	13	2	15	87
中国	18	11	29	62

按标的资产划分，外汇类（88%）和利率类（83%）衍生工具使用范围最广；商品类衍生工具使用率为49%；权益类（29%）和信用类（20%）衍生工具使用率最低。按行业划分，外汇类和利率类衍生工具在所有行业中的使用率均较高，而商品类、权益类和信用类衍生工具的使用具有行业集中性。其中，商品类衍生工具的使用主要集中在公用事业（83%）、基础材料（79%）和金融行业（63%），权益类和信用类衍生工具的使用主要集中在金融行业，占比分别为80%和76%，具体见表2－5。由此可见，非金融公司主要通过外汇类、利率类和商品类衍生工具管理和对冲风险。其中，外汇类和利率类衍生工具的使用率最高，商品类衍生工具的使用率偏低且具有行业集中性。

① 第一次调查是在2003年，调查结果发现全球500强公司中有92%的公司使用衍生工具管理和对冲业务、金融风险。两次调查结果对比发现，全球大公司使用衍生工具的比例在持续增长。

表 2－5 按行业和标的资产划分的世界 500 强公司衍生工具使用情况 单位：家，%

行业	公司总数	衍生工具使用率	外汇类	利率类	商品类	权益类	信用类
基础材料	86	97	85	70	79	6	0
生活消费品	88	91	84	81	39	9	1
金融业	123	98	96	94	63	80	76
医疗卫生	25	92	72	80	8	20	4
工业品	49	92	86	86	37	20	2
服务业	40	88	85	75	35	13	3
科技	65	95	92	86	15	15	6
公用事业	24	92	88	92	83	8	0
合计	500	94	88	83	49	29	20

虽然国际互换与衍生品协会（ISDA）的调查数据涵盖了全球 500 强公司的衍生工具使用情况，使各国之间具有可比性，但调查对象是全球大型公司，不涉及中小型公司，且受调查公司衍生工具使用时间仅仅是 2008 年，无法知道不同规模公司在不同年份的衍生工具使用情况。因此，本书在此基础上，分别选取了已有学者（Ayturk et al.，2016；Huang et al.，2017；Emm et al.，2019）对以美国和英国为代表的发达国家和以土耳其为代表的发展中国家的非金融公司衍生工具使用情况所做的调查。调查范围涵盖了不同规模的非金融公司在不同年份的衍生工具使用情况，具体见表 2－6。首先，无论是公司总体衍生工具使用率还是按标的资产细分不同类别的衍生工具使用率，各国公司内部在不同年份变化不大，因此不同国家公司之间在不同年份基本可比。其次，作为发达国家的美国和英国的非金融公司衍生工具使用率均值分别为 56% 和 59%，而作为发展中国家的土耳其的非金融公司衍生工具使用率均值为 36%，说明发达国家的公司衍生工具使用率整体高于发展中国家①。最后，无论是美国、英国还是土耳其，非金融公司主要通过外汇类、利率类和商品类衍生工具

① Lau（2016）针对 2003～2012 年马来西亚非金融上市公司的调查结果显示，其衍生工具使用率也仅为 26.8%，低于发达国家的水平。其中，在所有使用衍生工具的公司中，外汇类、利率类和商品类衍生工具的使用率分别为 94%、29%、9%。由于该文没有说明各年度衍生工具使用情况，因此马来西亚非金融公司衍生工具使用情况未在表 2－6 中列出。

管理和对冲风险。其中，外汇衍生工具使用率最高，其次是利率衍生工具使用率，商品衍生工具使用率普遍偏低，这与国际互换与衍生品协会（ISDA）针对全球500强公司所做的调查结果一致。

表2-6　　美国、英国和土耳其非金融公司衍生工具使用情况

Panel A　美国标准普尔综合指数1500非金融公司衍生工具使用率

年份	2003	2004	2005	2006	2007	2008	2009	2010	2011	2012	2013	2014	2015	2016	均值
衍生工具	56%	58%	54%	54%	55%	57%	58%	58%	57%	55%	55%	55%	54%	55%	56%
利率类	36%	38%	31%	30%	31%	32%	33%	32%	29%	26%	25%	25%	25%	27%	31%
外汇类	30%	35%	33%	33%	34%	35%	35%	37%	37%	38%	38%	37%	37%	38%	35%
商品类	16%	16%	16%	17%	17%	18%	19%	19%	19%	19%	18%	18%	18%	19%	18%
权益类	6%	3%	3%	2%	2%	2%	2%	2%	2%	2%	2%	2%	2%	2%	3%

Panel B　英国非金融公司衍生工具使用率

年份	2003	2004	2005	2006	2007	2008	2009	均值
衍生工具	54%	55%	59%	60%	61%	61%	63%	59%
利率类	64%	64%	66%	68%	71%	73%	72%	68%
外汇类	78%	80%	84%	85%	86%	87%	90%	84%
商品类	10%	12%	11%	14%	14%	12%	12%	12%

Panel C　土耳其非金融公司衍生工具使用率

年份	2007	2008	2009	2010	2011	2012	2013	均值
衍生工具	25%	40%	39%	39%	37%	38%	37%	36%
利率类	9%	14%	16%	14%	15%	14%	14%	14%
外汇类	22%	36%	37%	35%	33%	34%	34%	33%
商品类	3%	4%	2%	3%	3%	4%	3%	3%

注：美国标准普尔综合指数1500是由标准普尔500（大型公司）、标准普尔中盘400指数（中型公司）和标准普尔小盘600指数（小型公司）构成。

（二）中国上市公司衍生工具使用

自2007年1月1日起，在中国上市公司施行的《企业会计准则》首次将衍生工具的计量和披露纳入资产负债表内，这为学者进行中国上市公司衍生工具使用的大样本研究提供了良好环境。然而，2008年全球金融危机爆发并于2009年后才逐渐恢复正常，为了避免金融危机对上市公司衍生工具使用可能造成的影响，本书选取2010~2018年中国沪深A股非金融上市公司作为初始样本，同时删除ST等非正常交易公司样本，最终得到3424家公司、20466个样本①。

从横向比较来看，2010~2018年中国非金融上市公司使用衍生工具的样本为3179个，占20466个总样本量的比重约为15.53%，远低于以英国（59%）和美国（56%）为代表的发达国家非金融公司衍生工具使用率，同时也低于土耳其（36%）这样的发展中国家。从纵向比较来看，具体见图2-9，随着中国国际化步伐的加快和国际金融市场震荡、贸易摩擦等宏观不稳定因素增加，中国非金融上市公司衍生工具使用率总体上呈逐年递增趋势，尤其是在2017年、2018年这两年，中国非金融上市公司衍生工具使用率得到较为明显的提高。同时，由于2017年财政部修订并于2018年开始在上市公司中分步实施的《金融工具确认和计量》《金融工具列报》《套期会计》准则对企业使用衍生工具的会计处理制定了更加明确的标准，并取消了套期有效性80%~125%的量化标准，允许套期关系再平衡，赋予上市公司应用套期会计时更多的职业判断，从而更在一定程度上鼓励和推动了上市公司衍生工具的使用。相信随着中国衍生工具市场和衍生工具会计准则的日趋成熟和完善，上市公司使用衍生工具的比率会不断增加，衍生工具将成为上市公司必不可少的风险管理工具。

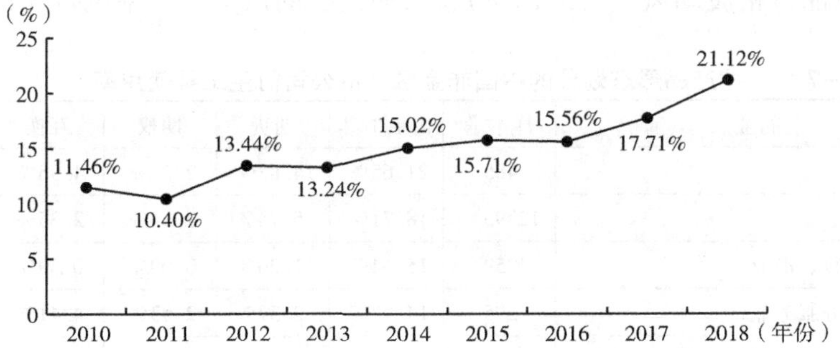

图2-9　中国非金融上市公司衍生工具使用情况

---

① 由于金融公司同时是衍生工具的提供者和使用者，其使用衍生工具的目的和非金融公司不同，同时ST等非正常交易公司出现财务异常的可能性比较大。因此，本书删除这两类样本。

按照行业划分，从表2－7和表2－8可以看出，中国非金融上市公司衍生工具使用率排名前三的行业依次是采矿业（21.65%）、制造业（18.71%）和农林牧渔业（15.44%），而制造业的样本量占总样本量的比重超过60%，在所有行业中样本量占比最大，说明使用衍生工具的公司大部分集中在制造业。在制造业上市公司中，使用最多的衍生工具是远期（12.41%），其次是期货（5.74%）；在使用衍生工具对冲的公司风险类型中，对冲最多的是外汇风险（12.85%），其次是商品风险（5.90%），对冲利率风险的样本占比最少（1.09%）。作为衍生工具使用率最高的行业，采矿业上市公司中期货使用最多（14.85%），其次是远期（9.90%）；在使用衍生工具对冲的公司风险类型中，对冲最多的是商品风险（16.49%），其次是外汇风险（8.04%），对冲利率风险的样本占比最少（2.47%）。与采矿业一样，农林牧渔业上市公司中也是期货使用最多（11.20%），其次是远期（3.86%）；在使用衍生工具对冲的公司风险类型中，对冲最多的是商品风险（11.20%），其次是外汇风险（2.32%），无对冲利率风险的样本。

按照产品形态划分，从表2－7可以看出，中国非金融上市公司衍生工具使用最多的种类是远期（9.70%），其次是期货（4.94%）和互换（2.45%），使用最少的是期权（1.01%）。按照标的资产类型划分，从表2－8可以看出，中国非金融上市公司使用衍生工具对冲最多的风险是汇率风险（10.00%），其次是商品价格波动风险（5.18%），对冲最少的风险是利率风险（1.37%）。

表2－7　按产品形态划分的中国非金融上市公司衍生工具使用率

行业	样本量	衍生工具	期货	期权	互换	远期
采矿业	485	21.65%	14.85%	2.27%	4.95%	9.90%
制造业	12793	18.71%	5.74%	1.14%	2.35%	12.41%
农、林、牧、渔业	259	15.44%	11.20%	0.00%	0.39%	3.86%
租赁和商务服务业	295	14.92%	2.37%	2.03%	4.41%	11.86%
交通运输、仓储和邮政业	693	13.56%	4.47%	1.30%	6.78%	5.19%
批发和零售业	1161	13.52%	5.51%	1.38%	1.89%	9.04%
综合业	144	13.19%	8.33%	3.47%	2.08%	0.00%
建筑业	515	12.23%	1.55%	1.55%	4.66%	7.57%
住宿和餐饮业	61	9.84%	0.00%	0.00%	8.20%	3.28%

续表

行业	样本量	衍生工具	期货	期权	互换	远期
电力、热力、燃气及水生产和供应业	722	8.86%	1.94%	0.14%	4.71%	2.35%
水利、环境和公共设施管理业	291	8.59%	4.81%	0.00%	1.72%	4.12%
科学研究和技术服务业	207	6.28%	0.00%	0.48%	1.45%	2.90%
信息传输、软件和信息技术服务业	1518	5.99%	0.59%	0.07%	0.33%	4.22%
文化、体育和社会娱乐业	291	5.15%	0.69%	0.34%	0.00%	2.75%
房地产业	896	4.91%	1.56%	0.11%	1.23%	1.67%
卫生和社会工作业	84	4.76%	0.00%	0.00%	3.57%	1.19%
教育业	50	0.00%	0.00%	0.00%	0.00%	0.00%
居民服务、修理和其他服务业	1	0.00%	0.00%	0.00%	0.00%	0.00%
总样本	20466	15.53%	4.94%	1.01%	2.45%	9.70%

注：同一行业不同类别的衍生工具使用率之和不等于该行业衍生工具的总体使用率，原因有两点：一是由于上市公司在同一年度可能不只使用一种衍生工具；二是由于少数上市公司在年度财务报告中只披露使用了衍生工具而无法判断使用的基本类型，本书将其归类为“其他”，未在表中进行列示。

表 2-8　按标的资产划分的中国非金融上市公司衍生工具使用率

行业	样本量	衍生工具	商品类	利率类	外汇类
采矿业	485	21.65%	16.49%	2.47%	8.04%
制造业	12793	18.71%	5.90%	1.09%	12.85%
农、林、牧、渔业	259	15.44%	11.20%	0.00%	2.32%
租赁和商务服务业	295	14.92%	2.37%	4.07%	12.54%
交通运输、仓储和邮政业	693	13.56%	5.05%	6.49%	5.19%
批发和零售业	1161	13.52%	5.94%	0.86%	8.70%
综合业	144	13.19%	8.33%	0.00%	0.00%
建筑业	515	12.23%	1.94%	3.11%	8.93%
住宿和餐饮业	61	9.84%	0.00%	8.20%	3.28%
电力、热力、燃气及水生产和供应业	722	8.86%	3.32%	3.60%	2.77%
水利、环境和公共设施管理业	291	8.59%	4.81%	0.34%	4.12%
科学研究和技术服务业	207	6.28%	0.00%	0.00%	4.35%
信息传输、软件和信息技术服务业	1518	5.99%	0.72%	0.13%	4.35%
文化、体育和社会娱乐业	291	5.15%	0.69%	0.00%	3.09%

续表

行业	样本量	衍生工具	商品类	利率类	外汇类
房地产业	896	4.91%	1.45%	1.34%	1.67%
卫生和社会工作业	84	4.76%	0.00%	0.00%	4.76%
教育业	50	0.00%	0.00%	0.00%	0.00%
居民服务、修理和其他服务业	1	0.00%	0.00%	0.00%	0.00%
总样本	20466	15.53%	5.18%	1.37%	10.00%

综上所述，中国非金融上市公司衍生工具使用率虽然呈逐年递增趋势，但总体使用比例仍然较低。在区分衍生工具具体类型时，中国非金融上市公司主要使用的是远期和期货合约对冲汇率风险及商品价格波动风险，这与中国汇率和利率市场化改革进程，以及中国是重要能源消耗国的现状相一致。随着利率市场化改革步伐加快，上市公司对冲利率风险的需求会逐渐上升，利率衍生工具和互换合约的使用率也会随之提高。

二、国内外公司衍生工具监管

国内外监管机构对公司衍生工具使用的监管主要是指各国财务会计准则制定机构对公司使用衍生工具的会计处理（确认、计量、列报和披露）进行的监管。如IASB对国际衍生工具财务报告准则的制定，FASB对美国衍生工具财务会计准则的制定，以及我国财政部对中国衍生工具会计准则的制定等①。

（一）国外衍生工具财务会计准则发展

衍生工具会计准则的发展需要以丰富的衍生工具实践经验为基础。由于衍生工具市场的发展起源于美国，其衍生工具使用和发展实践有着较长的历史，衍生工具会计准则的发展也处于全球领先水平。作为当前会计准则研究的权威组织，IASB和FASB制定并不断修改、完善的衍生工具会计准则对全球其他

① IASB（International Accounting Standards Board），即国际会计准则理事会，前身为IASC（International Accounting Standards Committee），即国际会计准则委员会；FASB（Financial Accounting Standards Board），即美国财务会计准则委员会。

国家衍生工具会计准则的制定和完善有着重要的参考价值。表2-9列示了以IASB和FASB为代表的组织对衍生工具相关会计准则进行制定、修改和完善的历程。从表中可以看出，衍生工具会计准则起源于20世纪80年代，其发展滞后于衍生工具的产生和应用实践，美国衍生工具会计准则的制定早于国际衍生工具会计准则，但两者均经历了从起步阶段、披露和列报阶段到确认和计量阶段、修订和逐步完善阶段，衍生工具会计准则呈现出从简单到复杂再到简化的过程。

表2-9　　　　国外衍生工具相关会计准则发展与完善

Panel A　国际衍生工具相关会计准则发展与完善

阶段	发布时间	准则名称	备注
起步阶段	1986.3	IAS25《投资会计》	为后续金融工具会计问题研究奠定基础
	1991.9	ED40《金融工具》	首次制定专门针对金融工具的会计处理
	1994.1	ED48《金融工具》	修订并征求意见，取代ED40
披露和列报阶段	1995.6	IAS32《金融工具：披露和列报》	规定资产负债表内某些金融工具的列报要求和资产负债表内外金融工具应披露的信息，后经相关修订
确认和计量阶段	1998.12	IAS39《金融工具：确认和计量》	对财务报表内的金融工具确认、计量和披露制定原则，后经多次修订
修订和逐步完善阶段	2005.8	IFRS7《金融工具：披露》	规范主体使用金融工具产生风险的披露要求，取代IAS32，后经多次修订
	2011.5	IFRS13《公允价值计量》	建立了一套单独的公允价值计量规范
	2014.7	IFRS9《金融工具》	提高主体使用金融工具进行风险管理相关信息的有用性，形成一部完整的一般套期会计准则，取代IAS39

Panel B　美国衍生工具相关财务会计准则发展与完善

阶段	发布时间	准则名称	备注
起步阶段	1981.12	SFAS52《外币折算》	规范包括衍生工具在内的新兴金融工具交易的会计问题
	1984.8	SFAS80《期货合同会计》	
披露和列报阶段	1990.3	SFAS105《具有表外风险和信用风险集中的金融工具信息披露》	标志着金融工具披露和列报准则的形成
	1991.12	SFAS107《金融工具公允价值的披露》	
	1994.10	SFAS119《关于衍生工具和金融工具公允价值的披露》	

续表

Panel B　美国衍生工具相关财务会计准则发展与完善			
阶段	发布时间	准则名称	备注
确认和计量阶段	1998.6	SFAS133《衍生工具和套期活动会计处理》	规定衍生工具按公允价值在资产负债表列示，实现衍生工具确认、计量和披露重大突破
修订和逐步完善阶段	2000.6	SFAS138《特定衍生工具和特定套期活动的会计处理》	
	2003.4	SFAS149《对 SFAS133 号衍生工具和套期活动准则的修订》	
	2003.5	SFAS150《具有负债和权益双重性质的金融工具的会计处理》	
	2006.2	SFAS155《特定混合衍生工具的会计处理》	
	2006.9	SFAS157《公允价值计量》	
	2008.3	SFAS161《衍生工具和套期活动的信息披露》	
	2010.3	ASU2010－11“对与嵌入信用衍生工具相关的范围进行界定”	
	2014.1	ASU2014－03“简化某些收入可变、支付固定利率掉期的对冲会计方法”	
	2016.1	ASU2016－01“金融资产和金融负债的确认与计量”	
	2016.3	ASU2016－05“衍生工具合约变动对现有套期保值会计关系的影响”	
	2016.3	ASU2016－06“债务工具中的持续看跌期权和看涨期权”	
	2017.8	ASU2017－12“有针对性地改进套期保值活动的会计核算”	
	2018.2	ASU2018－03“金融资产和金融负债的确认与计量”	

注：IAS（International Accounting Standards），即国际会计准则；IFRS（International Financial Reporting Standards），即国际财务报告准则；SFAS（Statement of Financial Accounting Standards），即美国财务会计准则（公告）；ED（Exposure Draft），即（国际会计准则委员会）征求意见稿；ASU（Accounting Standard Update），即美国会计准则更新（公告）。

衍生工具会计准则经过持续不断的修订已经不断完善和趋于成熟，如最新的国际会计准则简化了套期会计使用的复杂性，为衍生工具使用者的风险管理活动提供了更多便利；提高了衍生工具信息披露要求，有助于利益相关者对使用衍生工具主体面临风险的理解。最新的美国财务会计准则也有助于报表使用者更好地了解使用衍生工具主体的经营风险敞口和风险管理策略，简化了套期保值会计准则的应用等。但由于衍生工具本身的高复杂性和实务中不断创新的衍生工具品种和衍生工具交易中出现的新难题，现行衍生工具相关会计准则必须持续不断地适应和满足实务工作需要，使准则更加具有可操作性、可读性和实用性。

（二）中国衍生工具会计准则发展

中国衍生工具会计准则的制定是在总体上借鉴国际会计准则的基础上，结合中国衍生工具发展实情，经历了起步阶段、准则体系建立阶段和准则体系完善阶段，并最终实现与国际会计准则趋同的发展过程，见表 2－10。具体地，中国衍生工具会计准则起源于 20 世纪 90 年代财政部对企业商品期货业务会计处理的规定，并逐步经历了从早期尝试要求企业商品期货业务在表内确认，到要求上市金融企业衍生工具在表外披露，再到要求商业银行衍生工具在表内确认和计量，最后扩展到要求一般上市公司衍生工具在表内确认和计量的发展过程，体现由点及面、由浅入深、由简单到复杂再到简化的准则制定特点。其中，关于衍生工具会计准则的起源只针对商品期货业务的会计处理，归因于 20 世纪 90 年代中国商品期货业务迅猛发展的特殊经济背景，财政部为了保障期货市场健康发展，对企业商品期货交易会计核算进行规范。由于金融工具会计准则的改进在很大程度上受金融机构和金融市场发展的推动，因此中国衍生工具会计准则的适用范围一般先从包括银行业在内的金融机构开始执行，并逐步拓展到一般上市公司。

表 2－10　　中国衍生工具相关会计准则发展与完善

阶段	发布时间	准则名称	备注
起步阶段	1997.10	《企业商品期货业务会计处理暂行规定》	规范企业商品期货交易会计核算，在表内确认并在表外充分披露
	2000.11	《企业商品期货业务会计处理补充规定》	简单规范企业商品期货合约平仓时套期保值会计核算和披露套保活动信息
	2001.11	《金融企业会计制度》	要求上市金融企业在报表附注中披露衍生工具计价方法和风险头寸
	2004.7	《金融机构衍生金融工具交易和套期业务处理暂行规定（征求意见稿）》	借鉴 IAS39 规范金融机构从事衍生工具交易和套期活动会计处理，首次对所有衍生工具类型的表内确认作出指导
	2005.8	《金融工具确认和计量暂行规定（试行）》	首部规范上市和拟上市商业银行金融工具确认和计量、揭示金融工具潜在风险的法规，实现银行业金融工具会计准则与国际准则趋同

续表

阶段	发布时间	准则名称	备注
准则体系建立阶段	2006.2	CAS22《金融工具确认和计量》、CAS23《金融资产转移》、CAS24《套期会计》、CAS37《金融工具列报》	借鉴IAS32、IAS39和IFRS7基本原则和主要内容，对金融工具确认、计量、列报和披露进行系统梳理、细化和补充，使其体系化，实现上市公司金融工具会计准则与国际准则趋同
准则体系完善阶段	2014.1	CAS39《公允价值计量》	借鉴IFRS13要求上市公司披露公允价值计量的三个层级和计量依据
	2014.6	CAS37《金融工具列报》	对CAS37进行修订，规范企业金融工具风险性质、程度和对企业财务状况、经营成果影响的重要程度以及企业风险管理决策的列报
	2015.11	《商品期货套期业务会计处理暂行规定》	借鉴IFRS9并结合中国商品期货套期业务实践，降低企业使用商品期货套期会计门槛，促进企业利用商品期货进行风险管理，同时对列报和披露作出更加详细和明确要求
	2017.3	CAS22《金融工具确认和计量》、CAS23《金融资产转移》、CAS24《套期会计》、CAS37《金融工具列报》	借鉴IFRS9并结合中国金融工具交易情况，降低企业使用套期会计的门槛和复杂性，对套期会计列报和披露作出更加详细和明确要求

注：CAS（Chinese Accounting Standards），即中国会计准则。

直到2006年财政部在借鉴国际会计准则IAS32、IAS39和IFRS7基本原则和主要内容的基础上，颁布了CAS22、CAS23、CAS24和CAS37四项金融工具准则，才基本形成了一套完整的、与国际会计准则趋同的金融工具会计准则体系。该系列准则对上市公司衍生工具的确认、计量、披露和列报作出详细规定，尤其是对上市公司使用衍生工具适用套期保值会计处理进行了严格规定。但是随着中国经济迅速发展和市场体系不断完善，企业普遍反映2006年制定的金融工具会计准则，尤其是套期保值会计准则存在应用门槛高、处理复杂、与企业风险管理活动脱节的诸多弊端。因此，财政部结合中国大宗商品价格波动日益剧烈的现实以及期货业界和相关监管部门的强烈反映，于2015年11月发布《商品期货套期业务会计处理暂行规定》，作为全面修订金融工具会计准则的一种过渡。该暂行规定强调企业在开展商品期货套期业务时可以选择执行本规定或CAS24（2006），如果执行本规定，后续将不得继续执行CAS24（2006）

和 CAS37（2006）中有关套期保值的相关披露规定。直到 2017 年 3 月，财政部在充分借鉴 IFRS9 的基础上，结合中国金融工具交易实情，对 CAS22、CAS23、CAS24 和 CAS37 进行全面修订，降低了企业套期会计应用门槛和复杂性，同时加强了企业对使用衍生工具进行风险管理的信息披露以提高报表使用者的决策有用性。新修订的金融工具准则于 2018 年 1 月 1 日起在境内外同时上市公司和在境外上市且采用国际财务报告准则或企业会计准则的公司实施，于 2019 年 1 月 1 日起在一般境内上市公司实施，于 2021 年 1 月 1 日在非上市公司实施。

第三章

衍生工具使用的影响因素研究

——基于高管风险承担意愿和赌博式投机心理视角

第一节　引　　言

后金融危机时期，随着全球经济波动加剧、人民币国际化进程加快，以及利率和汇率市场化改革不断深入，商品价格、汇率与利率波动对中国企业经营业绩的影响日益加深，如何应对外部环境风险成为企业亟待解决的问题（郭飞等，2020）。使用衍生工具进行对冲是公司风险管理的重要手段（Aretz and Bartram，2010；郭飞，2012）。国际互换与衍生品协会（ISDA，2009）对全球500强公司进行调查发现有471家公司使用衍生工具进行风险管理，使用率为94.2%，但29家中国公司中仅有18家公司使用衍生工具，使用率仅为62%，远低于全球平均水平。2020年8月30日，由中国金融四十人论坛（CF40）主办、CF40资深研究员肖钢（证监会原主席）牵头负责的《2020·径山报告》中指出，从实体企业参与衍生工具市场的情况来看，全球500强公司使用衍生工具的比例超过92%，而中国上市公司使用衍生工具规避风险的比例仅为8.5%。与此同时，国家外汇管理局统计数据显示，2019年中国外汇衍生工具市场交易额达到17.76万亿美元，较2015年的9.5万亿美元增长86.95%；中国期货业协会统计数据显示，2019年中国场内商品期货交易额达到220.95万亿元，较2015年的136.47万亿元增长61.90%。可见，中国上市公司较低的衍生工具使用率与其较高的风险管理需求和快速发展的衍生工具市场并不匹配，然而是什么原因导致中国上市公司衍生工具使用率低下？使用衍生工具的上市公司具备哪些与非使用的上市公司相异的特征?

关于衍生工具对冲的积极作用具有令人信服的经济理论基础,但是经验证据并没有发现使用衍生工具进行套期保值显著增加公司价值的统一证据(Bessler et al.,2019)。实际运用中,衍生工具既可以用于套期保值,也可以用于投机活动,且因具有高复杂、高杠杆和高风险特征(郭飞等,2019),使得衍生工具使用本身成为风险来源或放大器,因此常被人们认为是风险管理的"双刃剑"。1995 年英国巴林银行由于新加坡子公司投机股指期货判断失误巨亏 14 亿美元而倒闭,事件随之冲击国际金融市场并导致英镑贬值至历史最低水平,使衍生工具高风险特性受到世界关注。尽管如此,之后仍时有衍生工具使用导致巨额亏损案发生,诸如 1996 年日本住友商事铜期货交易巨亏案、2008 年法国兴业银行衍生工具使用巨亏案。在国内,1997 年株洲冶炼厂和 2004 年中航油新加坡公司的衍生工具投机失败案均是早期影响巨大的案例,之后 2008 年又相继发生中国国航和东方航空燃油"套期保值"策略引发巨亏(分别浮亏 74.72 亿元和 62.56 亿元),以及深南电原油期货对赌失败和中信泰富澳元外汇期权重大亏损案,近期有 2018 年底发生的备受关注的中国石化子公司中联油原油期权交易巨亏事件,诸如此类的巨亏案例无疑引发市场参与者和社会公众对衍生工具使用的疑虑。

衍生工具本身是中性的,如何使用它们才是决定其经济后果的真正原因。从分析参与其中的决策者行为特点重新审视前述巨亏事件,或许能为理解衍生工具使用的影响因素带来新的视角。一方面,不论是巴林银行倒闭案还是国内中航油新加坡公司投机案,大规模亏损都是由于作为代理人的决策者面临职业生涯困境(career horizon)时为了自身利益想要赌赢而采取的"孤注一掷"赌博式投机①;另一方面,很多公司使用衍生工具初衷都是围绕自身业务展开风险对冲,如国航、东航和中联油是为对油价进行风险管理,而中信泰富则是为对冲外汇风险,但是实际操作中因对市场预期和交易时间的误判而逐渐脱离风

① 巴林银行案中,其新加坡期货公司负责人尼克·利森(Nick Leeson)为掩盖重大亏损以保住职位和声誉,对日经股指期货采取孤注一掷的豪赌,最终日本股市走势与预期相反引发巨亏;中航油案中,其新加坡公司总裁陈久霖同样为避免衍生工具投机亏损,多次采用风险极高挪盘行为以图"翻盘",但疯狂赌博最终落败导致公司破产。

险对冲轨道，最终引发不可控的利率、汇率或商品价格风险。根据第一章理论基础中的现代金融对冲理论可知，现实中衍生工具使用常常脱离现货与期货等量、反向和期限完全匹配的纯粹对冲机制，而转为“选择性对冲”（Adam et al.，2017），即根据自己的判断来权衡现货和期货的整体风险和收益以确定风险对冲程度（Working，1967），通常会以接受较小的基差风险来避免较大的价格风险。沃顿商学院1995年针对美国非金融上市公司的调查表明，多数使用衍生工具的公司并没有进行纯粹的套期保值，它们的决策者通常基于对市场走势的判断改变套期保值的规模和时间，从而积极承担一定风险，实施“选择性对冲”策略，因此在实务中衍生工具使用已经从纯粹规避风险转向有选择地承担特定风险的行为（刘淑莲，2009）。

实际上，国内企业在应用衍生工具进行风险管理时也同样会加入决策者对使用何种工具以及使用规模和时间的判断。以东方航空2008年巨亏案为例，东方航空作为航空燃油的需求方为防止燃油上涨带来的成本不确定性，本来可以单纯买入看涨燃油期权以锁定成本变动区间，但是公司基于对油价会持续上涨（或小幅下降）的预测，在买入看涨期权同时又卖出看跌期权，意在平衡买入期权付出的期权费。对于当时的东方航空来说，其签订的前述期权组合合约以承担自身预期的较低风险，即油价下跌超过看跌期权行权价很多的风险，来置换油价涨幅超过持有的看涨期权行权价的风险，表现出承担价格下行风险而规避价格上行风险的“选择性对冲”特征，然而2008年国际油价大幅跳水与东方航空管理层预测完全相反而导致巨额亏损。可以看出，东方航空的确具有对冲风险的初衷，只是在具体使用衍生工具时基于自己判断选择了承担特定风险，以期在对冲更大风险同时获得更多收益，这也是为何巨亏曝出后东方航空相关负责人坚持认为自己并没有投机的重要原因①。从第一章理论基础中风险决策理论提到的“易得性偏差”概念可知，由于中国衍生工具市场不够成熟，很多公司对衍生工具不够熟悉，加之国内企业使用衍生工具带来巨额浮亏的案例时有发生且被媒体大肆报道，致使一些公司虽然有对冲市场风险的需要，但其高管基于对过去多次失败案例的判断而不敢使用衍生工具，使用衍生

① 东航自解燃油套保致18亿元浮亏：没有投机。http：//www.huaxia.com/xw/zhxw/2008/12/1241025.html.

工具的风险承担意愿较低，而那些决定使用衍生工具进行选择性对冲的公司可能更需要其高管具有承担特定风险的意愿①。同时必须说明的是，选择性对冲并不等同于发生严重委托代理冲突，为公司长远利益而积极承担适当风险是高管应具备的专业素养（刘任帆，2019），一项基于国际金融危机期间利率衍生工具应用的多案例研究发现，基于利率市场涨跌趋势把握的选择性对冲对公司来说更有利（刘任帆和于增彪，2014）。

综上所述，决策者的心理特征很可能是影响公司衍生工具使用的重要因素。一方面，高管风险承担意愿的特质是否能够为中国上市公司衍生工具使用率低下提供可能的解释是一个值得探讨的问题；另一方面，高管在特殊情境下可能具有的赌博式投机心理是否也会促使上市公司使用衍生工具也具有重要的研究价值。基于此，本章以后金融危机时期 2010 ~ 2018 年沪深 A 股非金融类上市公司为研究样本，通过文本搜索和阅读年度财务报告相结合的方式获得上市公司衍生工具使用数据，基于高管风险承担意愿和赌博式投机心理视角，研究上市公司衍生工具使用的影响因素。研究发现，在 CEO 风险承担意愿占主导时上市公司更可能使用衍生工具，在 CEO 赌博式投机心理占主导时上市公司同样也更可能使用衍生工具，即 CEO 风险承担意愿和赌博式投机心理均能够增加上市公司使用衍生工具的可能性；但赌博式投机心理 CEO 所在的公司只占到上市公司整体的很少部分，绝大部分上市公司使用衍生工具主要受高管风险承担意愿的影响，即高管风险承担意愿对上市公司衍生工具使用存在显著的促进作用，且这一结论在经过一系列稳健性检验之后依然成立。进一步地，当公司其他高管具备衍生工具专业才能时，上市公司更可能使用衍生工具，并且这种团队专业才能会使 CEO 风险承担意愿对上市公司衍生工具使用的促进作用得到加强，但并没有影响 CEO 赌博式投机心理对上市公司衍生工具使用的促进作用。由于其他高管相较于 CEO 更关注公司长远利益，因此其他高管专业才能发挥的前述作用也意味着，由 CEO 风险承担意愿推动的公司衍生工具使用是一种站在公司利益角度上的行为。此外，本章发现 CEO 预期任期与

---

① 东方航空自 2008 年曝出巨亏，在 2011 年燃油期权合约到期后一直没有再对燃油进行套期保值，直至 2019 年末。不过，随着疫情“黑天鹅”事件的发生，国际油价受到冲击，虽然尚不知东方航空套保策略，但其必然受到深刻影响。

上市公司衍生工具使用概率之间呈“U”形关系，CEO 预期任期二次项能够较好地刻画 CEO 风险承担意愿和赌博式投机心理这两类心理特质；在 CEO 很可能具备赌博式投机心理时，预期任期与衍生工具使用概率之间显著负相关；在剔除 CEO 很可能具备赌博式投机心理样本后，预期任期与衍生工具使用概率之间显著正相关。最后，本章进一步证明了高管风险承担意愿带来的公司衍生工具使用是基于选择性对冲而非纯粹的套期保值行为。

本章可能的贡献在于：第一，从 CEO 风险承担意愿和赌博式投机心理视角探究中国上市公司衍生工具使用的影响因素，既为高阶理论和风险决策理论应用于公司财务行为提供经验证据，又将衍生工具使用的影响因素从公司财务特征扩展至决策者特质层面，深化两方面的研究；第二，通过 CEO 预期任期并结合 CEO 离职后能否与公司实质性脱离来度量 CEO 风险承担意愿和赌博式投机心理，为测度高管心理特质提供有益参考；第三，证明其他高管具备的衍生工具专业才能对上市公司衍生工具使用的正向影响，以及对 CEO 风险承担意愿促进公司衍生工具使用的加强作用，为评估金融背景高管价值提供依据；第四，证明大部分上市公司使用衍生工具是基于高管高风险承担意愿特质下的选择性对冲，且这种高风险承担意愿并非孤注一掷的赌博式投机心理，有助于利益相关者正确认识上市公司衍生工具使用实质。

第二节　理论分析与假设提出

一、高管风险承担意愿对公司衍生工具使用的影响

从第一章理论基础中的传统金融对冲理论（套期保值理论）可知，公司为纯粹规避风险，能够使用衍生工具进行与现货交易方向相反、种类相同、数量相等、月份相同或相近的市场操作，以降低商品价格、利率和汇率等的波动风险。同时，现实中非金融公司使用衍生工具的初衷也大多为风险对冲，特别是在中国严格的监管环境下上市公司只能以套期保值的名义使用衍生工具。但是，实际应用中衍生工具使用更多表现为选择性对冲（曹玉珊，2018）。究其

原因，除了受到衍生工具市场发达程度①所限之外，决策者层面的特征也是重要因素。选择性对冲合约在规模和时间上与纯粹套期保值策略存在差异，从这个层面看选择性对冲必然包含投机成分，且衍生工具的高杠杆性也使得工具使用决策本身成为一项重要的风险决策。从第一章理论基础中的风险决策理论可知，决策者进行风险决策时会受到决策结果的价值和对待风险的态度两个因素影响，且无论是具有风险偏好态度的决策者还是拥有强烈成就动机的决策者，均具有较高的风险承担意愿，而恰当地运用衍生工具进行选择性对冲不仅能够使公司在对冲风险的同时尽可能获取最大收益，还能够满足决策者强烈的成功欲望。已有研究发现，选择性对冲的决策者应具备预测市场涨跌趋势的能力以及敢于承担风险的素质（刘任帆，2019），高管基于对市场走势的判断改变套期保值规模和时间实施选择性对冲（Adam et al.，2017），意味着其具有积极承担特定风险倾向，使得选择性对冲成为高管风险承担意愿驱动下的风险承担行为（刘淑莲，2009）。

必须强调的是，本书所指的风险承担意愿不是一味地追求高收益而忽视风险，而是为换取一定收益或达成特定目标而愿意承担特定风险的心理倾向。在选择性对冲策略中，高管基于自身判断以承担特定风险敞口为代价，目的在于规避更大市场风险的同时获取最大收益，实质上是风险—收益权衡下有选择的风险承担行为，并没有完全脱离理性决策的框架，是在信息有限情况下的有限理性行为。在“两权分离”背景下，上市公司高管作为内部人虽然比外部投资者了解更多信息，但将外部经营环境纳入决策模型时，由于其既不可能完全掌握所有决策相关信息又无法识别所有决策规律，只能在自己价值观和认知范围内做出有限理性决策。因此，作为应对和利用外部经营环境变化的手段，选择性对冲也必然只能是高管在有限理性下认为的“最优”决策。

选择性对冲行为是决策者基于对市场的判断，以承担特定风险为代价选择对公司有利的衍生工具种类、规模和时机，已有研究发现基于利率市场涨跌趋

① 衍生工具市场的发达程度是影响公司对冲合约的重要因素。中国衍生工具市场相对于发达国家来说交易品种较少，很多公司为满足特定的风险对冲需要依赖国际金融机构签订“一对一”的非标准化套期保值合约，由于涉及合约多为场外工具，缺少竞争询价且相对于衍生工具提供方，购买方公司明显处于信息劣势方，最终使得对冲策略本身可能蕴含不可预测的风险敞口，无法达到对冲风险的目的。

势把握的选择性对冲对公司来说更有利（刘任帆和于增彪，2014）。CEO 是公司日常经营活动中最重要的决策者和执行者（李小荣和刘行，2012），在不考虑高管团队内部异质性时通常以 CEO 特征作为高管特征的代表。当外部环境不确定性对公司利益影响较大时，具有高风险承担意愿的 CEO 为了规避更大的市场风险并尽可能获取最大收益，会在承担特定风险的情况下积极分析市场趋势并主动选择有利的衍生工具合约。因此，伴随着市场环境的瞬息万变，具有高风险承担意愿的有限理性 CEO 会通过使用衍生工具来积极主动地寻求增加公司利益的方法，以有所作为取代不作为。

二、高管赌博式投机心理对公司衍生工具使用的影响

相反，当考虑另一种虽然较为极端但也可能会存在的情形时，即 CEO 面临高离职可能性时容易出现的复活赌博（gambling for resurrection）或风险转移行为（Cziraki and Xu，2014），此时 CEO 将很可能具有“孤注一掷”的赌博式投机心理，而非风险承担意愿。复活赌博是 CEO 为寻求更长任期而从事的高风险投机行为，投机成功则可能继续留任，投机失败则从公司退出。风险转移最早为 Jensen 和 Meckling（1976）在资本结构论述中描述的股东与债权人之间的利益冲突，股东有动机投资高风险项目，成功时分享更多收益而失败时由债权人承担更多损失，也称为资产替代。当聚焦于股东与 CEO 利益冲突时，CEO 面临高离职可能性且离职后自身利益与公司关联很小时，这种风险转移行为也很可能会发生，此时 CEO 进行高风险投机行为对其更有利，投机成功则分享收益而失败则通常最多失去本就所剩无多的职位，损失由公司承担。因此，委托—代理框架下 CEO 以追求个人利益最大化为目标，当其离职可能性很大且一旦离职自身利益与公司关联很小时 CEO 很可能具有赌博式投机心理，为寻求任期延长而进行复活赌博或获得离任前更大收益而进行风险转移，“孤注一掷”地使用衍生工具从事赌博式投机（Stulz，1996）。

综合以上分析，本章提出如下假设：

H3－1：在 CEO 风险承担意愿占主导时，上市公司更可能使用衍生工具。

H3－2：在 CEO 赌博式投机心理占主导时，上市公司更可能使用衍生工具。

第三节 研究设计

一、样本选择与数据来源

衍生工具使用在金融危机期间备受批评，为最大限度降低社会关注压力对公司衍生工具使用的影响，进而可能影响到本书的研究结论，书中以2010年为研究初始年份。具体地，本章选取2010～2018年后金融危机时期沪深A股上市公司为初始样本，并进行了如下筛选处理：（1）删除金融保险行业的样本；（2）删除ST、PT等非正常交易类的样本；（3）删除数据存在缺失的样本；（4）删除CEO任期不足一年的样本。最终得到3259家上市公司的15810个观测值。为控制异常值的影响，本章对连续变量采用1%和99%分位的缩尾（Winsorise）处理。衍生工具使用的数据通过文本搜索和阅读上市公司年报方式手工搜集和整理，其他数据来自国泰安数据库和Wind数据库。

二、变量定义与模型构建

（一）衍生工具使用（IsDeri）

目前上市公司衍生工具的披露情况并不详细和规范，参考主流研究做法，本章使用文本搜索和阅读上市公司年报的方法手工整理衍生工具的使用情况（郭飞，2012；Chen and King，2014；王晓珂和黄世忠，2017）。具体地，本章通过对上市公司年报中与衍生工具、套期保值、对冲相关的关键词进行搜索并阅读前后文的方式，判断公司是否使用了衍生工具，并采用虚拟变量作为衍生工具使用（IsDeri）的衡量方法，如果上市公司使用了衍生工具，则赋值为1，反之为0①。

① 在上市公司年报的搜索过程中，关键词包括但不限于：远期、掉期、互换、调期、期权、期货、衍生、套期、对冲、风险等，当搜索到关键词后再根据前后文（至少包括前后两段文字）来判断其是否使用了衍生工具。

(二) CEO 风险承担意愿 (RTWilling) 和赌博式投机心理 (Gambling)

1. 即有任期和预期任期的辨析

从第一章理论基础中提到的高阶理论可知，CEO 价值观、认知因素等心理特质难以直接衡量，但 CEO 特定的人口特征等可观测变量能够在一定程度上作为代理变量来使用（Hambrick and Mason，1984），其中 CEO 任期在刻画 CEO 应对风险的态度和决策视野方面受到重视（Hambrick and Fukutomi，1991；刘运国和刘雯，2007；张兆国等，2014）。CEO 任期可以分为即有任期和预期任期，前者为 CEO 任职至当前的已在任年限，后者为 CEO 基于当前可获得信息预计的未来仍可继续任职年限，两者都可以在一定程度上反映 CEO 心理倾向和管理素质（Miller and Shamsie，2001；刘亚伟和张兆国，2016），但两者背后的机制却不相同。在既有任期方面，研究者基于生命周期模式认为 CEO 技能储备和思维范式在任职期间呈阶段性变化，其知识收集能力和权力随时间推移不断积累，而对待任务和主动获取多样化信息的积极性随时间推移逐渐消散，导致 CEO 对公司积极影响呈现倒 "U" 形结构（Hambrick and Fukutomi，1991；Henderson et al.，2006；Hsu et al.，2014）。在预期任期方面，研究者基于决策视野分析认为 CEO 预测未来在任时间越长时，其越可能从未来任期中收回风险投资的回报，越愿意做出跨期间的风险—收益权衡，以承担一定风险为代价换取更大收益，更多地进行诸如 R&D 等风险投资（Antia et al.，2010；张兆国等，2014；陈华东，2016）。既有任期更强调能力的积累，体现市场对 CEO 能力的认可（Souder et al.，2011）；而预期任期则反映 CEO 决策时目光的长短以及对待风险决策时的态度，更可能反映 CEO 为获得一定收益或达成特定目标而主动承担风险的意愿。已有研究发现，预期任期越长的 CEO 越可能进行实物期权投资（Lee et al.，2018），进行战略变革的可能性也更高（殷治平和张兆国，2016；钟熙等，2020）；而在预期任期较短时 CEO 更容易进行短视决策、采取规避风险的策略（McClelland et al.，2012），CEO 在任期最后一年更多地实施以削减 R&D 为手段的真实盈余管理（Dechow and Sloan，1991），其进行国际并购的可能性也更低（Matta and Beamish，

2008）。因此，本书采用 CEO 预期任期衡量高管的两类心理特征。

2. CEO 预期任期（ETenure）

预期任期是高管对自己未来任期的心理判断，部分研究使用 CEO 当前年龄距离固定退休年龄的年限进行度量（Matta and Beamish，2008；Strike et al.，2015）。但是该指标存在固有缺陷，一方面 CEO 预期的离职年龄可能并不相同，另一方面仅以年龄作为参照忽略 CEO 对任职年限的考量。一个可以被接受的观点是，如果 CEO 比同类公司 CEO 更年轻或已有任职年限更短则其未来任期可能更长。CEO 任期在不同行业之间有着明显差异（Lee et al.，2018），与成熟产业相比，高科技产业通常由拥有年轻 CEO 和管理团队的公司组成，并且高管的离职率可能相对较高。Antia 等（2010）采用同时考虑经行业调整的 CEO 年龄和任职年限两个维度对 CEO 预期任期进行度量，并被后续研究广泛使用（李培功和肖珉，2012；张兆国等，2014；Lee et al.，2018）。因此，本章也参考这一做法采用公式（3－1）对 CEO 预期任期（ETenure）进行衡量。由于书中假定 CEO 为衍生工具使用的决策者，为确保公司年度内决策者的唯一性，仅保留 CEO 任期大于等于 1 的样本。

$$ETenure_{i,t} = (CEOTenureInd_{i,t} - CEOTenure_{i,t}) + (CEOAgeInd_{i,t} - CEOAge_{i,t}) \tag{3-1}$$

其中，$CEOTenureInd_{i,t}$为 i 公司所在行业所有 CEO 在 t 年已任期限平均值；$CEOTenure_{i,t}$为 i 公司 CEO 在 t 年已任期限；$CEOAgeInd_{i,t}$为 i 公司所在行业所有 CEO 在 t 年年龄的平均值；$CEOAge_{i,t}$为 i 公司 CEO 在 t 年年龄。$ETenure_{i,t}$是经行业年度调整的 i 公司 CEO 在 t 年的预期任期，可能为负也可能为正，数值越大表示预期任期越长。

3. CEO 赌博式投机心理（Gambling）

书中界定赌博式投机心理意在刻画 CEO 在预期任期较短且一旦离任自身利益与公司关联很小的情境下可能存在的“复活赌博”或风险转移心理倾向，是一种相对极端的状态。当书中定义同时满足以下条件时，变量 Gambling 取 1：（1）当 CEO 预期任期取下分位的 20%，表示任期很可能结束；（2）CEO 持有公司股份不超过 1%；（3）国有企业 CEO 不在股东单位兼职，一般而言，在国有企业股东单位兼任的高管可能非市场化，即使从公司离职 CEO 自身利益仍然与公司有很大联系。其他情况下，Gambling 取 0。在稳健性测试部分，本章重新定义 CEO 赌博式投机心理。具体地，将预期任期限定为下分位的 10% 表示任期很可能结束，同时进一步限定 CEO 不持有公司股份。

4. CEO 风险承担意愿（RTWilling）

由于 CEO 预期任期越长，其越可能从公司长远收益中获得自身利益，也就越可能具有高风险承担意愿以承担一定风险为代价换取公司更大收益（张兆国等，2014）；同时，考虑到前面度量 CEO 极端的赌博式投机心理时，用 CEO 预期任期下分位的 20% 表示其预期任期很可能结束。因此，为了最大范围涵盖上市公司 CEO 可能具有的风险承担意愿并考虑研究结论的稳健性，本章尝试分别用预期任期的上分位 40%、50%、60%、70%、80% 来定义虚拟变量 CEO 高风险承担意愿（RTWilling），若 CEO 预期任期分别在最高的 40%、50%、60%、70%、80%，RTWilling 分别取 1，否则分别取 0。

（三）控制变量（Controls）

目前关于衍生工具使用影响因素的研究尚不丰富，并且主要集中在公司财务特征层面。参考现有文献（Choi et al.，2015；Huang et al.，2017；Ahmed et al.，2018）对以下变量进行控制：（1）公司规模（Size）；（2）资产负债率（Lev）；（3）速动比率（QuickR）；（4）股利支付率（PayOut）；（5）海外收入占比（ForeiSR）；（6）公司产品集中度（ProHHI）；（7）公司成长性（Grow）。此外，年度（Year）和行业（Industry）虚拟变量用以控制时间和行业维度的固定效应。具体变量定义如表 3-1 所示。

表 3-1　主要变量定义

变量性质	变量名称	变量符号	变量定义
被解释变量	衍生工具使用	IsDeri	公司是否使用衍生工具，是取 1，否取 0
解释变量	CEO 赌博式投机心理	Gambling	同时满足以下条件取 1，否则取 0： （1）CEO 预期任期取下 20% 分位； （2）CEO 持有公司股份不超过 1%； （3）国有企业 CEO 不在股东单位兼职
	CEO 风险承担意愿	RTWilling	CEO 预期任期分别取上 40%、50%、60%、70%、80% 分位，是则分别取 1，否则分别取 0

续表

变量性质	变量名称	变量符号	变量定义
控制变量	速动比率	QuickR	速动资产/流动负债
	海外收入占比	ForeiSR	海外收入/营业收入
	股利支付率	PayOut	股息/净利润
	公司规模	Size	总资产的自然对数
	资产负债率	Lev	负债/总资产
	产品集中度	ProHHI	每种产品营业收入占比的平方和
	公司成长性	Grow	营业收入增长率

为检验假设 H3－1 和假设 H3－2，本章构建 Logit 模型（3－2）：

$$IsDeri_{i,t} = \alpha_0 + \alpha_1 RTWilling_{i,t} + \alpha_2 Gambling_{i,t} + \beta Controls_{i,t} + \varepsilon_{i,t} \qquad (3-2)$$

当 RTWilling 取 1 时，表示 CEO 风险承担意愿占主导，若 $RTWilling_{i,t}$ 的系数 α_1 显著为正则假设 H3－1 成立；当 Gambling 取 1 时，表示 CEO 赌博式投机心理占主导，若 $Gambling_{i,t}$ 的系数 α_2 显著为正则假设 H3－2 成立。

第四节　实证结果分析

一、描述性统计

表 3－2 为主要变量的描述性统计。衍生工具使用率（IsDeri）为 15.8%，与已有学者的研究结论基本保持一致（郭飞，2012；王晓珂等，2020），样本期间上市公司衍生工具使用率较低，与以全球 500 强公司为代表的先进公司相比仍有很大差距；分别取 CEO 预期任期最高的 40%～80% 不同分位对应的虚拟变量 CEO 风险承担意愿（RTWilling1～RTWilling5）的均值分别为 40%、50%、60%、70% 和 80%；CEO 赌博式投机心理（Gambling）均值为 11.6%，表明可能出现赌博式投机心理的 CEO 占比较小；速动比率（QuickR）均值为 1.654，表明平均来说样本期间公司短期偿债能力较强，而从最大值 13.82 和最小值 0.108 以及标准差 2.137 来看，不同公司年度之间相差较大；海外收入占营业收入比例（ForeiSR）的 25% 分位数为 0，50% 分位数仅为 1.7%，75%

分位数为17.5%，而均值为12.8%，表明有海外收入公司较多但比重较高的公司年度并不多；现金股利支付率（PayOut）均值为27.4%，标准差为28.7%，公司年度间差异较大；此外，公司规模（Size）均值为22.13，资产负债率（Lev）均值为41.6%，产品集中度（ProHHI）均值为0.515，收入增长率（Grow）均值为18.5%。

表3－2　主要变量的描述性统计

变量	N	mean	sd	min	p25	p50	p75	max
IsDeri	15810	0.158	0.365	0	0	0	0	1
RTWilling1	15810	0.400	0.490	0	0	0	1	1
RTWilling2	15810	0.500	0.500	0	0	0.500	1	1
RTWilling3	15810	0.600	0.490	0	0	1	1	1
RTWilling4	15810	0.700	0.458	0	0	1	1	1
RTWilling5	15810	0.800	0.400	0	1	1	1	1
Gambling	15810	0.116	0.321	0	0	0	0	1
QuickR	15810	1.654	2.137	0.108	0.562	0.985	1.771	13.82
ForeiSR	15810	0.128	0.205	0	0	0.017	0.175	0.874
PayOut	15810	0.274	0.287	0	0.074	0.220	0.368	1.693
Size	15810	22.13	1.246	20.01	21.20	21.95	22.84	26.02
Lev	15810	0.416	0.205	0.049	0.249	0.410	0.574	0.861
ProHHI	15810	0.515	0.231	0.152	0.332	0.466	0.679	1
Grow	15810	0.185	0.341	－0.490	0.005	0.128	0.289	1.888

二、回归结果分析

本章基于模型（3－2）检验假设H3－1和假设H3－2，结果如表3－3所示。表3－3中列（1）至列（5）均为Logit回归结果，回归中进行稳健性标准误调整。列（1）至列（4）中CEO风险承担意愿（RTWilling1～RTWilling4）和CEO赌博式投机心理（Gambling）系数均显著为正，说明具备高风险承担意愿和赌博式投机心理的CEO相较于其他不具备这两种心理的CEO都更可能使用衍生工具；同时，赌博式投机心理CEO所在的公司只占到上市公司整体的很少部分，绝大部分上市公司使用衍生工具主要受高管风险承担意愿影响。同时，从列（5）中 RTWilling5 的回归系数不显著可知，CEO 预期任期取上70% ~80%分位样本对应的 CEO 已不具备高风险承担意愿心理特征，导致虚拟变量 RTWilling5 已不能很好地度量 CEO 是否具有风险承担意愿。从控制变量看，更多海外收入占比（ForeiSR）的公司因外汇风险敞口更大而更可能使用衍生工具；规模（Size）更大、股利支付率（PayOut）更高的公司更可能具有足够的资源和能力使用复杂的衍生工具；而更高财务杠杆（Lev）和更低速动比率（QuickR）的公司更可能发生财务困境，使用衍生工具的可能性更高。需要说明的是，使用衍生工具既可能是对冲目的也可能是投机目的，不能将衍生工具使用仅作为风险对冲的代理变量（Lel，2012），因此，财务困境与衍生工具使用概率之间的正相关关系，并不必然意味着财务困境的公司更可能是对冲需求。Stulz（1996）在“风险管理再思考”的分析中认为，中度财务困境的公司有对冲风险的需求，而严重财务困境的公司使用衍生工具则是为扭转困境而“搏一把”的纯粹投机行为。产品集中度（ProHHI）系数虽然为负但并不显著，可能原因是大多数公司产品多样化程度不高（ProHHI 均值为 0.515），无法起到经营对冲作用，因此对衍生工具对冲动机替代作用不明显。此外，Grow 也不显著，表明衍生工具使用对于公司成长性并不敏感。

表 3-3　　CEO 两类心理与公司衍生工具使用

变量	(1)	(2)	(3)	(4)	(5)
	IsDeri	IsDeri	IsDeri	IsDeri	IsDeri
RTWilling1	0.1864 *** (3.56)				
RTWilling2		0.1524 *** (2.90)			
RTWilling3			0.1423 ** (2.57)		
RTWilling4				0.1350 ** (2.14)	
RTWilling5					0.1143 (1.35)

续表

变量	(1)	(2)	(3)	(4)	(5)
	IsDeri	IsDeri	IsDeri	IsDeri	IsDeri
Gambling	0.3355*** (4.49)	0.3369*** (4.39)	0.3467*** (4.34)	0.3572*** (4.14)	0.3541*** (3.41)
QuickR	-0.0681*** (-3.23)	-0.0682*** (-3.24)	-0.0681*** (-3.23)	-0.0679*** (-3.22)	-0.0676*** (-3.21)
ForeiSR	3.1867*** (30.55)	3.1881*** (30.60)	3.1914*** (30.61)	3.1898*** (30.62)	3.1892*** (30.62)
PayOut	0.3342*** (4.22)	0.3365*** (4.25)	0.3365*** (4.25)	0.3368*** (4.25)	0.3352*** (4.23)
Size	0.5794*** (24.26)	0.5777*** (24.25)	0.5773*** (24.24)	0.5755*** (24.23)	0.5732*** (24.20)
Lev	0.5196*** (2.81)	0.5238*** (2.84)	0.5275*** (2.86)	0.5346*** (2.90)	0.5416*** (2.94)
ProHHI	-0.0582 (-0.54)	-0.0526 (-0.49)	-0.0515 (-0.47)	-0.0485 (-0.45)	-0.0455 (-0.42)
Grow	0.0430 (0.59)	0.0462 (0.64)	0.0464 (0.64)	0.0462 (0.64)	0.0497 (0.69)
Constant	-15.3466*** (-27.31)	-15.3218*** (-27.25)	-15.3232*** (-27.20)	-15.2986*** (-27.16)	-15.2502*** (-26.93)
Year	控制	控制	控制	控制	控制
Industry	控制	控制	控制	控制	控制
Pseudo R^2	0.176	0.176	0.176	0.176	0.176
N	15810	15810	15810	15810	15810

注：***、**与*分别表示系数在1%、5%与10%水平上显著，括号内为z值。

三、稳健性检验

（一）指标敏感性测试

第一，改变CEO赌博式投机心理的度量。本章在主检验定义CEO赌博式投机心理的基础上，分别对其中满足的条件进行重新定义，具体地：（1）将CEO 预期任期取下 20% 分位改为下 10% 分位，其他条件不变，定义为 Gambling2；（2）将 CEO 持有公司股份不超过 1% 改为 CEO 不持有公司股份，其他条件不变，定义为 Gambling3；（3）同时将 CEO 预期任期取下 20% 分位改为下 10% 分位和 CEO 持有公司股份不超过 1% 改为 CEO 不持有公司股份，其他条件不变，定义为 Gambling4。在此基础上，依次用 3 个 CEO 赌博式投机心理的新变量（Gambling2 ~ Gambling4）替代 Gambling，重新用模型（3 - 2）回归，回归结果见表 3 - 4。可以看出 Gambling2 ~ Gambling4 系数均在 1% 水平上显著为正，表明当 CEO 具有赌博式投机心理时，公司更可能使用衍生工具，进一步证明假设 H3 - 2。

表 3 - 4　CEO 两类心理与公司衍生工具使用：重新定义 CEO 赌博式投机心理

变量	(1)	(2)	(3)
	IsDeri	IsDeri	IsDeri
RTWilling1	0. 1633 *** (3. 20)	0. 1455 *** (2. 85)	0. 1420 *** (2. 82)
Gambling2	0. 4082 *** (4. 32)		
Gambling3		0. 2763 *** (2. 79)	
Gambling4			0. 4665 *** (3. 50)
QuickR	-0. 0681 *** (-3. 24)	-0. 0693 *** (-3. 29)	-0. 0691 *** (-3. 29)
ForeiSR	3. 1836 *** (30. 56)	3. 1832 *** (30. 52)	3. 1839 *** (30. 54)
PayOut	0. 3355 *** (4. 24)	0. 3391 *** (4. 29)	0. 3390 *** (4. 29)
Size	0. 5789 *** (24. 28)	0. 5826 *** (24. 32)	0. 5836 *** (24. 41)

续表

变量	(1)	(2)	(3)
	IsDeri	IsDeri	IsDeri
Lev	0.5161 *** (2.80)	0.5166 *** (2.79)	0.5130 *** (2.78)
ProHHI	−0.0620 (−0.57)	−0.0565 (−0.52)	−0.0606 (−0.56)
Grow	0.0443 (0.61)	0.0400 (0.55)	0.0402 (0.56)
Constant	−15.3170 *** (−27.32)	−15.3779 *** (−27.25)	−15.4005 *** (−27.37)
Year	控制	控制	控制
Industry	控制	控制	控制
Pseudo R^2	0.176	0.175	0.176
N	15810	15810	15810

注：***、** 与 * 分别表示系数在 1%、5% 与 10% 水平上显著，括号内为 z 值。

第二，改变 CEO 风险承担意愿的度量。现有研究大多通过业绩波动性衡量风险承担，但这更偏重对风险承担水平的刻画（余明桂等，2013），而风险承担意愿更强调高管面临不确定决策时具有的彰显个人才能和为追求收益而甘愿冒特定风险的心理与行为倾向。实际上，影响风险承担水平的因素，除了决策者的风险承担意愿外，还包括诸如宏观政策（周彬蕊等，2017）、产权性质（李文贵和余明桂，2012）以及公司治理（解维敏和唐清泉，2013；朱南军和王文健，2017）等因素。因此，高风险承担水平并不必然反映进行决策的高管具有高风险承担意愿，要刻画高管风险承担意愿，更需要从心理学和高管行为的角度建立指标。从这个层面看，目前还没有特别恰当的指标度量风险承担意愿，现有研究（董保宝，2014）尝试使用问卷调查的量表度量，但是这种方法无法进行大样本研究，因此针对本章的研究还需要探索适宜的度量指标。已有研究发现，高管过度自信会给公司带来更高的风险承担水平（余明桂等，2013），并且过度自信是一种心理倾向，它可以反映决策前的态度，因此高管过度自信可能是反映更高风险承担意愿的一种次优选择。选择性对冲需要 CEO

基于市场判断作出衍生工具的具体使用决策（Adam et al.，2017），并以承担特定风险为代价获取更大收益。对市场涨跌趋势进行恰当判断是 CEO 认为选择性对冲决策对自己有利的重要前提，过度自信 CEO 更可能具有较高的风险承担意愿，从而选择暴露特定风险敞口获取更大收益。

参考已有研究，本章使用以下两种方法度量 CEO 过度自信。首先，基于 CEO 个人特征的度量，借鉴余明桂等（2013）的做法本章考察 CEO 个人特征的四个维度总得分，记为 Overcon1，得分越高 CEO 越可能过度自信：（1）是否为男性，是取 1，否取 0；（2）年龄是否小于均值，是取 1，否取 0；（3）学历是否在本科以上，是取 1，否取 0；（4）是否兼任董事长，是取 1，否取 0。其次，基于投资行为的度量，借鉴 Duellman 等（2015）的方法，用实际资本支出偏离预期资本支出的程度衡量 CEO 过度自信，记为 Overcon2。具体来说，本章先用销售收入增长率对资本支出占上期总资产的比例进行分年度、分行业回归，求得残差，然后用残差除以预期资本支出，得到实际资本支出偏离预期资本支出的程度，且偏离程度越大说明高管越过度自信。在度量出 CEO 过度自信后，首先将其作为解释变量替代 RTWilling，重新用模型（3－2）回归，结果如表 3－5 中列（1）和列（2）所示；其次，将其作为解释变量替代 RTWilling，在剔除赌博式投机心理后的观测样本（即 Gambling 取 0）中进行回归，结果如表 3－5 中列（3）和列（4）所示。从表 3－5 中可以看出无论是 Overcon1 还是 Overcon2 回归系数均显著为正，进一步证明假设 H3－1。

表 3－5　CEO 两类心理与公司衍生工具使用：重新定义 CEO 风险承担意愿

变量	全样本		Gambling 取 0 的样本	
	(1)	(2)	(3)	(4)
	IsDeri	IsDeri	IsDeri	IsDeri
Overcon1	0.0750 ** (2.44)		0.0726 ** (2.25)	
Overcon2		0.0717 *** (3.87)		0.0675 *** (3.40)
Gambling	0.2836 *** (3.94)	0.2573 *** (3.64)		

续表

变量	全样本		Gambling 取 0 的样本	
	(1)	(2)	(3)	(4)
	IsDeri	IsDeri	IsDeri	IsDeri
QuickR	-0.0691*** (-3.28)	-0.0623*** (-2.95)	-0.0684*** (-3.09)	-0.0610*** (-2.75)
ForeiSR	3.1713*** (30.46)	3.1717*** (30.47)	3.1575*** (28.44)	3.1613*** (28.48)
PayOut	0.3306*** (4.18)	0.3260*** (4.10)	0.2493*** (2.87)	0.2423*** (2.78)
Size	0.5766*** (24.17)	0.5709*** (24.14)	0.5727*** (22.33)	0.5669*** (22.34)
Lev	0.5502*** (2.98)	0.6785*** (3.61)	0.4439** (2.24)	0.5692*** (2.82)
ProHHI	-0.0426 (-0.39)	-0.0651 (-0.60)	-0.0471 (-0.40)	-0.0692 (-0.59)
Grow	0.0420 (0.58)	0.0493 (0.68)	0.0366 (0.46)	0.0444 (0.56)
Constant	-15.3955*** (-26.91)	-15.1497*** (-27.22)	-15.4134*** (-24.48)	-15.1637*** (-24.79)
Year	控制	控制	控制	控制
Industry	控制	控制	控制	控制
Pseudo R^2	0.176	0.176	0.173	0.174
N	15810	15763	13971	13930

注：***、**与*分别表示系数在1%、5%与10%水平上显著，括号内为z值。

第三，改变衍生工具使用的度量。上市公司通常不只使用一种衍生工具，并且越复杂的合约可能用到的衍生工具种类越多，相应地，衍生工具使用结果的不确定性也可能更高。因此，本章进一步以衍生工具种类作为被解释变量，重新检验本章假设。具体地，将衍生工具按照标的资产分为利率、外汇、商品、其他①共4种类型，分别对每个公司年度衍生工具使用种类进行加总求和，记为

① 由于少数上市公司在年度财务报告中只披露使用了衍生工具而无法判断使用的基本类型，本书将这些归类为“其他”。

DeriN1；将衍生工具按照产品形态分为期权、期货、互换、远期、其他①共 5 种类型，分别对每个公司年度衍生工具使用种类进行加总求和，记为 DeriN2。由于被解释变量为离散型变量，书中采用 ologit 回归重新检验前面假设，结果如表 3－6 所示。从表 3－6 中列（1）至列（8）可以看出，无论被解释变量是 DeriN1 还是 DeriN2，CEO 风险承担意愿（RTWilling1 ~ RTWilling4）和 CEO 赌博式投机心理（Gambling）系数均显著为正，支持假设 H3－1 和假设 H3－2。

表 3－6　CEO 两类心理与公司衍生工具使用种类

变量	按标的资产划分				按产品形态划分			
	(1)	(2)	(3)	(4)	(5)	(6)	(7)	(8)
	DeriN1	DeriN1	DeriN1	DeriN1	DeriN2	DeriN2	DeriN2	DeriN2
RTWilling1	0.1580*** (3.03)				0.1581*** (3.05)			
RTWilling2		0.1323** (2.53)				0.1295** (2.48)		
RTWilling3			0.1247** (2.26)				0.1224** (2.22)	
RTWilling4				0.1157* (1.84)				0.1088* (1.73)
Gambling	0.2871*** (3.94)	0.2899*** (3.87)	0.2991*** (3.83)	0.3063*** (3.62)	0.3013*** (4.13)	0.3024*** (4.03)	0.3116*** (3.98)	0.3147*** (3.72)
QuickR	-0.0607*** (-3.03)	-0.0609*** (-3.03)	-0.0608*** (-3.02)	-0.0606*** (-3.02)	-0.0636*** (-3.19)	-0.0637*** (-3.19)	-0.0636*** (-3.18)	-0.0635*** (-3.18)
ForeiSR	3.1146*** (32.20)	3.1174*** (32.25)	3.1207*** (32.27)	3.1196*** (32.28)	3.1254*** (32.34)	3.1280*** (32.39)	3.1317*** (32.40)	3.1302*** (32.39)
PayOut	0.3467*** (4.46)	0.3493*** (4.50)	0.3496*** (4.50)	0.3499*** (4.50)	0.3286*** (4.32)	0.3310*** (4.35)	0.3314*** (4.36)	0.3317*** (4.36)

① 由于少数上市公司在年度财务报告中只披露使用了衍生工具而无法判断使用的基本类型，本书将这些归类为“其他”。

续表

变量	按标的资产划分				按产品形态划分			
	(1)	(2)	(3)	(4)	(5)	(6)	(7)	(8)
	DeriN1	DeriN1	DeriN1	DeriN1	DeriN2	DeriN2	DeriN2	DeriN2
Size	0.6127 *** (25.39)	0.6113 *** (25.42)	0.6109 *** (25.40)	0.6092 *** (25.41)	0.6136 *** (25.75)	0.6120 *** (25.78)	0.6117 *** (25.75)	0.6099 *** (25.75)
Lev	0.5785 *** (3.18)	0.5829 *** (3.20)	0.5861 *** (3.22)	0.5936 *** (3.27)	0.5217 *** (2.86)	0.5273 *** (2.89)	0.5306 *** (2.91)	0.5382 *** (2.96)
ProHHI	−0.0827 (−0.77)	−0.0784 (−0.73)	−0.0773 (−0.72)	−0.0744 (−0.70)	−0.0744 (−0.70)	−0.0701 (−0.66)	−0.0686 (−0.65)	−0.0657 (−0.62)
Grow	0.0366 (0.51)	0.0393 (0.55)	0.0391 (0.54)	0.0388 (0.54)	0.0164 (0.23)	0.0191 (0.27)	0.0184 (0.26)	0.0182 (0.25)
Cut1	16.0649 *** (28.62)	16.0472 *** (28.59)	16.0504 *** (28.54)	16.0252 *** (28.50)	16.0344 *** (29.02)	16.0120 *** (29.00)	16.0168 *** (28.92)	15.9856 *** (28.86)
Cut2	18.4054 *** (32.79)	18.3872 *** (32.77)	18.3901 *** (32.70)	18.3646 *** (32.67)	17.9714 *** (32.50)	17.9486 *** (32.48)	17.9530 *** (32.39)	17.9215 *** (32.34)
Cut3	20.9894 *** (36.01)	20.9714 *** (35.96)	20.9747 *** (35.89)	20.9493 *** (35.87)	19.9603 *** (35.40)	19.9375 *** (35.38)	19.9423 *** (35.29)	19.9105 *** (35.25)
Cut4	— —	— —	— —	— —	22.1988 *** (34.94)	22.1761 *** (34.92)	22.1810 *** (34.88)	22.1493 *** (34.82)
Year	控制	控制	控制	控制	控制	控制	控制	控制
Industry	控制	控制	控制	控制	控制	控制	控制	控制
Pseudo R^2	0.157	0.157	0.157	0.156	0.151	0.151	0.151	0.150
N	15810	15810	15810	15810	15810	15810	15810	15810

注：***、**与*分别表示系数在1%、5%与10%水平上显著，括号内为z值。

（二）缩减样本

现实中大多数上市公司使用衍生工具为选择性对冲（Adam et al.，2017；曹玉珊，2018），而非纯粹套期保值，选择性对冲理论是本书论证CEO风险承担意愿影响公司衍生工具使用的重要支撑。因此，剔除公司使用衍生工具达到有效套期保值的观测样本后重新进行检验，可以更好地证明本章假设。本章参考王晓珂和黄世忠（2017）的做法，依据公司是否采用套期保值会计准则来判断公司是否达到有效套期保值，从而去除这部分样本。具体地，通过关键词搜索方法在使用衍生工具的上市公司年报中进行搜索，关键词包括但不限于“套期”“套保”“对冲”等，当搜索到关键词后再根据前后至少两段文字来判断公司是否使用了套期保值会计准则。表 3－7 列示了剔除有效套期保值观测样本后的回归结果。首先，衍生工具使用达到有效套期保值的只有 637 个样本，占总样本量的 4%，占使用衍生工具子样本量约 25.54%，即使公司采用套期保值会计准则，仍然同时存在套期有效部分和套期无效部分，可见实务中大部分公司使用衍生工具为选择性对冲。其次，从表 3－7 中列（1）至列（4）可以看出，CEO 风险承担意愿（RTWilling1～RTWilling4）和 CEO 赌博式投机心理（Gambling）的系数均显著为正，支持假设 H3－1 和假设 H3－2。

表 3－7　CEO 两类心理与公司衍生工具使用：剔除有效套期保值样本

变量	(1)	(2)	(3)	(4)
	IsDeri	IsDeri	IsDeri	IsDeri
RTWilling1	0.1995*** (3.39)			
RTWilling2		0.1799*** (3.04)		
RTWilling3			0.1617*** (2.59)	
RTWilling4				0.1602** (2.24)
Gambling	0.3215*** (3.80)	0.3324*** (3.82)	0.3393*** (3.75)	0.3565*** (3.64)
QuickR	−0.0688*** (−2.90)	−0.0689*** (−2.90)	−0.0687*** (−2.89)	−0.0685*** (−2.88)
ForeiSR	3.4119*** (30.29)	3.4142*** (30.33)	3.4182*** (30.35)	3.4169*** (30.37)
PayOut	0.3700*** (4.37)	0.3733*** (4.42)	0.3732*** (4.41)	0.3733*** (4.41)

续表

变量	(1)	(2)	(3)	(4)
	IsDeri	IsDeri	IsDeri	IsDeri
Size	0.5515 *** (19.97)	0.5502 *** (20.00)	0.5496 *** (19.97)	0.5475 *** (19.95)
Lev	0.3528 * (1.69)	0.3568 * (1.71)	0.3639 * (1.75)	0.3726 * (1.79)
ProHHI	-0.0921 (-0.74)	-0.0870 (-0.70)	-0.0848 (-0.68)	-0.0812 (-0.65)
Grow	0.0081 (0.10)	0.0107 (0.13)	0.0116 (0.14)	0.0101 (0.12)
Constant	-14.9055 *** (-23.09)	-14.9003 *** (-23.11)	-14.8963 *** (-23.06)	-14.8745 *** (-23.04)
Year	控制	控制	控制	控制
Industry	控制	控制	控制	控制
Pseudo R^2	0.174	0.174	0.173	0.173
N	15137[a]	15137	15137	15137

注：***、** 与 * 分别表示系数在 1%、5% 与 10% 水平上显著，括号内为 z 值。a. 与总样本相比，共减少了 673 个样本。其中，剔除有效套期保值样本 637 个，另有 36 个样本由于所在行业全部没有使用衍生工具，导致在 Logit 回归过程中无法参与估计。

（三）对内生性的考虑

1. PSM 检验

衍生工具使用受到公司层面财务特征的影响，而这些财务特征作为高管经营决策时面临的环境，很可能影响高管的价值判断。Stulz（1996）在“风险管理再思考”的分析中认为，中度财务困境的公司有对冲风险的需求，而严重财务困境的公司使用衍生工具则是为扭转困境而“搏一把”的赌博式投机行为。前面观测到的 CEO 两类心理与衍生工具使用可能性之间的正相关关系，可能是它们同时受到公司层面财务特征影响的结果，为此本章使用倾向得分匹配（PSM）以减少这种可能对本章结论的影响。首先，以模型（3-2）控制变量作为协变量，估计公司是否使用衍生工具的倾向得分，采用有放回重复抽样的1：1半径匹配法在未使用衍生工具的样本中筛选倾向得分最接近的样本作为参照样本；其次，对匹配后的样本重新用模型（3－2）进行回归。具体结果见表3－8、图3－1和表3－9。

表3－8　　平衡性检验结果

变量	Unmatched / Matched	Mean Treated	Mean Control	标准偏差（%）	t检验 t统计量	t检验 p>|t|
QuickR	U	1.187	1.741	－29.70	－11.93	0.000
	M	1.229	1.249	－1.400	－0.470	0.641
ForeiSR	U	0.258	0.103	68.40	35.98	0.000
	M	0.220	0.228	－2.800	－0.930	0.351
PayOut	U	0.293	0.270	7.800	3.640	0.000
	M	0.286	0.284	0.700	0.220	0.827
Size	U	22.76	22.01	57.70	28.53	0.000
	M	22.60	22.57	2.400	0.790	0.427
Lev	U	0.475	0.406	34.90	15.68	0.000
	M	0.464	0.461	1.700	0.560	0.577
ProHHI	U	0.505	0.517	－4.900	－2.230	0.026
	M	0.509	0.515	－2.600	－0.850	0.397
Grow	U	0.193	0.183	2.800	1.270	0.206
	M	0.193	0.191	0.500	0.160	0.869

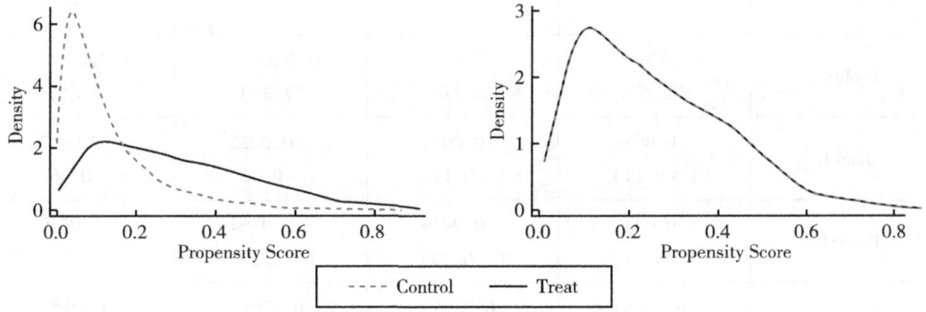

图3－1　匹配前（左图）与匹配后（右图）核密度函数

为判定PSM有效性，本章首先检验匹配是否满足平衡性假设与共同支撑假设。表3－8为平衡性检验结果，从匹配后变量标准偏差来看绝对值都在

5%以下；从匹配后处理组（Treated）与控制组（Control）之间均值差异来看，所有变量的均值都没有显著组间差异。因此，可以判定PSM后较好地满足平衡性假设。图3－1为共同支撑假设检验结果，左侧为匹配前处理组和控制组的核密度函数，右侧为匹配后对应的核密度函数。可以看出，匹配前组间密度分布共同部分较少，而匹配后处理组与控制组核密度函数几乎重合，很好地满足共同支撑假设。

表3－9为匹配后样本对模型（3－2）回归的结果，可以看出匹配后公司层面特征均不再显著影响衍生工具使用可能性，而CEO风险承担意愿（RTWilling1～RTWilling4）和赌博式投机心理（Gambling）系数仍显著为正，支持假设H3－1和假设H3－2。

表3－9　CEO两类心理与公司衍生工具使用：PSM检验

变量	(1)	(2)	(3)	(4)
	IsDeri	IsDeri	IsDeri	IsDeri
RTWilling1	0.1888*** (2.84)			
RTWilling2		0.1640** (2.46)		
RTWilling3			0.1666** (2.38)	
RTWilling4				0.1695** (2.12)
Gambling	0.2726*** (2.77)	0.2793*** (2.77)	0.2986*** (2.85)	0.3201*** (2.84)
QuickR	−0.0031 (−0.11)	−0.0031 (−0.11)	−0.0022 (−0.08)	−0.0017 (−0.06)
ForeiSR	−0.0418 (−0.31)	−0.0449 (−0.34)	−0.0364 (−0.27)	−0.0350 (−0.26)
PayOut	0.0245 (0.23)	0.0265 (0.25)	0.0298 (0.28)	0.0285 (0.27)
Size	0.0033 (0.11)	0.0018 (0.06)	0.0018 (0.06)	−0.0003 (−0.01)

续表

变量	(1)	(2)	(3)	(4)
	IsDeri	IsDeri	IsDeri	IsDeri
Lev	-0.0833 (-0.35)	-0.0773 (-0.33)	-0.0635 (-0.27)	-0.0534 (-0.22)
ProHHI	-0.2016 (-1.48)	-0.1940 (-1.42)	-0.1871 (-1.37)	-0.1851 (-1.36)
Grow	0.0373 (0.39)	0.0417 (0.44)	0.0425 (0.45)	0.0459 (0.48)
Constant	-0.4316 (-0.61)	-0.4201 (-0.60)	-0.4564 (-0.65)	-0.4316 (-0.61)
Year	控制	控制	控制	控制
Industry	控制	控制	控制	控制
Pseudo R^2	0.006	0.006	0.006	0.006
N	4346	4346	4346	4346

注：***、** 与 * 分别表示系数在 1%、5% 与 10% 水平上显著，括号内为 z 值。

2. 考虑不同行业金融对冲客观需求的影响

衍生工具产生的初衷是通过建立对冲组合降低现货市场上如商品价格、利率和汇率等的波动风险。然而，不同行业面临的现货市场价格波动幅度不同，导致部分行业客观上存在较高的风险对冲需求，部分行业客观上风险对冲需求较低。因此，前面观测到的 CEO 两类心理与衍生工具使用可能性之间的正相关关系，可能是它们同时受到不同行业对冲需求影响的结果。为此以下将研究样本分为两组，分别为金融对冲需求较高行业和金融对冲需求较低行业，再分别采用模型（3-2）进行回归以减少这种可能对本章结论的影响。具体地，参考中国期货市场的交易品种和不同行业现货对冲需求，将采矿业、农业、纺织业、石油加工、金属冶炼、金属制品、建筑业、航空运输等行业归类为金融对冲客观需求较高组，剩余行业归类为金融对冲客观需求较低组。具体回归结果见表 3-10。其中，列（1）至列（4）为金融对冲客观需求较高行业组，列（5）至列（8）为金融对冲客观需求较低行业组。从两组回归结果的对比可以看出，当公司存在高金融对冲需求时，只有高管的风险承担意愿高到特定程度才会影响衍生工具使用决策，而金融对冲需求较低的公司中，风险承担意愿与衍生工具使用决策的正相关关系则稳定存在。这表明客观上存在较高风险对冲需求的行业使用衍生工具在一定程度上受到行业本身属性的影响，但 CEO 风险承担意愿仍然是公司使用衍生工具的重要影响因素，而客观上风险对冲需求较低的行业其 CEO 风险承担意愿始终是公司使用衍生工具的重要影响因素。此外，无论是金融对冲客观需求较高行业还是较低行业，CEO 赌博式投机心理均显著影响上市公司衍生工具使用，再次验证假设 H3 -1 和假设 H3 -2。

表 3 - 10　CEO 两类心理与公司衍生工具使用：考虑不同行业金融对冲客观需求

变量	金融对冲客观需求较高行业				金融对冲客观需求较低行业			
	(1)	(2)	(3)	(4)	(5)	(6)	(7)	(8)
	IsDeri	IsDeri	IsDeri	IsDeri	IsDeri	IsDeri	IsDeri	IsDeri
RTWilling1	0.2599 *** (2.71)				0.1424 ** (2.28)			
RTWilling2		0.1971 ** (2.06)				0.1341 ** (2.14)		
RTWilling3			0.1076 (1.07)				0.1642 ** (2.47)	
RTWilling4				0.1467 (1.28)				0.1321 * (1.74)
Gambling	0.3314 ** (2.48)	0.3241 ** (2.36)	0.2856 ** (2.01)	0.3284 ** (2.13)	0.3054 *** (3.39)	0.3165 *** (3.41)	0.3515 *** (3.63)	0.3449 *** (3.31)
QuickR	-0.1073 ** (-2.22)	-0.1075 ** (-2.20)	-0.1059 ** (-2.17)	-0.1059 ** (-2.17)	-0.0448 ** (-2.03)	-0.0449 ** (-2.03)	-0.0449 ** (-2.03)	-0.0448 ** (-2.02)
ForeiSR	2.8401 *** (13.49)	2.8323 *** (13.48)	2.8224 *** (13.42)	2.8282 *** (13.44)	3.3108 *** (26.96)	3.3134 *** (27.00)	3.3182 *** (27.01)	3.3159 *** (27.00)
PayOut	0.1060 (0.73)	0.1090 (0.76)	0.1152 (0.80)	0.1157 (0.80)	0.4486 *** (4.70)	0.4511 *** (4.73)	0.4494 *** (4.72)	0.4498 *** (4.71)
Size	0.5654 *** (13.66)	0.5596 *** (13.62)	0.5556 *** (13.56)	0.5548 *** (13.59)	0.5973 *** (19.89)	0.5977 *** (19.92)	0.5991 *** (19.94)	0.5966 *** (19.90)
Lev	-0.5995 * (-1.78)	-0.5940 * (-1.77)	-0.5915 * (-1.77)	-0.5937 * (-1.78)	0.8527 *** (3.89)	0.8515 *** (3.88)	0.8510 *** (3.88)	0.8625 *** (3.93)

续表

变量	金融对冲客观需求较高行业				金融对冲客观需求较低行业			
	(1)	(2)	(3)	(4)	(5)	(6)	(7)	(8)
	IsDeri	IsDeri	IsDeri	IsDeri	IsDeri	IsDeri	IsDeri	IsDeri
ProHHI	0.6244 *** (3.14)	0.6276 *** (3.16)	0.6208 *** (3.13)	0.6212 *** (3.13)	-0.3523 *** (-2.67)	-0.3488 *** (-2.65)	-0.3498 *** (-2.65)	-0.3430 *** (-2.60)
Grow	0.3314 ** (2.29)	0.3346 ** (2.32)	0.3337 ** (2.30)	0.3332 ** (2.29)	-0.0434 (-0.51)	-0.0413 (-0.49)	-0.0425 (-0.50)	-0.0418 (-0.49)
Constant	-14.3269 *** (-14.19)	-14.1989 *** (-14.13)	-14.0578 *** (-14.03)	-14.0900 *** (-14.12)	-16.0474 *** (-23.12)	-16.0724 *** (-23.10)	-16.1393 *** (-23.12)	-16.0840 *** (-22.99)
Year	控制	控制	控制	控制	控制	控制	控制	控制
Industry	控制	控制	控制	控制	控制	控制	控制	控制
Pseudo R^2	0.130	0.129	0.129	0.129	0.188	0.187	0.188	0.187
N	3294	3294	3294	3294	12516	12516	12516	12516

注：***、**与*分别表示系数在1%、5%与10%水平上显著，括号内为z值。

第五节　进一步分析

本章前面的研究结论是将CEO作为高管代表，基于CEO预期任期的分类变量对CEO风险偏好心理进行刻画，并以中国上市公司衍生工具使用多为选择性对冲的事实为前提得到的。为拓展研究宽度，本章将适当放松研究前提，进行以下三个方面进一步分析：考察非CEO高管对CEO特质的影响；以CEO预期任期的连续变量刻画两种心理特质的占优区间；考察当衍生工具使用为有效对冲时CEO心理特征发挥的作用。

一、其他高管专业才能的调节作用

本章研究认为CEO风险承担意愿影响公司衍生工具使用可能性是出于CEO预期任期越长，其越可能从公司长远利益中获益，CEO越愿意主动判断市场走势以承担特定风险为代价来规避更大市场风险的同时获取最大收益。现有研究认为管理层中的其他高管相较于 CEO 更关注公司未来利益（Cheng et al.，2016）。首先，部分高管会将 CEO 职位作为升迁目标，更关心公司未来利益（Acharya et al.，2011）；其次，其他高管通常可能比 CEO 更年轻，在公司剩余工作年限更长，因此其个人财富与公司未来利益更紧密；最后，高管外部就业机会和期望待遇取决于在当前公司任职期间的个人表现和公司业绩（Fama，1980）。因此，在面临衍生工具使用决策时，如果其他高管具有使用衍生工具所需才能，他们更可能支持 CEO 判断市场变化趋势并站在公司利益角度选择合适的衍生工具；相反，当 CEO 具有“孤注一掷”的赌博式投机心理时，他们也会及时反对（不支持）CEO 作出的对公司不利的决策。

本章从其他高管是否具备金融背景角度衡量其是否具备衍生工具专业才能，进而检验这类高管是否支持 CEO 基于公司利益使用衍生工具以及反对（不支持）CEO 基于自身利益使用衍生工具进行赌博式投机。具体地，若其他高管存在金融背景则定义 FinB 取 1，否则取 0，并在模型（3-2）中分别引入 FinB 与 CEO 风险承担意愿（RTWilling1 ~ RTWilling4）交乘项以及 FinB 与 CEO 赌博式投机心理（Gambling）交乘项重新进行回归，结果如表 3-11 所示。在列（1）至列（4）中，FinB 和 CEO 风险承担意愿交乘项系数显著为正，说明具备使用衍生工具所需才能的其他高管更可能促使高风险承担意愿 CEO 站在公司利益角度使用衍生工具；FinB 和 CEO 赌博式投机心理交乘项系数不显著，表明具备衍生工具所需才能的其他高管在 CEO 很可能为私利进行“孤注一掷”投机行为时并不会予以支持。综上所述，具备衍生工具所需才能的其他高管会支持 CEO 站在公司利益角度使用衍生工具而不支持 CEO 站在自身利益角度进行衍生工具的赌博式投机。

表 3-11　CEO 两类心理与公司衍生工具使用：其他高管专业才能的调节作用

变量	(1)	(2)	(3)	(4)
	IsDeri	IsDeri	IsDeri	IsDeri
RTWilling1	0.1765 *** (3.35)			
RTWilling2		0.1407 *** (2.66)		

续表

变量	(1)	(2)	(3)	(4)
	IsDeri	IsDeri	IsDeri	IsDeri
RTWilling3			0.1375** (2.48)	
RTWilling4				0.1327** (2.10)
Gambling	0.3382*** (4.53)	0.3402*** (4.44)	0.3498*** (4.38)	0.3608*** (4.19)
FinB × RTWilling1	1.5907** (2.22)			
FinB × RTWilling2		2.1598*** (2.89)		
FinB × RTWilling3			1.2985** (2.06)	
FinB × RTWilling4				1.1496* (1.82)
FinB × Gambling	0.3609 (0.51)	0.6282 (0.88)	0.5794 (0.78)	0.7055 (0.91)
FinB	0.7098** (2.28)	0.9185** (2.55)	0.6613** (2.14)	0.5772* (1.93)
QuickR	-0.0686*** (-3.26)	-0.0688*** (-3.27)	-0.0686*** (-3.25)	-0.0681*** (-3.24)
ForeiSR	3.1904*** (30.52)	3.1958*** (30.59)	3.1955*** (30.61)	3.1950*** (30.64)
PayOut	0.3337*** (4.21)	0.3365*** (4.25)	0.3345*** (4.22)	0.3343*** (4.22)
Size	0.5794*** (24.24)	0.5777*** (24.22)	0.5779*** (24.25)	0.5760*** (24.24)
Lev	0.5114*** (2.77)	0.5145*** (2.79)	0.5174*** (2.81)	0.5262*** (2.86)

续表

变量	(1)	(2)	(3)	(4)
	IsDeri	IsDeri	IsDeri	IsDeri
ProHHI	-0.0547 (-0.50)	-0.0472 (-0.44)	-0.0476 (-0.44)	-0.0440 (-0.41)
Grow	0.0417 (0.58)	0.0446 (0.62)	0.0440 (0.61)	0.0455 (0.63)
Constant	-16.0391*** (-25.15)	-16.2224*** (-24.51)	-15.9822*** (-25.06)	-15.8748*** (-24.92)
Year	控制	控制	控制	控制
Industry	控制	控制	控制	控制
Pseudo R^2	0.177	0.177	0.176	0.176
N	15810	15810	15810	15810

注：***、**与*分别表示系数在1%、5%与10%水平上显著，括号内为z值。

二、CEO预期任期与公司衍生工具使用

从前面的理论分析和主回归的检验结果可知，当CEO预期任期较短（CEO预期任期下20%分位）时，CEO容易发生复活赌博或风险转移行为，引发其使用衍生工具进行赌博式投机，且这种“孤注一掷”的赌博式投机心理会随着预期任期的减少而增强；当CEO预期任期较长（CEO预期任期最大可取上70%分位）时，CEO更容易从公司长远利益中获益，更可能积极主动地寻求增加公司利益的方法，此时当外部环境不确定性对公司利益影响较大时，CEO为了规避更大的市场风险并尽可能获取最大收益，会在承担特定风险的情况下积极分析市场趋势并主动选择有利的衍生工具合约，表现出较高的风险承担意愿，且这种高风险承担意愿会随着预期任期的增加而增强。因此，本章进一步预测CEO预期任期与衍生工具使用概率之间呈“U”形关系，在预期任期较短时衍生工具使用概率与之呈负向变化，在预期任期较长时衍生工具使用概率与之呈正向变化。

为证明此推论，本章用CEO预期任期（ETenure）及其二次项（ETenure²）替代 CEO 两类心理特征（RTWilling 和 Gambling）并代入模型（3-2），回归结果见表 3-12 中列（1）。此外，本章根据 CEO 是否具有赌博式投机心理（Gambling 取 1 和 0）进行分组，用 CEO 预期任期（ETenure）对上市公司衍生工具使用（IsDeri）进行回归，进一步验证 CEO 预期任期二次项能否较好地刻画 CEO 风险承担意愿和赌博式投机心理这两类心理特征，从而验证 CEO 预期任期与衍生工具使用概率之间的"U"形关系，回归结果见表 3-12 中列（2）和列（3）。其中，列（1）中 CEO 预期任期的二次项（$ETenure^2$）系数在 1% 水平上显著为正，列（2）中 CEO 预期任期（ETenure）系数在 5% 水平上显著为负，列（3）中 CEO 预期任期（ETenure）系数在 1% 水平上显著为正。

表 3-12　　CEO 预期任期与公司衍生工具使用

变量	全样本	Gambling = 1	Gambling = 0
	(1)	(2)	(3)
	IsDeri	IsDeri	IsDeri
ETenure	0.0014 (0.46)	-0.0373** (-1.99)	0.0113*** (2.90)
$ETenure^2$	0.0009*** (3.01)		
QuickR	-0.0675*** (-3.22)	-0.0885 (-1.26)	-0.0669*** (-3.04)
ForeiSR	3.1719*** (30.45)	3.3885*** (10.97)	3.1748*** (28.54)
PayOut	0.3362*** (4.25)	0.7811*** (3.89)	0.2553*** (2.95)
Size	0.5761*** (24.14)	0.5872*** (8.28)	0.5752*** (22.39)
Lev	0.5438*** (2.95)	1.3475** (2.52)	0.4183** (2.11)
ProHHI	-0.0491 (-0.45)	-0.0680 (-0.22)	-0.0556 (-0.48)

续表

变量	全样本	Gambling = 1	Gambling = 0
	(1)	(2)	(3)
	IsDeri	IsDeri	IsDeri
Grow	0.0458 (0.63)	0.0752 (0.39)	0.0384 (0.49)
Constant	-15.1978*** (-27.17)	-15.3757*** (-10.18)	-15.2871*** (-24.84)
Year	控制	控制	控制
Industry	控制	控制	控制
Pseudo R^2	0.175	0.212	0.173
N	15810	1734[a]	13971

注：***、** 与 * 分别表示系数在 1%、5% 与 10% 水平上显著，括号内为 z 值。a. 由于样本中少数行业全部没有使用衍生工具，导致在 Logit 回归过程中有 105 个样本无法参与估计。

综上所述，在 CEO 很可能具备赌博式投机心理的情况下，CEO 预期任期与衍生工具使用概率之间呈显著负相关关系，此时 CEO 预期任期越短其使用衍生工具进行赌博式投机的可能性越大；在剔除 CEO 很可能具备赌博式投机心理观测样本后，CEO 预期任期与衍生工具使用概率之间呈显著正相关关系，此时 CEO 预期任期越长其使用衍生工具以承担特定风险为代价进行选择性对冲的可能性也越大；两者综合之后表现为 CEO 预期任期与衍生工具使用概率之间呈"U"形关系，CEO 预期任期二次项能够较好地刻画 CEO 风险承担意愿和赌博式投机心理这两类心理特征。

三、CEO 风险承担意愿与公司衍生工具使用：选择性对冲 VS. 套期保值

前面实证部分已经证明当 CEO 风险承担意愿占主导时，以 CEO 预期任期衡量的 CEO 风险承担意愿会促使公司使用衍生工具，即 CEO 预期任期越长其使用衍生工具以承担特定风险为代价进行选择性对冲的可能性也越大。但这也可能存在另一种解释，即 CEO 预期任期越长，其越可能使用衍生工具进行套期保值以对冲风险，而非进行选择性对冲，即此时虽然表现出 CEO 预期任期越长越使用衍生工具，却是出于 CEO 规避风险的保守主义心态，而非高风险

承担意愿带来的。

2006 年，财政部颁布的《企业会计准则第 24 号——套期保值》（CAS24，2006）对衍生工具使用是否为有效套期保值作出详细且严格规定，只有同时满足正式指定套期关系与套期策略正式文件、套期预期高度有效、套期有效性可靠计量、预期交易很可能发生，以及对套期有效性的持续性评价等五个方面条件才能采用套期会计进行确认和计量，并进一步区分衍生工具对冲在当期的有效性（郭飞等，2020）。可以看出，在 CAS24 规定下要满足套期保值有效，CEO 在使用衍生工具时会受到诸多限制，无法很好地基于自身对市场走势的判断改变衍生工具使用的种类、规模和时机。因此，可以推断高风险承担意愿 CEO 在使用衍生工具时更可能无法满足套期保值会计准则（CAS24，2006）的要求。这为进一步验证 CEO 风险承担意愿促使公司使用衍生工具进行选择性对冲而非纯粹的套期保值提供了契机。

首先，本章剔除了 CEO 赌博式投机心理的样本，并在只使用衍生工具的样本中进行观测。其次，承接前面参考王晓珂和黄世忠（2017）的做法，依据公司是否采用了套期保值会计准则来判断公司使用衍生工具是否达到套期保值有效，并定义当变量 IsHedging 取 1 时为公司达到套期保值有效，否则取 0，并以 IsHedging 替代 IsDeri 作为被解释变量进行回归。由于此时样本中 CEO 预期任期（ETenure）作为度量 CEO 风险承担意愿的连续变量，相较于虚拟变量 RTWilling 包含的信息更多，因此本章用 ETenure 作为解释变量衡量 CEO 风险承担意愿，具体结果如表 3 - 13 所示。可以看出，CEO 预期任期系数显著为负，表明 CEO 风险承担意愿越高公司使用衍生工具进行纯粹套期保值的可能性越低，即 CEO 高风险承担意愿会促使公司进行选择性对冲。

表 3 - 13　CEO 风险承担意愿与公司衍生工具使用：选择性对冲 VS. 套期保值

变量	(1)
	IsHedging
ETenure	-0.0151*
	(-1.94)
QuickR	0.0478
	(1.07)

续表

变量	(1)
	IsHedging
ForeiSR	-1.0144 *** (-4.18)
PayOut	-0.3073 (-1.51)
Size	0.1802 *** (3.73)
Lev	0.7850 * (1.91)
ProHHI	0.0996 (0.42)
Grow	0.1755 (1.07)
Constant	-5.8572 *** (-5.22)
Year	控制
Industry	控制
Pseudo R^2	0.077
N	2143

注：***、**与*分别表示系数在1%、5%与10%水平上显著，括号内为z值。

第六节　本章小结

衍生工具作为公司风险管理的重要手段已经成为国际成功企业的常用做法，但中国上市公司衍生工具使用率一直处于较低水平。同时，在后金融危机时期，商品价格、汇率与利率波动对中国企业经营业绩的影响日益加深，管理外部环境风险成为中国企业，特别是上市公司必须面对的问题。因此解开中国上市公司较低衍生工具使用率与较高风险管理需求不匹配的谜团十分必要。虽然非金融公司使用衍生工具初衷大多为管理风险，但实际使用时却更多表现为选择性对冲。由于选择性对冲合约在规模和时间上与纯粹套期保值策略存在差异，从这个层面看选择性对冲必然包含投机成分，同时衍生工具的高杠杆性也使得衍生工具使用决策本身成为一项重要的高风险决策。从风险决策理论可知，决策者面对风险（不确定性）时是否具有风险承担意愿或极端赌博式投机心理会影响其风险决策行为。因此，选择性对冲作为高管的高风险决策行为，很有可能受到高管风险承担意愿或极端赌博式投机心理的影响。高阶理论认为高管特质会影响公司决策，人口统计学特征可以捕捉高管的内在特质。已有研究表明，预期任期可以测度 CEO 决策时的心理特征（Antia et al.，2010；张兆国等，2014）。当 CEO 预期自己未来任期很长时，其越可能从未来任期中收回风险投资的回报，此时 CEO 风险承担意愿越高，CEO 会为了规避更大市场风险的同时尽可能获取最大收益，在承担特定风险的情况下积极分析市场趋势并主动选择有利的衍生工具合约，表现为选择性对冲；当 CEO 预期自己即将离职且一旦离职自身利益与公司不再相关时，CEO 很可能为寻求任期延长而进行复活赌博或获得离任前更大收益而进行风险转移，此时 CEO 赌博式投机心理较强，CEO 更可能会站在自身利益角度“孤注一掷”地使用衍生工具从事赌博式投机（Stulz，1996）。

因此，本章以后金融危机时期中国 A 股非金融上市公司为样本，采用 CEO 预期任期并结合 CEO 离职后能否与公司实质性脱离来度量 CEO 风险承担意愿和赌博式投机心理，进而考察 CEO 这两类心理特征是否影响上市公司衍生工具使用决策，以期为中国上市公司衍生工具使用率低下提供可能的解释。本章研究结论如下：（1）在 CEO 风险承担意愿占主导时，上市公司更可能使用衍生工具；在 CEO 赌博式投机心理占主导时，上市公司也更可能使用衍生工具。即，相较于其他情况，具有赌博式投机心理和高风险承担意愿 CEO 均更可能使用衍生工具，且一系列稳健性检验也均表明 CEO 这两类心理特征影响上市公司衍生工具使用决策。（2）赌博式投机心理 CEO 所在的公司只占到上市公司整体的很少部分，绝大部分上市公司使用衍生工具主要受高管风险承担意愿的影响，即，高管风险承担意愿对上市公司衍生工具使用存在显著的促进作用。（3）具备衍生工具专业才能的上市公司其他高管更可能支持 CEO 基于公司利益使用衍生工具而不支持 CEO 基于自身利益进行衍生工具的赌博式投机。其他高管相较于 CEO 更关注公司未来利益，因此其他高管金融背景发挥的前述作用也意味着，CEO 风险承担意愿推动的公司衍生工具使用是站在公司利益角度上使用的。(4) CEO 预期任期与上市公司使用衍生工具可能性之间呈“U”形关系。当 CEO 预期任期很短时，CEO 更可能使用衍生工具进行赌博式投机；当 CEO 预期任期变长时，由于 CEO 自身利益与公司利益相关性变强，其会减少以赌博式投机为目的的衍生工具使用，表现为衍生工具使用概率的降低；随着预期任期进一步增加，CEO 更可能为了公司利益使用衍生工具，表现为衍生工具使用概率的提升。此外，本章发现在赌博式投机心理主导下，CEO 预期任期与上市公司衍生工具使用概率之间显著负相关；在剔除 CEO 很可能具备赌博式投机心理观测样本后，CEO 预期任期与上市公司衍生工具使用概率之间显著正相关；CEO 预期任期二次项能够较好地刻画 CEO 风险承担意愿和赌博式投机心理这两类心理特质。(5) 本章发现 CEO 风险承担意愿越高，公司使用衍生工具越不可能满足 CAS24 (2006) 对套期保值有效的要求进行纯粹套期保值，而更可能的是选择性对冲。

第四章

衍生工具使用与公司债务融资
——基于信息风险和经营风险视角

第一节 引 言

衍生工具能否通过影响公司信息风险和经营风险等，进而影响公司风险、融资成本和公司价值等的风险管理或投机套利效应方面，本书将其称为衍生工具使用的经济效应。目前关于衍生工具使用的经济效应研究尚未形成一致结论。部分研究表明衍生工具使用降低了公司风险（Guay，1999）和融资成本（Campello et al.，2011），并发现其提升公司价值的证据（Allayannis and Weston，2001；郭飞，2012；Vivel Búa et al.，2015），且这种积极的作用主要通过降低破产风险、代理成本和缓解投资者与管理层之间的信息不对称程度实现的（Chen and King，2014）。当然，也有研究提供了相反的证据，对衍生工具使用的积极作用提出质疑，发现衍生工具使用并没有影响公司债券融资成本和公司价值（Yi et al.，2008；Belghitar et al.，2013），甚至发现衍生工具使用毁损公司市场价值的证据（张倩和冯芸，2014；Lau，2016）。一方面，由于使用衍生工具对冲风险进而影响公司价值是一种间接作用，对冲是锁定风险水平的策略，并不一定会带来经营业绩的提升，而外部融资与公司风险之间具有更为直接的联系（郭飞等，2020）。因此，要研究衍生工具使用与公司风险之间的关系可以从考察外部投资者是否关心衍生工具的使用着手，而目前针对中国公司的研究比较缺乏。另一方面，由于股东拥有公司的剩余索取权，而债权人的权益被限定为对本金和预期利息的要求权，因此债权人更加关注公司风险（高强和邹恒甫，2015），与债务人进行保护性条款谈判时通常处于劣势地位，导致相对于股东来说，债权人对公司风险的敏感性更高。可见，考察衍生工具使用对上市公司债务融资的影响，能够更好地验证衍生工具使用与公司风险的关系，有利于丰富中国上市公司衍生工具使用的经济效应方面研究。负债按是否需要偿付利息，分为以银行、债券持有人为代表的有息负债和以供应商为代表的无息负债。因此本章通过探究衍生工具使用是否以及如何影响公司债务融资成本和商业信用融资，以检验中国上市公司衍生工具使用的经济效应。

债务融资是中国企业主要融资方式（王运通和姜付秀，2017）。根据国家统计局数据，2019 年社会融资规模增量为 25.67 万亿元，其中非金融企业境内股票融资为 0.35 万亿元，仅占到 1.36%。社会融资规模存量 251.41 万亿元，其中非金融企业境内股票融资为 6.96 万亿元，仅占到 2.75%。不论从增量还是存量来看，债务融资在中国实体经济融资中占有主导地位。而与此同时，“融资难”和“融资贵”问题却一直是困扰企业正常经营的后顾之忧，提高社会债务资本配置效率亟待解决，融资成本作为债权人提供资金的价格是决定债务资本配置的核心因素。债务融资成本既是企业获得债务资金所付出的代价，又反映出企业获得债务融资的难易程度（周楷唐等，2017），决定着企业能否以较低成本获得充足债务融资。中国中小企业国际合作协会发布的《2018 年全国企业负担调查评价报告》显示，64% 的企业反映需要“降低融资成本和拓宽融资渠道”。过高外部融资成本导致企业经营与发展受到较大融资约束，阻碍着国家经济的健康发展，“降低企业融资成本”也成为政府部门近年来经济工作的重点任务和金融政策的重要目标。仅 2014 年 5 ~ 11 月李克强在重要会议上十次谈及缓解企业“融资难”和“融资贵”问题，并在由其主持召开的国务院常务会议上多次作出相应的政策部署①。自 2014 年 8 月国务院印发《国务院办公厅关于多措并举着力缓解企业融资成本高问题的指导意见》以来，各级政府部门出台一系列法律法规和相关政策涉及“企业融资问题”。政策法规主要起到引导和规范市场的作用，而企业与资金供给者之间信息不对称（Bharath et al.，2008；姜付秀等，2016）以及企业的经营风险（王化成

① 参见 http：//www.gov.cn/zhengce/2014-11/20/content_2780993.htm。

等，2017；刘静和陈志斌，2020）是金融市场供求双方确定融资成本的内在原因。因此，探究企业信息风险和经营风险的影响因素是从微观层面破解企业债务融资成本过高的重要抓手，具有重要现实意义。

商业信用作为供应链企业间的短期信贷契约，相较于银行借款更具成本低、风险小和易获得性优势（孙浦阳等，2014；陈运森和王汝花，2014），成为企业重要且普遍存在的非正式、经营性融资方式。然而，不同企业的商业信用融资规模迥异，作为商业信用的主要债权人，供应商会根据其对下游公司的风险状况进行评估，从而做出合适的商业信用供给决策。已有研究发现，内部控制、管理层能力、公司战略等公司内部因素（郑军等，2013；何威风和刘巍，2018；方红星和楚有为，2019）和市场地位、货币政策、社会信任等公司所处外部环境（张新民等，2012；饶品贵和姜国华，2013；李双建等，2020）均会对商业信用融资产生影响。从供应商角度来看，前述影响商业信用融资的因素主要通过作用于下游公司的经营风险或信息风险，引起供应商坏账风险和流动性成本的改变（胡珺等，2019），进而将风险由下游公司传染至供应商，最终决定其商业信用供给。因此，能够引起下游公司信息风险或经营风险改变的财务行为必将会受到供应商的高度关注。

后金融危机时期世界经济增速放缓，面临经济下行压力和外部经营环境的不确定性，衍生工具使用作为公司重要的风险管理手段，是影响公司风险的重要财务行为。实际应用中，衍生工具既可能成为对冲风险的工具也可能成为投机工具，导致衍生工具使用的经济后果具有不确定性，在投机情况下衍生工具本身的高杠杆和高风险特征（郭飞等，2019）很可能使其沦为公司风险的来源和放大器。衍生工具对冲会降低信息风险（郭飞等，2020）和经营风险（Geczy et al.，1997；Guay，1999），而衍生工具经济性质与会计处理复杂性和衍生工具投机会增加信息风险（郭飞等，2019；王晓珂等，2020）和经营风险（张倩和冯芸，2014）。根据第三章的理论分析和实证检验结果，当前上市公司大多数情况下使用衍生工具属于选择性对冲，目前研究无法回答上市公司衍生工具使用对经营风险和信息风险产生何种影响。鉴于信息风险和经营风险对公司债务融资成本和商业信用融资的重要影响，衍生工具使用是否最终影响公司债务融资成本和商业信用融资？如果影响，具体影响路径如何？这些问题需要结合中国上市公司具体实践进行更为清晰的理论分析和实证检验，以验证衍生工具使用的经济效应。

据此，本章通过文本搜索和阅读年度财务报告的方式获得上市公司衍生工具使用数据，基于信息风险和经营风险双重视角，以后金融危机时期中国沪深A股上市公司为研究样本，对衍生工具使用影响上市公司债务融资成本和商业信用融资及其作用机制分别进行检验。第一，针对衍生工具使用对债务融资成本影响的研究发现：（1）使用衍生工具上市公司相较于未使用的公司承担更高债务融资成本，并且一系列稳健性测试表明结果稳健；（2）机制检验表明，上市公司信息风险和经营风险的增加是衍生工具使用提高债务融资成本的中介路径；（3）异质性检验表明，在上市公司机构投资者持股比例更高和内部控制质量更高时，衍生工具使用对债务融资成本的负面影响会减小，说明良好的内外部公司治理能够缓解衍生工具使用的负面影响。第二，针对衍生工具使用对商业信用融资影响的研究发现：（1）供应商在进行授信决策时会关注下游公司衍生工具的使用情况，且相对于未使用衍生工具的上市公司，使用衍生工具的上市公司获得了较少的商业信用融资，并且一系列稳健性测试表明结果稳健；（2）机制检验表明，上市公司信息风险和经营风险的增加是衍生工具使用降低商业信用融资的中介路径；（3）异质性检验表明，上市公司使用衍生工具对商业信用融资的降低作用在前五大供应商采购额占比高时更强，而在上市公司产品毛利率高时更弱，说明衍生工具使用对上市公司商业信用融资降低的负面影响受到供应链上下游公司议价能力高低的影响，当供应商议价能力强时这种负面影响会加大，而当上市公司自身议价能力强时这种负面影响会减小。

本章可能的贡献主要体现在以下三个方面：（1）从衍生工具使用视角进一步拓展和丰富了债务融资成本和商业信用融资影响因素的相关研究。已有研究在债务融资成本方面主要关注金融危机冲击（周宏等，2011）、公司治理（Rahaman and Zaman，2013；周宏等，2018）、外部审计质量（陈超和李鎔伊，2013）和内部控制质量（敖小波等，2017）等外部环境和公司治理的影响；在商业信用融资方面，从内部控制、管理层能力（郑军等，2013；何威风和刘巍，2018）等公司内部因素和货币政策、社会信任等公司外部环境（饶品贵和姜国华，2013；李双建等，2020）进行研究，而较少直接从公司财务行为本身探索债务融资成本和商业信用融资的影响因素。本章从衍生工具使用这一独特情境出发，基于信息风险和经营风险双重视角论证债务融资成本和商业信用融资的影响因素，证明债权人在进行授信决策时会重视上市公司衍生工具使用这一财务行为，深化了相关研究。（2）将衍生工具使用经济后果的研究场景从资本市场拓宽到商品市场，延展了衍生工具使用经济效应的相关研究。已有关于衍生工具使用对公司融资影响的相关研究主要从权益融资成本（Gay et al.，2011；Ahmed et al.，2018）、债券融资成本（Chen and King，2014；郭飞等，2020）以及银行融资成本（Campello et al.，2011）等角度进行研究，本章将衍生工具使用对公司融资的影响从资本市场延展到商品市场，深入探究其对商业信用融资的影响。（3）基于衍生工具使用主要为选择性对冲的事实，以及衍生工具同时具有的经济性质和会计处理复杂性特点，将衍生工具使用与债务融资成本和商业信用融资放到同一框架进行研究，为利益相关者全面认识上市公司衍生工具使用的经济效应，公司及金融监管部门如何规范衍生工具使用和管理提供重要参考。

第二节 理论分析与假设提出

一、衍生工具使用对债务融资成本的影响

公司债务融资成本高低受到诸多因素的影响。从公司自身角度看，信息不对称引发的信息风险和经营成果不确定性带来的违约风险是最为重要的两个因素。

在信息风险方面，从第一章理论基础中的信息不对称理论可知，处于信息劣势方的债权人由于对公司风险具有高敏感度，其在进行信贷决策时会根据债务人的信息风险变化评估债务人能否按期还本付息，进而表现为债务人融资成本或融资规模的改变。已有研究也发现，企业与债权人之间的信息不对称会增加债权人评估企业真实状况的难度，导致其要求更高必要报酬率以补偿不确定

性和交易成本（Bharath et al.，2008；姜付秀等，2016）。会计信息是外部投资者选择和监督公司的重要手段（周楷唐等，2017），提高会计信息质量是降低公司信息风险的主要方式。作为外部投资者的债权人基于会计信息对公司未来经营进行预测，会计信息质量越高则预测结果的不确定性越低，进而要求的信息风险溢价也会降低。当公司信息风险更高时，无论是银行还是债券持有人都会制定更严格的价格条款（Bharath et al.，2008）。公司财务重述后由于其财务报告信息不确定性增加，导致其申请的银行贷款利差显著提高（Graham et al.，2008）；公司真实活动盈余管理程度会提高债务融资成本，并且在债务市场较发达的国家债务投资者为此要求更多的溢价（Kim et al.，2020）。除会计信息外，其他非财务信息透明度也会影响债务融资成本，董事会报告中风险信息披露水平（王雄元和曾敬，2019）和公司为增强政治联系而开展政治活动的披露透明性（DeBoskey et al.，2020）均被证明能够影响债务融资成本。

在经营风险方面，从第一章理论基础中的信用风险框架理论可知，股东对有债公司的剩余索取权可以看作是以负债到期价值为执行价格的特殊看涨期权，标的资产价值波动越大期权价值越大，拥有看涨期权的股东有动机使用高风险的投资项目替代低风险的项目，即发生资产替代或风险转移问题。因此，从债权人角度看，公司经营风险增加会引发违约风险，债权人为了使自身利益不受损害会要求更高的风险补偿，表现为债务人融资成本增加（Merton，1974；Liao et al.，2009；DeBoskey et al.，2020）。已有研究发现，金融危机爆发后企业偿债能力受到严重影响，债券信用利差显著增加（周宏等，2011）；由于诉讼案件通常具有高昂的诉讼执行成本，给公司经营成果带来很大不确定性并最终反映到债务融资成本（王彦超等，2016）；存在未决诉讼的上市公司获取银行借款的成本更高，并且只有"经济类纠纷"引起的未决诉讼才显著提高银行借款成本（刘慧等，2016）。此外，相关研究表明，良好的公司治理（周宏等，2018）和高内部控制质量（李晓慧和杨子萱，2013；敖小波等，2017）均能够通过降低债务人的经营风险来降低资本成本，增加公司债务融资能力。

以上研究从不同角度证明，公司的信息风险和经营风险是债权人确定债务融资成本的重要参考。衍生工具使用是把"双刃剑"，既可能用于对冲风险也可能用于投机而增大风险（郭飞等，2020），加上其自带的高复杂、高杠杆和高风险特征（郭飞等，2019），使得公司使用衍生工具必将带来信息风险和经营风险的改变。衍生工具作为公司重要的风险管理工具，初衷是建立对冲组合降低外部环境变化带来的汇率、利率和商品价格等的波动风险，实现套期保值。然而市场上衍生工具的交易量已远远超出实体经济的实际需要量（张倩和冯芸，2014），投机现象比较明显，现实中上市公司衍生工具使用更多为选择性对冲。同时根据第一章理论基础中的金融对冲理论可知，由于合约的标准化问题和基差风险的存在，公司在使用衍生工具时或多或少存在投机成分（曹玉珊，2017），全球各地公司的经理人在执行套期保值计划时，经常会根据自己对市场的判断改变衍生工具交易的规模和时机（Adam et al.，2017），表现出“选择性对冲”；Brown 等（2006）认为，从选择性对冲角度看，衍生工具使用的投机行为不可避免。因此，基于现实中大多数公司使用衍生工具属于选择性对冲的事实，衍生工具使用至少能够从信息风险和经营风险两个方面影响债务融资成本。

基于信息风险的分析。衍生工具种类繁杂、结构多样，其价值变动几乎可以与包括其他衍生工具在内的任何基础资产或负债的价格或数量变动联系起来，导致其经济性质复杂（Chang et al.，2016），加上衍生工具会计处理尤其是套期会计处理复杂且信息披露不够完善，给管理层盈余操纵创造了便利的条件和机会，增加了外部报表使用者的信息解读难度。已有研究发现，使用衍生工具的公司其盈余管理程度显著增加（王晓珂和黄世忠，2017），即便是金融分析师在发布盈余预测时也难以正确解读公司衍生工具使用信息（Chang et al.，2016），分析师跟踪数量减少、分析难度加大（王晓珂等，2020），同时也给审计师的审计难度带来极大挑战，审计风险和审计收费随之增加（郭飞等，2018）。基于此，由于使用衍生工具的公司信息不对称程度增加，导致债权人要求更高的债务融资成本。

基于经营风险的分析。大部分上市公司使用衍生工具为选择性对冲从而存在投机成分，并且目前国内衍生工具市场还处于初级阶段，可用衍生工具在标的种类和期限上不够丰富，限制着选择性对冲策略以较低风险置换较大风险功能的发挥。因此上市公司选择性对冲很可能不仅无法达到平稳现金流量、降低业绩波动的效果，反而增加现金流波动，使公司处于更大利率、汇率或者商品价格波动等风险之中。虽然部分研究表明基于对市场趋势的准确把握，恰当运用选择性对冲会对公司有利（刘任帆和于增彪，2014），然而由于衍生工具自带高杠杆收益诱惑，加上衍生工具本身经济性质和会计处理复杂，以及衍生工具信息披露不完善导致外部报表使用者解读上的困难，给公司高管投机创造了隐蔽的环境（Lel，2012），公司很可能为追求自身利益进行过度的选择性对冲行为。Lien 和 Zhang（2008）基于新兴衍生工具市场的调查研究发现，衍生工具使用可能会加剧市场波动，成为金融危机的助推器，加速危机蔓延。郭飞和线婷婷（2018）基于中国上市商业银行数据，发现银行外汇衍生工具使用同时扩大了其短期和长期外汇风险敞口。因此，基于衍生工具高复杂、高杠杆和高风险特征和上市公司衍生工具使用属于选择性对冲的事实，本章推测衍生工具使用将带来上市公司经营风险的增加，导致债权人要求更高的债务融资成本。

综上所述，本章提出如下假设：

H4－1：在其他条件不变情况下，衍生工具使用会增加上市公司债务融资成本。

H4－2：衍生工具使用会通过增加信息风险增加上市公司债务融资成本。

H4－3：衍生工具使用会通过增加经营风险增加上市公司债务融资成本。

二、衍生工具使用对公司商业信用融资的影响

在以信贷市场为主体的金融体系下，“融资难”和“融资贵”现象普遍，极大阻碍了中国企业的发展。商业信用作为非正式的经营性融资渠道，在中国企业乃至国民经济的发展中起到非常重要的支持作用，且这种作用甚至可能超过银行信贷（Allen et al.，2005）。由于上游供应商是商业信用融资的主要债权人，本章重点探讨以供应商为代表的供应链上下游公司在进行商业信用供给时是否受到上市公司衍生工具使用的影响。因此，本章所指商业信用融资主要为上市公司在购买商品或接受劳务时延期支付款项而占用的供应商（净）资金，具体表现为应付账款、应付票据以及预付账款。

由于在提供给下游公司商业信用时，供应商需要承担如应收账款管理等相应成本和潜在的坏账风险、挤占生产经营所需资金、错失投资机会等风险，因此，供应商会根据其对下游公司风险状况的判定制定出合理的商业信用供给决策（黄波等，2018），以保障自身营运资金链条的安全和高效率运转。同样地，根据第一章理论基础中的信息不对称理论和信用风险框架理论，作为债权人的供应商在提供商业信用时同样会重视下游公司的信息风险和经营风险。已有研究也发现，信息风险和经营风险是公司商业信用融资的重要影响因素（Hui et al.，2012；陈运森和王汝花，2014；胡珺等，2019）。在信息风险方面，上市公司财务重述、违规被罚、财务报告被出具非标审计意见会增加供应商与上市公司之间的信息不对称程度，带来商业信用融资的降低（张勇，2013；陈运森和王汝花，2014；钱爱民和朱大鹏，2017）；而良好的内部控制和能力强的高管能够提高会计信息质量，降低信息不对称程度，带来商业信用融资的提高（郑军等，2013；何威风和刘巍，2018）；此外，公司有形资产抵押物价值越大和作为无形资产抵押物的高管社会网络关系越强，越能向供应商传递其较高的还款能力和清算价值信息（唐松等，2017），同时公司之间的地理集聚能够加速信息传播（王永进和盛丹，2013），这些均能够通过缓解信息不对称程度带来商业信用融资增加。在经营风险方面，上市公司被出具非标审计意见和违规被罚后，其发生财务危机等方面的经营风险更高，从而带来商业信用融资降低（张勇，2013；陈运森和王汝花，2014）；而公司慈善捐赠能够提高声誉和应对负面事件的能力（Zhang et al.，2014），以及公司认购董事高管责任保险能够缓解管理层的代理冲突（胡珺等，2019），这些均能够降低公司经营风险，从而获得供应商的支持，带来商业信用融资的增加。以上研究从不同角度证明，下游公司的信息风险和经营风险是供应商提供商业信用融资的重要参考，同时基于前面关于衍生工具使用对上市公司信息风险和经营风险影响的论断，本章提出如下假设：

H4－4：在其他条件不变情况下，衍生工具使用会降低上市公司商业信用融资。

H4－5：衍生工具使用会通过增加信息风险降低上市公司商业信用融资。

H4－6：衍生工具使用会通过增加经营风险降低上市公司商业信用融资。

第三节　衍生工具使用对债务融资成本影响的实证检验

一、研究设计

（一）样本选取与数据来源

本节聚焦于后金融危机时期上市公司衍生工具使用对债务融资成本的影响，选取 2010 ~ 2018 年沪深 A 股上市公司为初始样本，并进行如下筛选处理：（1）删除金融保险业样本；（2）删除 ST、PT 等非正常交易样本；（3）删除数据缺失样本。最终得到 2900 家上市公司的 15556 个观测值。衍生工具使用数据通过文本搜索方法并阅读上市公司年报获得，其他数据来自 CSMAR 和 Wind 数据库。为控制异常值的影响，本节对连续变量进行 1% 和 99% 分位的缩尾（Winsorise）处理。

（二）主要变量定义

1. 衍生工具使用（IsDeri）

由于目前上市公司披露衍生工具信息不够详细和规范，参考主流文献的做法（郭飞，2012；王晓珂和黄世忠，2017），本章对上市公司年报使用文本搜索方法，并结合搜索到的关键词进行上下文阅读来获得上市公司衍生工具使用情况数据。具体地，先根据上市公司年度财务报告搜索与衍生、期权、期货、互换、掉期、调期、远期、套期、对冲等相关的关键词，再根据搜索到的关键词进行上下文阅读来判断公司是否使用了衍生工具。本章定义是否使用衍生工具（IsDeri）为虚拟变量，如果上市公司使用了衍生工具，则取值为 1，否则为 0。此外，与第三章一致，将衍生工具按照标的资产分为利率、外汇、商品、其他共 4 种类型，分别对每个公司年度衍生工具使用种类进行加总求和，记为 DeriN1；将衍生工具按照产品形态分为期权、期货、互换、远期、其他共 5 种类型，分别对每个公司年度衍生工具使用种类进行加总求和，记为 DeriN2。

2. 债务融资成本（DebtCost）

参考已有研究（魏志华等，2012；倪娟等，2019；钱雪松等，2019）的做法，本节在主检验中使用两个指标度量债务融资成本：（1）DebtCost1，为财务费用中披露的利息支出加手续费与总负债平均余额之比，手续费作为获得资金而付出的代价也应该是融资成本的组成部分；（2）DebtCost2，为财务费用中披露的利息支出、手续费和其他项目之和与总负债平均余额之比，魏志华等（2012）将前述财务费用中三项之和称为“净财务费用”。此外，本节在稳健性测试部分，考虑使用平均有息负债总额作为分母和仅以利息支出作为分子两类变换，重新测度债务融资成本。为便于观测和分析实证结果，债务融资成本均扩大100倍。同时，考虑到债务融资成本受到的滞后影响以及避免衍生工具使用与债务融资成本互为因果的内生性问题，本节采用下一年的债务融资成本作为被解释变量。

3. 作用机制变量（MedVar）

（1）信息风险。上市公司财务报告信息是债权人判断公司财务风险和偿债能力最直接的信息来源。盈余质量是财务报告信息质量重要构成，操纵性应计盈余的绝对值越大，财务报告透明度越低，公司信息风险越高。借鉴 Hutton 等（2009）的做法，本章使用 t－1 年、t 年和 t＋1 年操纵性应计盈余绝对值三年之和来反向度量公司财务报告透明度。具体地，分别基于 Jones 模型和修正 Jones 模型（Dechow et al.，1995）计算操纵性应计盈余，并取其绝对值的连续三年移动之和，从而得出基于财务报告透明度衡量的公司信息风险 FROpa1 和 FROpa2，该指标越大，信息风险越大。

（2）经营风险。财务会计准则规定，公司使用衍生工具和相应标的资产引起的经营成果变动涉及的利润表项目包括公允价值变动损益、投资收益、其他综合收益、营业收入、营业成本、财务费用和资产减值损失报表项目。因此，本章认为考虑这七个报表项目的波动性可以更直接衡量衍生工具使用对公司经营成果的影响。借鉴 Choi 等（2015）的思路，本章使用经总资产消减的这七个报表项目金额之和的连续三年波动性得到 DeriRI_sd1 和 DeriRI_sd2 两种度量方式①，具

① Choi 等（2015）使用类似的方法计算五年滚动的资产净利率波动性，本书借鉴其思路使用与衍生工具和相应标的资产直接相关的利润表项目的波动性进行更准确的度量。

体见式（4-1）和式（4-2）。其中，$DeriRI_{i,t}$为i公司t年公允价值变动损益、投资收益、其他综合收益、营业收入、营业成本、财务费用和资产减值损失七项金额之和，$TA_{i,t}$为i公司t年末总资产。同时，为控制因行业差异和年度差异的影响，对式（4-1）和式（4-2）计算结果进行行业年度均值调整，即减去行业年度均值。

$$DeriRI\_sd1_{i,t} = \sigma\left(\frac{DeriRI_{i,t-1}}{TA_{i,t-1}}, \frac{DeriRI_{i,t}}{TA_{i,t}}, \frac{DeriRI_{i,t+1}}{TA_{i,t+1}}\right) \quad (4-1)$$

$$DeriRI\_sd2_{i,t} = \frac{\sigma(DeriRI_{i,t-1}, DeriRI_{i,t}, DeriRI_{i,t+1})}{\frac{1}{3}\sum_{t-1}^{t+1} TA_{i,t}} \quad (4-2)$$

（三）模型设计

为考察衍生工具使用对债务融资成本的影响，检验假设H4-1，本节构建模型（4-3）：

$$DebtCost_{i,t+1} = \alpha_0 + \alpha_1 IsDeri_{i,t} + \beta Controls_{i,t} + \varepsilon_{i,t} \quad (4-3)$$

其中，Controls为借鉴已有研究（魏志华等，2012；倪娟等，2019；钱雪松等，2019）所采用的一系列控制变量：（1）公司特征层面变量，公司规模（Size）、资产负债率（Lev）、总资产净利率（ROA）、公司成立年限（FirmAge）、经营活动现金流（OCF）、有形资产（Tang）、成长机会（Grow）；（2）公司治理特征，第一大股东持股（FirstHold）、独立董事比例（IDR）、董事会规模（BoardSize）、高管薪酬（MPay）、两职合一（Dual）、审计机构是否为"四大"（Big4）；（3）产权性质（State）；（4）行业（Industry）和年度（Year）。具体定义参见表4-1。

表4-1　变量定义

变量性质	变量名称	变量符号	变量定义
被解释变量	债务融资成本	DebtCost1	100×（利息支出+手续费）/总负债平均余额
		DebtCost2	100×（利息支出+手续费+其他）/总负债平均余额
解释变量	衍生工具使用	IsDeri	公司是否使用衍生工具，是取1，否取0

续表

变量性质	变量名称	变量符号	变量定义
控制变量	公司规模	Size	总资产的自然对数
	资产负债率	Lev	总负债/总资产
	总资产净利率	ROA	净利润/总资产
	公司成立年限	FirmAge	公司成立年限的自然对数
	经营活动现金流	OCF	经营活动现金流净额/总资产
	有形资产比例	Tang	(存货 + 固定资产)/总资产
	公司成长机会	Grow	(当年营业收入 - 上年营业收入)/上年营业收入
	第一大股东持股	FirstHold	第一大股东持股比例
	独立董事比例	IDR	董事会中独立董事占比
	董事会规模	BoardSize	董事会总人数的自然对数
	高管薪酬	MPay	高管前三名薪酬的自然对数
	两职合一	Dual	CEO 与董事长是否同一人，是取 1，否取 0
	审计机构是否四大	Big4	审计机构是否国际四大，是取 1，否取 0
	产权性质	State	公司是否为国有产权，是取 1，否取 0
	年度	Year	年度虚拟变量
	行业	Industry	证监会 2012 年行业分类虚拟变量，制造业取两位编码
作用机制变量	信息风险	FROpa1	基于 Jones 模型计算的操纵性应计盈余绝对值三年移动之和（Hutton et al.，2009）
		FROpa2	基于修正 Jones 模型计算的操纵性应计盈余绝对值三年移动之和（Hutton et al.，2009）
	经营风险	DeriRI_sd1	见公式（4-1），再减去同行业同年度均值
		DeriRI_sd2	见公式（4-2），再减去同行业同年度均值

为了检验假设 H4-2 和 H4-3，验证衍生工具使用对上市公司债务融资成本影响的作用路径，本节参考温忠麟和叶宝娟（2014）的做法，在模型（4-3）的基础上，建立模型（4-4）和模型（4-5）进行中介效应检验。

$$MedVar_{i,t} = \alpha_0 + \alpha_1 IsDeri_{i,t} + \beta Controls_{i,t} + \varepsilon_{i,t} \quad (4-4)$$

$$DebtCost_{i,t+1} = \alpha_0 + \alpha_1 IsDeri_{i,t} + \alpha_3 MedVar_{i,t} + \beta Controls_{i,t} + \varepsilon_{i,t} \quad (4-5)$$

二、描述性统计

表4－2 的PanelA 为主要变量的描述性统计。首先，从债务融资成本看，DebtCost1 和 DebtCost2 均值分别为 2.117 和 2.211，标准差分别为 1.584 和 1.615，与已有研究基本一致（倪娟等，2019），说明在样本期间不同公司间债务融资成本差异较大。其次，衍生工具均值为0.148，说明在样本期间（本节解释变量期间为2010～2017 年）衍生工具使用率仅为14.8%，与已有学者的研究结论基本保持一致（郭飞，2012；王晓珂等，2020）。最后，衡量公司信息风险两个指标 FROpa1 和 FROpa2 的均值分别为0.177 和0.181，最大值分别为0.761 和0.777，标准差分别为0.132 和0.134，表明不同公司间信息风险差异较大，部分公司信息风险很大；衡量公司经营风险两个指标 DeriRI_sd1 和 DeriRI_sd2 的均值均为－0.010，最大值分别为1.195 和0.947，标准差分别为0.242 和0.187，表明不同公司间经营风险差异较大，部分公司经营风险很大。从表4－2 的 Panel B 列示的是否使用衍生工具分组下债务融资成本的非参数检验结果可以看出，无论被解释变量是 DebtCost1 还是 DebtCost2，相对未使用衍生工具的公司年度，使用衍生工具的公司年度中债务融资成本的均值和中位数均显著上升，初步证明本章假设 H4－1，即衍生工具使用提高了上市公司债务融资成本。

表4－2　　主要变量的描述性统计和债务融资成本的非参数检验

Panel A　主要变量的描述性统计

变量	N	mean	sd	min	p25	p50	p75	max
DebtCost1	15556	2.117	1.584	0	0.664	2.005	3.289	6.095
DebtCost2	15556	2.211	1.615	－0.036	0.746	2.106	3.385	6.438
IsDeri	15556	0.148	0.355	0	0	0	0	1
Size	15556	22.14	1.258	19.98	21.21	21.95	22.85	26.05
Lev	15556	0.422	0.208	0.048	0.253	0.418	0.583	0.865
ROA	15556	0.044	0.045	－0.103	0.017	0.038	0.066	0.187
FirmAge	15556	2.710	0.394	1.386	2.506	2.773	2.987	3.398
OCF	15556	0.042	0.069	－0.162	0.004	0.042	0.084	0.231

续表

Panel A 主要变量的描述性统计

变量	N	mean	sd	min	p25	p50	p75	max
Tang	15556	0.374	0.180	0.025	0.238	0.360	0.497	0.812
Grow	15556	0.204	0.410	-0.485	0.002	0.129	0.300	2.591
FirstHold	15556	35.42	14.96	8.804	23.45	33.61	45.67	74.87
BoardSize	15556	2.148	0.197	1.609	2.079	2.197	2.197	2.708
IDR	15556	0.373	0.053	0.333	0.333	0.333	0.429	0.571
MPay	15556	14.25	0.671	12.68	13.81	14.23	14.65	16.13
Dual	15556	0.254	0.435	0	0	0	1	1
BIG4	15556	0.060	0.237	0	0	0	0	1
State	15556	0.395	0.489	0	0	0	1	1
FROpa1	12485	0.177	0.132	0.022	0.089	0.142	0.223	0.761
FROpa2	12485	0.181	0.134	0.023	0.091	0.146	0.229	0.777
DeriR_sd1	15556	-0.010	0.242	-0.449	-0.142	-0.065	0.048	1.195
DeriR_sd2	15556	-0.010	0.187	-0.306	-0.114	-0.057	0.034	0.947

Panel B 衍生工具使用分组下债务融资成本的非参数检验

分组	债务融资成本	N	Mean	Median	t - value	z - vale
IsDeri = 0	DebtCost1	13250	2.072	1.930	-8.500***	-9.974***
IsDeri = 1		2306	2.375	2.343		
IsDeri = 0	DebtCost2	13250	2.164	2.022	-8.747***	-10.224***
IsDeri = 1		2306	2.482	2.460		

注：均值差异为 t 值检验，中位数差异为 z 值检验，***、** 与 * 分别表示系数在 1%、5% 与 10% 水平显著。

三、回归结果分析

表 4-3 中列（1）和列（2）为利用模型（4-3）对衍生工具使用与债务融资成本之间关系进行检验的回归结果，回归中进行稳健性标准误调整。可以看出 IsDeri 的系数在 1% 水平上显著为正，表明使用衍生工具的公司其债务融资成本更高，平均而言，DebtCost1 增加 0.0916，而 DebtCost2 增加 0.1132，支持假设 H4-1。从控制变量来看，公司规模（Size）和资产负债率（Lev）、公司年龄（FirmAge）与债务融资成本显著正相关，与唐雪松等（2019）发现一

致；公司盈利能力（ROA）和经营活动现金流量（OCF）与债务融资成本显著负相关；在公司治理层面，大股东监督（FirstHold）、高管激励（MPay）与债务融资成本显著负相关，而董事会治理，包括董事会规模（BoardSize）和独立董事比例（IDR）没有发挥显著作用，此外，两职合一（Dual）与外部审计质量（Big4）作用也不明显。

表4-3　　衍生工具使用与债务融资成本

变量	(1) DebtCost1	(2) DebtCost2
IsDeri	0.0916*** (3.07)	0.1132*** (3.74)
Size	0.1132*** (8.23)	0.1022*** (7.25)
Lev	2.5046*** (31.34)	2.4965*** (30.49)
ROA	-3.7662*** (-11.58)	-3.8099*** (-11.25)
FirmAge	0.0742** (2.25)	0.0752** (2.22)
OCF	-2.3439*** (-11.94)	-2.2709*** (-11.33)
Tang	1.1378*** (13.99)	1.1387*** (13.79)
Grow	0.0774*** (2.64)	0.0869*** (2.88)
FirstHold	-0.0084*** (-10.58)	-0.0083*** (-10.12)
BoardSize	-0.0943 (-1.32)	-0.0765 (-1.05)
IDR	-0.1356 (-0.57)	-0.1937 (-0.80)

续表

变量	(1)	(2)
	DebtCost1	DebtCost2
MPay	-0.2224*** (-10.98)	-0.2173*** (-10.45)
Dual	0.0254 (0.97)	0.0232 (0.86)
Big4	0.0061 (0.13)	0.0208 (0.42)
State	-0.4571*** (-16.75)	-0.4654*** (-16.58)
Constant	2.8212*** (7.65)	3.0612*** (8.09)
Year	控制	控制
Industry	控制	控制
Adj R^2	0.296	0.288
N	15556	15556

注：***、**与*分别表示系数在1%、5%与10%水平上显著，括号内为t值。

四、机制检验

（一）信息风险机制

参照温忠麟和叶宝娟（2014）的做法，表4-4和表4-5均是利用模型（4-3）、模型（4-4）和模型（4-5）建立的联立方程对衍生工具使用与债务融资成本之间，信息风险可能发挥的作用展开机制检验的结果，在机制检验过程中保持样本观测值的一致性。首先，对模型（4-3）进行回归，从两个表的列（1）可以看出衍生工具使用仍然与债务融资成本显著正相关，说明改变观测样本之后假设H4-1仍是稳健存在的；其次，分别以FROpa1和FROpa2作为被解释变量回归模型（4-4），从两个表的列（2）和列（4）中均可以看出，衍生工具使用IsDeri的系数显著为正，说明衍生工具使用增加了上市公司的盈余不透明性，加大了信息风险，这也与现有研究相一致（王晓珂和黄世忠，2017）；再次，将中介变量与衍生工具使用变量同时放入模型（4－5）中，从两个表的列（3）和列（5）中均可以看出，度量信息风险的两个指标FROpa1 和 FROpa2 与债务融资成本显著正相关，而衍生工具使用仍然与债务融资成本呈显著的正相关关系，但衍生工具使用的系数绝对值相较于两个表的列（1）的衍生工具使用系数均有所下降，表明信息风险是衍生工具使用提高债务融资成本的部分中介，证明假设 H4－2 成立；最后，对以上结果进行 Sobel 检验，表 4－4 中统计量 Z 值分别为 2.1115 和 2.0185，表 4－5 中统计量 Z 值分别为 2.1071 和 2.0052，绝对值均大于温忠麟等（2004）指出的 5% 水平上显著的临界值 0.97，进一步验证了衍生工具使用通过增加信息风险从而提高债务融资成本的这一作用路径。

表 4－4　衍生工具使用与债务融资成本（DebtCost1）：信息风险中介

变量	(1)	(2)	(3)	(4)	(5)
	DebtCost1	FROpa1	DebtCost1	FROpa2	DebtCost1
IsDeri	0.0973***	0.0084***	0.0941***	0.0074**	0.0942***
	(2.97)	(2.80)	(2.87)	(2.42)	(2.88)
FROpa1			0.3802***		
			(3.21)		
FROpa2					0.4213***
					(3.65)
Size	0.1122***	−0.0166***	0.1185***	−0.0170***	0.1194***
	(7.30)	(−11.44)	(7.71)	(−11.54)	(7.77)
Lev	2.5036***	0.1140***	2.4602***	0.1217***	2.4523***
	(27.99)	(13.31)	(27.27)	(13.91)	(27.16)
ROA	−4.1242***	0.3783***	−4.2680***	0.4389***	−4.3091***
	(−11.30)	(8.84)	(−11.65)	(10.13)	(−11.73)
FirmAge	0.0631	0.0133***	0.0580	0.0108***	0.0585
	(1.63)	(3.94)	(1.50)	(3.15)	(1.52)
OCF	−1.8972***	−0.3135***	−1.7780***	−0.3563***	−1.7470***
	(−8.93)	(−9.64)	(−8.30)	(−10.83)	(−8.12)

续表

变量	(1)	(2)	(3)	(4)	(5)
	DebtCost1	FROpa1	DebtCost1	FROpa2	DebtCost1
Tang	1.0190 *** (11.34)	-0.0222 *** (-2.68)	1.0275 *** (11.41)	-0.0276 *** (-3.28)	1.0307 *** (11.45)
Grow	0.0801 ** (2.36)	0.0374 *** (9.07)	0.0659 * (1.92)	0.0380 *** (9.26)	0.0641 * (1.86)
FirstHold	-0.0089 *** (-10.04)	0.0001 (0.76)	-0.0090 *** (-10.07)	0.0000 (0.12)	-0.0089 *** (-10.05)
BoardSize	-0.1128 (-1.42)	-0.0067 (-0.99)	-0.1103 (-1.39)	-0.0071 (-1.03)	-0.1098 (-1.38)
IDR	-0.1165 (-0.44)	-0.0003 (-0.01)	-0.1164 (-0.44)	0.0010 (0.04)	-0.1169 (-0.45)
MPay	-0.2197 *** (-9.79)	-0.0043 ** (-2.00)	-0.2181 *** (-9.72)	-0.0048 ** (-2.20)	-0.2177 *** (-9.70)
Dual	0.0192 (0.64)	0.0034 (1.24)	0.0179 (0.60)	0.0030 (1.09)	0.0179 (0.60)
Big4	-0.0022 (-0.04)	-0.0047 (-1.05)	-0.0004 (-0.01)	-0.0044 (-0.98)	-0.0003 (-0.01)
State	-0.4659 *** (-15.70)	-0.0113 *** (-4.19)	-0.4616 *** (-15.56)	-0.0120 *** (-4.39)	-0.4608 *** (-15.54)
Constant	3.0580 *** (7.48)	0.5586 *** (14.02)	2.8456 *** (6.91)	0.5823 *** (14.31)	2.8126 *** (6.83)
Year	控制	控制	控制	控制	控制
Industry	控制	控制	控制	控制	控制
Sobel 检验 Z 值	2.1115			2.0185	
Adj R^2	0.292	0.193	0.293	0.196	0.293
N	12485	12485	12485	12485	12485

注：***、** 与 * 分别表示系数在 1%、5% 与 10% 水平上显著，括号内为 t 值。

表4-5 衍生工具使用与债务融资成本（DebtCost2）：信息风险中介

变量	(1)	(2)	(3)	(4)	(5)
	DebtCost2	FROpa1	DebtCost2	FROpa2	DebtCost2
IsDeri	0.1205*** (3.62)	0.0084*** (2.80)	0.1172*** (3.52)	0.0074** (2.42)	0.1173*** (3.53)
FROpa1			0.3864*** (3.20)		
FROpa2					0.4211*** (3.57)
Size	0.1011*** (6.42)	-0.0166*** (-11.44)	0.1075*** (6.83)	-0.0170*** (-11.54)	0.1082*** (6.88)
Lev	2.4719*** (26.96)	0.1140*** (13.31)	2.4279*** (26.26)	0.1217*** (13.91)	2.4207*** (26.16)
ROA	-4.2281*** (-11.06)	0.3783*** (8.84)	-4.3743*** (-11.39)	0.4389*** (10.13)	-4.4129*** (-11.47)
FirmAge	0.0729* (1.84)	0.0133*** (3.94)	0.0677* (1.71)	0.0108*** (3.15)	0.0683* (1.73)
OCF	-1.8083*** (-8.35)	-0.3135*** (-9.64)	-1.6872*** (-7.72)	-0.3563*** (-10.83)	-1.6583*** (-7.56)
Tang	1.0350*** (11.34)	-0.0222*** (-2.68)	1.0436*** (11.42)	-0.0276*** (-3.28)	1.0466*** (11.45)
Grow	0.0990*** (2.82)	0.0374*** (9.07)	0.0845** (2.38)	0.0380*** (9.26)	0.0830** (2.34)
FirstHold	-0.0087*** (-9.50)	0.0001 (0.76)	-0.0087*** (-9.53)	0.0000 (0.12)	-0.0087*** (-9.51)
BoardSize	-0.0889 (-1.10)	-0.0067 (-0.99)	-0.0863 (-1.07)	-0.0071 (-1.03)	-0.0859 (-1.07)
IDR	-0.2034 (-0.76)	-0.0003 (-0.01)	-0.2033 (-0.76)	0.0010 (0.04)	-0.2038 (-0.76)
MPay	-0.2125*** (-9.23)	-0.0043** (-2.00)	-0.2108*** (-9.16)	-0.0048** (-2.20)	-0.2105*** (-9.15)

续表

变量	(1)	(2)	(3)	(4)	(5)
	DebtCost2	FROpa1	DebtCost2	FROpa2	DebtCost2
Dual	0.0173 (0.57)	0.0034 (1.24)	0.0160 (0.52)	0.0030 (1.09)	0.0160 (0.52)
Big4	0.0107 (0.20)	-0.0047 (-1.05)	0.0125 (0.24)	-0.0044 (-0.98)	0.0126 (0.24)
State	-0.4731*** (-15.50)	-0.0113*** (-4.19)	-0.4688*** (-15.36)	-0.0120*** (-4.39)	-0.4681*** (-15.34)
Constant	3.2414*** (7.73)	0.5586*** (14.02)	3.0256*** (7.16)	0.5823*** (14.31)	2.9962*** (7.09)
Year	控制	控制	控制	控制	控制
Industry	控制	控制	控制	控制	控制
Sobel 检验 Z 值	2.1071			2.0052	
Adj R^2	0.284	0.193	0.285	0.196	0.285
N	12485	12485	12485	12485	12485

注：***、**与*分别表示系数在1%、5%与10%水平上显著，括号内为t值。

（二）经营风险机制

为检验假设H4-3，本节以经营风险指标DeriR_sd1和DeriR_sd2作为中介变量，参照温忠麟和叶宝娟（2014）的做法，基于模型（4-3）、模型（4-4）和模型（4-5）建立的联立方程，对衍生工具使用与债务融资成本之间经营风险可能发挥的作用进行检验，在机制检验过程中保持样本观测值的一致性，表4-6和表4-7列示了检验结果。首先，对模型（4-3）进行回归，从两个表的列（1）可以看出衍生工具使用与债务融资成本显著正相关；其次，分别以DeriR_sd1和DeriR_sd2作为被解释变量回归模型（4-4），从两个表的列（2）和列（4）中均可以看出，衍生工具使用IsDeri均在1%水平上显著为正，说明衍生工具使用增加了上市公司经营成果波动性，提高了经营风险，在一定程度上表明假设H4-3可能成立，具体是否确实发挥中介效应还要依据下一步检验验证；再次，将中介变量与衍生工具使用变量同时放入模型（4-5）中，从两个表的列（3）和列（5）中均可以看出，度量经营风险的两个指标 DeriR_sd1 和 DeriR_sd2 与债务融资成本显著正相关，而衍生工具使用仍然与债务融资成本呈显著的正相关关系，但衍生工具使用的系数绝对值相较于两个表的列（1）的衍生工具使用系数绝对值均有所下降，表明经营风险是衍生工具使用提高债务融资成本的部分中介，从而验证假设 H4－3；最后，对以上结果进行 Sobel 检验，表 4－6 中统计量 Z 值分别为 1.9560 和 2.0111，表 4－7 中统计量 Z 值分别为 2.1880 和 2.3622，绝对值均大于温忠麟等（2004）指出的5%水平上显著的临界值0.97，进一步验证了衍生工具使用通过增加经营风险从而提高债务融资成本的这一作用路径。

表 4－6　衍生工具使用与债务融资成本（DebtCost1）：经营风险中介

变量	(1)	(2)	(3)	(4)	(5)
	DebtCost1	DeriIR_sd1	DebtCost1	DeriIR_sd2	DebtCost1
IsDeri	0.0916 *** (3.07)	0.0574 *** (11.33)	0.0841 *** (2.81)	0.0799 *** (12.75)	0.0821 *** (2.74)
DeriIR_sd1			0.1302 ** (1.99)		
DeriIR_sd2					0.1180 ** (2.04)
Size	0.1132 *** (8.23)	－0.0194 *** (－9.44)	0.1157 *** (8.40)	－0.0279 *** (－11.57)	0.1165 *** (8.44)
Lev	2.5046 *** (31.34)	0.1360 *** (11.10)	2.4869 *** (30.93)	0.2273 *** (16.10)	2.4778 *** (30.45)
ROA	－3.7662 *** (－11.58)	－0.2878 *** (－5.38)	－3.7288 *** (－11.45)	0.1369 ** (2.19)	－3.7824 *** (－11.61)
FirmAge	0.0742 ** (2.25)	0.0201 *** (4.76)	0.0716 ** (2.17)	－0.0070 (－1.36)	0.0750 ** (2.27)
OCF	－2.3439 *** (－11.94)	－0.0152 (－0.50)	－2.3419 *** (－11.94)	－0.0735 ** (－2.00)	－2.3352 *** (－11.90)
Tang	1.1378 *** (13.99)	－0.0748 *** (－7.03)	1.1476 *** (14.08)	－0.0614 *** (－4.80)	1.1451 *** (14.07)
Grow	0.0774 *** (2.64)	0.0721 *** (11.90)	0.0680 ** (2.27)	0.2239 *** (29.90)	0.0510 (1.55)

续表

变量	(1)	(2)	(3)	(4)	(5)
	DebtCost1	DeriIR_sd1	DebtCost1	DeriIR_sd2	DebtCost1
FirstHold	-0.0084*** (-10.58)	0.0007*** (6.14)	-0.0085*** (-10.66)	0.0008*** (6.26)	-0.0085*** (-10.66)
BoardSize	-0.0943 (-1.32)	-0.0295*** (-3.15)	-0.0905 (-1.26)	-0.0272** (-2.31)	-0.0911 (-1.27)
IDR	-0.1356 (-0.57)	-0.0403 (-1.30)	-0.1303 (-0.55)	-0.0035 (-0.09)	-0.1351 (-0.57)
MPay	-0.2224*** (-10.98)	0.0060** (2.08)	-0.2232*** (-11.01)	0.0151*** (4.39)	-0.2242*** (-11.05)
Dual	0.0254 (0.97)	-0.0058 (-1.63)	0.0261 (0.99)	-0.0075* (-1.82)	0.0263 (1.00)
Big4	0.0061 (0.13)	-0.0188*** (-3.06)	0.0086 (0.18)	-0.0020 (-0.25)	0.0064 (0.13)
State	-0.4571*** (-16.75)	-0.0068* (-1.86)	-0.4562*** (-16.72)	0.0007 (0.16)	-0.4572*** (-16.76)
Constant	2.8212*** (7.65)	0.3162*** (6.53)	2.7800*** (7.53)	0.3034*** (5.26)	2.7854*** (7.55)
Year	控制	控制	控制	控制	控制
Industry	控制	控制	控制	控制	控制
Sobel 检验 Z 值		1.9560		2.0111	
Adj R^2	0.296	0.065	0.296	0.188	0.296
N	15556	15556	15556	15556	15556

注：***、**与*分别表示系数在1%、5%与10%水平上显著，括号内为t值。

表4-7 衍生工具使用与债务融资成本（DebtCost2）：经营风险中介

变量	(1)	(2)	(3)	(4)	(5)
	DebtCost2	DeriIR_sd1	DebtCost2	DeriIR_sd2	DebtCost2
IsDeri	0.1132*** (3.74)	0.0574*** (11.33)	0.1046*** (3.44)	0.0799*** (12.75)	0.1017*** (3.34)
DeriIR_sd1			0.1506** (2.23)		

续表

变量	(1)	(2)	(3)	(4)	(5)
	DebtCost2	DeriIR_sd1	DebtCost2	DeriIR_sd2	DebtCost2
DeriIR_sd2					0.1437 ** (2.40)
Size	0.1022 *** (7.25)	-0.0194 *** (-9.44)	0.1051 *** (7.45)	-0.0279 *** (-11.57)	0.1062 *** (7.51)
Lev	2.4965 *** (30.49)	0.1360 *** (11.10)	2.4760 *** (30.07)	0.2273 *** (16.10)	2.4638 *** (29.54)
ROA	-3.8099 *** (-11.25)	-0.2878 *** (-5.38)	-3.7666 *** (-11.11)	0.1369 ** (2.19)	-3.8296 *** (-11.29)
FirmAge	0.0752 ** (2.22)	0.0201 *** (4.76)	0.0722 ** (2.13)	-0.0070 (-1.36)	0.0762 ** (2.25)
OCF	-2.2709 *** (-11.33)	-0.0152 (-0.50)	-2.2686 *** (-11.33)	-0.0735 ** (-2.00)	-2.2603 *** (-11.28)
Tang	1.1387 *** (13.79)	-0.0748 *** (-7.03)	1.1500 *** (13.89)	-0.0614 *** (-4.80)	1.1476 *** (13.88)
Grow	0.0869 *** (2.88)	0.0721 *** (11.90)	0.0760 ** (2.47)	0.2239 *** (29.90)	0.0547 (1.62)
FirstHold	-0.0083 *** (-10.12)	0.0007 *** (6.14)	-0.0084 *** (-10.22)	0.0008 *** (6.26)	-0.0084 *** (-10.23)
BoardSize	-0.0765 (-1.05)	-0.0295 *** (-3.15)	-0.0720 (-0.99)	-0.0272 ** (-2.31)	-0.0726 (-1.00)
IDR	-0.1937 (-0.80)	-0.0403 (-1.30)	-0.1877 (-0.77)	-0.0035 (-0.09)	-0.1932 (-0.80)
MPay	-0.2173 *** (-10.45)	0.0060 ** (2.08)	-0.2182 *** (-10.49)	0.0151 *** (4.39)	-0.2194 *** (-10.54)
Dual	0.0232 (0.86)	-0.0058 (-1.63)	0.0241 (0.89)	-0.0075 * (-1.82)	0.0243 (0.90)
Big4	0.0208 (0.42)	-0.0188 *** (-3.06)	0.0236 (0.48)	-0.0020 (-0.25)	0.0211 (0.43)

续表

变量	(1)	(2)	(3)	(4)	(5)
	DebtCost2	DeriIR_sd1	DebtCost2	DeriIR_sd2	DebtCost2
State	-0.4654*** (-16.58)	-0.0068* (-1.86)	-0.4644*** (-16.55)	0.0007 (0.16)	-0.4655*** (-16.59)
Constant	3.0612*** (8.09)	0.3162*** (6.53)	3.0136*** (7.96)	0.3034*** (5.26)	3.0176*** (7.97)
Year	控制	控制	控制	控制	控制
Industry	控制	控制	控制	控制	控制
Sobel 检验 Z 值	2.1880			2.3622	
Adj R^2	0.288	0.065	0.288	0.188	0.288
N	15556	15556	15556	15556	15556

注：***、**与*分别表示系数在1%、5%与10%水平上显著，括号内为t值。

五、稳健性检验

（一）内生性检验

虽然前面采用下一年的债务融资成本作为被解释变量，在一定程度上避免了互为因果的内生性问题，但书中结论仍可能受其他内生性影响。

首先，公司使用衍生工具可能因自身因素导致有需要或有能力使用，而这些因素可能也是导致债务融资成本增加的原因，从而产生因自选择问题带来的内生性。基于此，本节采用两阶段处理效应模型进行回归，重新对衍生工具使用与债务融资成本之间的关系进行检验。承接第三章对衍生工具使用影响因素的研究结论，在第一阶段衍生工具使用决策模型中解释变量选择海外收入占比（ForeiSR）、股利支付率（PayOut）、公司规模（Size）、资产负债率（Lev）和速动比率（QuickR），同时控制行业与年度固定效应。在第一阶段回归后，将计算出逆米尔斯比（IMR）作为控制变量加入模型（4-3）进行第二阶段回归。表4-8中列（1）为第一阶段Probit回归结果，公司海外收入占比（ForeiSR）更多、股利支付率（PayOut）更高、规模（Size）更大和财务杠杆（Lev）更高时，更可能使用衍生工具，而速动比率（QuickR）越大，使用衍生工具的概率越小，这与第三章已有发现一致。表 4-8 中列（2）和列（3）为利用模型（4-3）对衍生工具使用与债务融资成本之间关系进行检验的第二阶段回归结果，可以看出加入逆米尔斯比（IMR）后，IMR 的回归系数显著，并且 IsDeri 的系数在 5% 水平上显著为正，表明在控制自选择问题之后，使用衍生工具的公司付出更高债务融资成本。支持本章的假设 H4-1。

表 4-8　衍生工具使用与债务融资成本：两阶段处理效应模型

变量	第一阶段	第二阶段	
	(1)	(2)	(3)
	IsDeri	DebtCost1	DebtCost2
IsDeri		0.0654** (2.10)	0.0808** (2.55)
QuickR	-0.0331*** (-3.30)		
ForeiSR	1.7810*** (29.12)		
PayOut	0.1534*** (3.38)		
Size	0.3177*** (23.81)	0.0801*** (4.92)	0.0613*** (3.68)
Lev	0.3106*** (3.14)	2.4581*** (30.29)	2.4390*** (29.39)
ROA		-3.7006*** (-11.37)	-3.7288*** (-10.98)
FirmAge		0.0770** (2.34)	0.0787** (2.33)
OCF		-2.3728*** (-12.07)	-2.3066*** (-11.49)
Tang		1.1101*** (13.53)	1.1044*** (13.27)

续表

变量	第一阶段	第二阶段	
	(1)	(2)	(3)
	IsDeri	DebtCost1	DebtCost2
Grow		0. 0743 ** (2. 54)	0. 0830 *** (2. 76)
FirstHold		-0. 0084 *** (-10. 57)	-0. 0083 *** (-10. 12)
BoardSize		-0. 0949 (-1. 33)	-0. 0772 (-1. 06)
IDR		-0. 1346 (-0. 57)	-0. 1926 (-0. 79)
MPay		-0. 2280 *** (-11. 18)	-0. 2242 *** (-10. 71)
Dual		0. 0222 (0. 85)	0. 0193 (0. 72)
Big4		0. 0104 (0. 21)	0. 0261 (0. 53)
State		-0. 4526 *** (-16. 54)	-0. 4598 *** (-16. 34)
IMR		-0. 1452 *** (-3. 52)	-0. 1796 *** (-4. 21)
Constant	-8. 3880 *** (-27. 12)	3. 8911 *** (8. 15)	4. 3845 *** (8. 95)
Year	控制	控制	控制
Industry	控制	控制	控制
Pseudo \ Adj R^2	0. 169	0. 296	0. 289
N	15556	15556	15556

注：***、** 与 * 分别表示系数在 1%、5% 与 10% 水平上显著，括号内为 t 值。

其次，考虑到使用衍生工具的样本占全部观测样本的比例约为 14. 8%，样本的这种不均匀分布可能使得模型估计结果有偏，为了解决这一问题，本节采用倾向得分匹配（PSM）方法。第一步，同时将两阶段处理效应模型第一阶段的控制变量和主回归的控制变量作为协变量，估计企业是否使用衍生工具的倾向得分，然后采用有放回重复抽样的1∶1半径匹配法，在控制组样本中筛选倾向得分最接近的样本作为配对样本。其中，根据控制组样本选取方法的不同，本节采用两种倾向得分匹配规则，匹配规则①中控制组为所有未使用衍生工具的公司年度，匹配规则②中控制组为整个样本期间完全没有使用衍生工具的公司所对应的公司年度。第二步，使用匹配后的样本对衍生工具使用与债务融资成本之间的关系进行检验。从表4－9和表4－10可以看出，匹配后处理组和控制组之间协变量的均值差异由显著变为不显著，满足平衡性假设检验。从图4－1和图4－2可以看出，匹配后处理组和控制组满足共同支撑假设。从表4－11的列（1）至列（4）中可以看出，在两种匹配规则下，经过倾向得分匹配后的衍生工具使用与债务融资成本之间的系数仍然在1%水平上显著为正。这说明衍生工具使用提高了公司债务融资成本的研究结论稳健。

表4－9　　匹配规则①下的平衡性检验

变量	Unmatched	Mean		标准偏差（%）	t检验	
	Matched	Treated	Control		t统计量	p > |t|
QuickR	U	1.183	1.755	-29.20	-11.33	0.000
	M	1.218	1.275	-3.800	-1.180	0.239
ForeiSR	U	0.245	0.101	65.50	33.32	0.000
	M	0.207	0.215	-3.100	-0.980	0.327
PayOut	U	0.291	0.269	7.500	3.360	0.001
	M	0.281	0.280	0.300	0.090	0.930
Size	U	22.82	22.02	60.10	28.97	0.000
	M	22.64	22.58	4.200	1.320	0.188
Lev	U	0.486	0.411	36.80	16	0.000
	M	0.472	0.463	4.900	1.520	0.129
ROA	U	0.040	0.044	-9.300	-4.020	0.000
	M	0.040	0.041	-0.200	-0.060	0.956
FirmAge	U	2.704	2.712	-1.900	-0.830	0.409
	M	2.721	2.704	4	1.250	0.210

续表

变量	Unmatched	Mean		标准偏差（%）	t 检验	
	Matched	Treated	Control		t 统计量	p > |t|
OCF	U	0. 045	0. 042	5. 200	2. 250	0. 024
	M	0. 044	0. 042	3. 500	1. 080	0. 279
Tang	U	0. 387	0. 372	8. 800	3. 750	0. 000
	M	0. 392	0. 387	3. 200	1	0. 318
Grow	U	0. 213	0. 203	2. 700	1. 170	0. 242
	M	0. 210	0. 224	-3. 300	-1. 020	0. 309
FirstHold	U	36. 88	35. 16	11. 50	5. 120	0. 000
	M	36. 19	35. 98	1. 300	0. 420	0. 678
BoardSize	U	2. 163	2. 145	8. 900	3. 950	0. 000
	M	2. 155	2. 156	-0. 200	-0. 050	0. 961
IDR	U	0. 377	0. 372	8. 300	3. 790	0. 000
	M	0. 376	0. 375	2. 100	0. 650	0. 513
MPay	U	14. 49	14. 21	40. 50	18. 69	0. 000
	M	14. 41	14. 39	2. 400	0. 750	0. 451
Dual	U	0. 233	0. 257	-5. 700	-2. 490	0. 013
	M	0. 234	0. 241	-1. 700	-0. 530	0. 598
Big4	U	0. 137	0. 046	32	17. 23	0. 000
	M	0. 103	0. 107	-1. 200	-0. 370	0. 715
State	U	0. 365	0. 400	-7. 200	-3. 170	0. 002
	M	0. 369	0. 343	5. 600	1. 740	0. 082

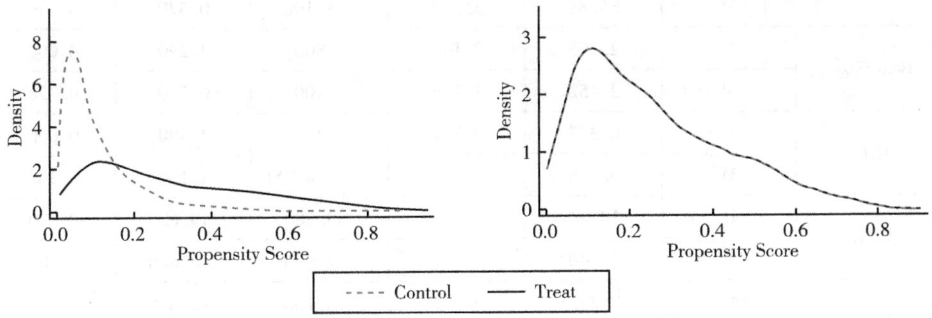

图 4-1 匹配规则①下匹配前（左图）与匹配后（右图）核密度函数

表 4－10　　匹配规则②下的平衡性检验

变量	Unmatched Matched	Mean Treated	Mean Control	标准偏差（%）	t 检验 t 统计量	t 检验 p>|t|
QuickR	U	1. 185	1. 847	－32. 70	－12. 51	0. 000
	M	1. 242	1. 231	0. 800	0. 230	0. 819
ForeiSR	U	0. 245	0. 089	72. 40	36. 72	0. 000
	M	0. 200	0. 203	－1. 100	－0. 320	0. 746
PayOut	U	0. 291	0. 269	7. 400	3. 250	0. 001
	M	0. 282	0. 295	－4. 200	－1. 290	0. 198
Size	U	22. 82	21. 94	66. 50	31. 70	0. 000
	M	22. 58	22. 53	3. 400	1. 020	0. 305
Lev	U	0. 486	0. 401	41. 60	17. 79	0. 000
	M	0. 467	0. 467	－0. 100	－0. 030	0. 978
ROA	U	0. 040	0. 044	－9. 700	－4. 110	0. 000
	M	0. 040	0. 041	－0. 800	－0. 260	0. 798
FirmAge	U	2. 704	2. 714	－2. 600	－1. 160	0. 247
	M	2. 722	2. 711	2. 800	0. 840	0. 401
OCF	U	0. 045	0. 041	6	2. 600	0. 009
	M	0. 044	0. 044	0. 100	0. 030	0. 974
Tang	U	0. 387	0. 368	11. 10	4. 680	0. 000
	M	0. 388	0. 392	－2. 600	－0. 790	0. 432
Grow	U	0. 212	0. 199	3. 400	1. 490	0. 136
	M	0. 210	0. 219	－2. 300	－0. 690	0. 490
FirstHold	U	36. 88	34. 92	13. 20	5. 800	0. 000
	M	35. 83	35. 67	1. 100	0. 320	0. 746
BoardSize	U	2. 163	2. 143	9. 800	4. 290	0. 000
	M	2. 152	2. 155	－1. 100	－0. 350	0. 728
IDR	U	0. 377	0. 371	10	4. 490	0. 000
	M	0. 376	0. 374	3. 700	1. 130	0. 260
MPay	U	14. 49	14. 19	43. 30	19. 62	0. 000
	M	14. 40	14. 41	－2. 800	－0. 860	0. 387
Dual	U	0. 233	0. 262	－6. 700	－2. 890	0. 004
	M	0. 242	0. 255	－3. 100	－0. 950	0. 342

续表

变量	Unmatched / Matched	Mean Treated	Mean Control	标准偏差（%）	t 检验 t统计量	t 检验 p > |t|
Big4	U	0. 137	0. 040	34. 70	18. 54	0. 000
	M	0. 086	0. 097	－3. 900	－1. 200	0. 232
State	U	0. 365	0. 403	－7. 800	－3. 370	0. 001
	M	0. 364	0. 347	3. 500	1. 070	0. 287

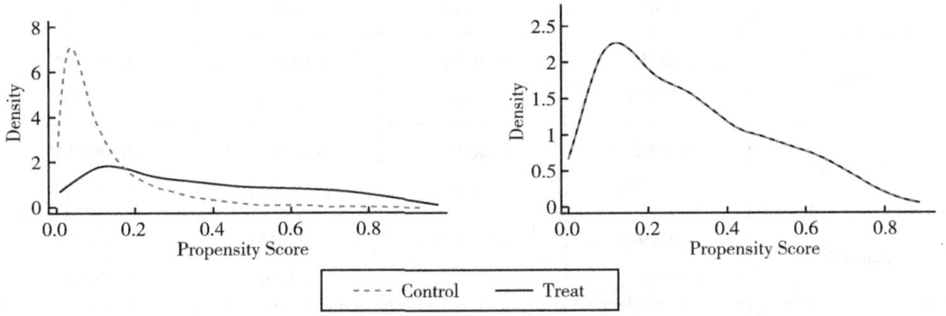

图 4－2　匹配规则②下匹配前（左图）与匹配后（右图）核密度函数

表 4－11　　衍生工具使用与债务融资成本：PSM 检验

变量	匹配规则①：控制组为未使用衍生工具的公司年度		匹配规则②：控制组为样本期完全未使用衍生工具的公司所对应的公司年度	
	(1)	(2)	(3)	(4)
	DebtCost1	DebtCost2	DebtCost1	DebtCost2
IsDeri	0. 1204***	0. 1329***	0. 1498***	0. 1504***
	(2. 95)	(3. 21)	(3. 67)	(3. 61)
Size	0. 0607**	0. 0627**	0. 0690***	0. 0786***
	(2. 33)	(2. 37)	(2. 75)	(3. 09)
Lev	2. 7994***	2. 7840***	2. 7354***	2. 6485***
	(18. 11)	(17. 88)	(17. 50)	(16. 74)
ROA	－2. 2538***	－2. 1565***	－4. 1264***	－4. 0253***
	(－3. 54)	(－3. 33)	(－6. 40)	(－5. 99)
FirmAge	0. 0792	0. 0789	0. 1131*	0. 1157*
	(1. 26)	(1. 23)	(1. 68)	(1. 67)

续表

变量	匹配规则①：控制组为未使用衍生工具的公司年度		匹配规则②：控制组为样本期完全未使用衍生工具的公司所对应的公司年度	
	(1)	(2)	(3)	(4)
	DebtCost1	DebtCost2	DebtCost1	DebtCost2
OCF	-2.4927 *** (-6.12)	-2.5678 *** (-6.17)	-1.6725 *** (-4.36)	-1.7504 *** (-4.47)
Tang	1.1611 *** (7.41)	1.2354 *** (7.79)	1.1140 *** (7.08)	1.1602 *** (7.31)
Grow	0.1024 ** (1.97)	0.0880 (1.60)	0.1303 ** (2.27)	0.1280 ** (2.21)
FirstHold	-0.0095 *** (-6.28)	-0.0095 *** (-6.19)	-0.0055 *** (-3.33)	-0.0060 *** (-3.59)
BoardSize	-0.1908 (-1.43)	-0.1639 (-1.21)	-0.1035 (-0.80)	-0.0845 (-0.64)
IDR	-0.4742 (-1.13)	-0.3936 (-0.93)	-1.1122 ** (-2.51)	-1.3022 *** (-2.90)
MPay	-0.3295 *** (-9.21)	-0.3151 *** (-8.64)	-0.2553 *** (-7.28)	-0.2619 *** (-7.30)
Dual	0.0561 (1.09)	0.0581 (1.12)	0.1421 *** (2.74)	0.1546 *** (2.91)
Big4	0.1021 (1.36)	0.0731 (0.96)	0.0055 (0.07)	-0.0232 (-0.31)
State	-0.5220 *** (-9.74)	-0.5397 *** (-9.83)	-0.5121 *** (-9.62)	-0.5160 *** (-9.46)
Constant	5.7643 *** (7.99)	5.5349 *** (7.53)	4.5037 *** (6.72)	4.5527 *** (6.61)
Year	控制	控制	控制	控制
Industry	控制	控制	控制	控制
Adj R^2	0.290	0.287	0.313	0.304
N	3894	3894	3696	3696

注：***、** 与 * 分别表示系数在1%、5%与10%水平上显著，括号内为t值。

最后，由于第三章已经证明 CEO 风险承担意愿和 CEO 赌博式投机心理是公司衍生工具使用的重要影响因素，因此本章观测到的衍生工具使用提高公司债务融资成本的研究结论可能是由高管两类心理特征带来的。为排除这一内生性问题，本章继续采用 PSM 方法，在匹配时协变量除了包括前面两阶段处理效应模型第一阶段的控制变量和主回归的控制变量外，还加入了衡量高管风险承担意愿和极端情况下的赌博式投机心理的指标 CEO 预期任期（ETenure）及其二次项（$ETenure^2$），并采用前面匹配规则①进行匹配，在同时满足平衡性假设和共同支撑假设基础上，重新对衍生工具使用与债务融资成本的关系进行检验，回归结果见表 4－12。从回归结果可以看出，衍生工具使用增加了公司债务融资成本，而非 CEO 两类心理特征导致，研究结论稳健。

表 4－12　衍生工具使用与债务融资成本：PSM 匹配规则①下考虑 CEO 两类心理

变量	(1)	(2)
	DebtCost1	DebtCost2
IsDeri	0.1204*** (2.95)	0.1329*** (3.21)
Size	0.0607** (2.33)	0.0627** (2.37)
Lev	2.7994*** (18.11)	2.7840*** (17.88)
ROA	−2.2538*** (−3.54)	−2.1565*** (−3.33)
FirmAge	0.0792 (1.26)	0.0789 (1.23)
OCF	−2.4927*** (−6.12)	−2.5678*** (−6.17)
Tang	1.1611*** (7.41)	1.2354*** (7.79)
Grow	0.1024** (1.97)	0.0880 (1.60)

续表

变量	(1)	(2)
	DebtCost1	DebtCost2
FirstHold	-0.0095*** (-6.28)	-0.0095*** (-6.19)
BoardSize	-0.1908 (-1.43)	-0.1639 (-1.21)
IDR	-0.4742 (-1.13)	-0.3936 (-0.93)
MPay	-0.3295*** (-9.21)	-0.3151*** (-8.64)
Dual	0.0561 (1.09)	0.0581 (1.12)
Big4	0.1021 (1.36)	0.0731 (0.96)
State	-0.5220*** (-9.74)	-0.5397*** (-9.83)
Constant	5.8517*** (8.13)	5.6022*** (7.63)
Year	控制	控制
Industry	控制	控制
Adj R^2	0.290	0.287
N	3894	3894

注：***、**与*分别表示系数在1%、5%与10%水平上显著，括号内为t值。

（二）指标敏感性测试

对于解释变量，主回归中使用公司是否使用衍生工具这一虚拟变量，而衍生工具使用情况不仅表现为是否发生该项行为，还表现为行为发生的强度，即使用衍生工具的种类。公司使用衍生工具的种类越多，面临的经济复杂性和会计处理复杂性就越高，产生的信息风险和经营风险会越大。因此，为了对本章的理论分析提供进一步证据，本节分别采用衍生工具使用的种类数（按标的资产划分的种类 DeriN1 和按产品形态划分的种类 DeriN2）替代衍生工具使用的虚拟变量（IsDeri）代入模型（4－3）进行检验。从表 4－13 的列（1）和列（2）可以看出，衍生工具使用种类数与债务融资成本显著正相关①。因此，替换核心解释变量后前面的主要结论仍然保持不变。

表 4－13　　衍生工具使用与债务融资成本：指标敏感性测试

变量	衍生工具使用指标敏感性测试		债务融资成本指标敏感性测试		
	(1)	(2)	(3)	(4)	(5)
	DebtCost1	DebtCost2	DebtCost3	DebtCost4	DebtCost5
IsDeri			0.0609** (2.07)	0.2740*** (3.98)	0.3306*** (4.11)
DeriN1	0.0405* (1.78)	0.0591** (2.55)			
Size	0.1153*** (8.36)	0.1040*** (7.36)	0.1204*** (8.84)	-0.0921*** (-2.97)	-0.1863*** (-5.12)
Lev	2.5089*** (31.39)	2.5007*** (30.54)	2.5995*** (33.00)	1.3415*** (6.71)	-0.0575 (-0.24)
ROA	-3.7747*** (-11.60)	-3.8159*** (-11.26)	-3.7058*** (-11.59)	-3.4500*** (-4.15)	-3.0106*** (-2.90)
FirmAge	0.0733** (2.22)	0.0744** (2.20)	0.0776** (2.38)	-0.2055** (-2.51)	-0.1914** (-2.00)
OCF	-2.3390*** (-11.91)	-2.2656*** (-11.29)	-2.3599*** (-12.20)	-2.8268*** (-6.23)	-1.7056*** (-3.31)
Tang	1.1399*** (14.02)	1.1410*** (13.82)	1.0952*** (13.66)	1.1218*** (6.37)	0.8662*** (4.28)
Grow	0.0774*** (2.64)	0.0869*** (2.88)	0.0732** (2.55)	0.0591 (0.92)	0.0150 (0.20)
FirstHold	-0.0084*** (-10.55)	-0.0083*** (-10.09)	-0.0084*** (-10.66)	-0.0067*** (-3.70)	-0.0056** (-2.55)

① 用 DeriN2 替代 IsDeri 作为解释变量代入模型（4－3），DeriN2 的回归系数依然显著为正，此处未进行列示。

续表

变量	衍生工具使用指标敏感性测试		债务融资成本指标敏感性测试		
	(1)	(2)	(3)	(4)	(5)
	DebtCost1	DebtCost2	DebtCost3	DebtCost4	DebtCost5
BoardSize	-0.0954 (-1.33)	-0.0779 (-1.07)	-0.0898 (-1.27)	-0.3169 ** (-2.09)	-0.2493 (-1.48)
IDR	-0.1341 (-0.56)	-0.1940 (-0.80)	-0.1213 (-0.52)	-1.6668 *** (-3.10)	-2.1332 *** (-3.39)
MPay	-0.2213 *** (-10.91)	-0.2163 *** (-10.39)	-0.2216 *** (-11.07)	-0.2432 *** (-5.25)	-0.1866 *** (-3.42)
Dual	0.0246 (0.94)	0.0224 (0.83)	0.0213 (0.82)	0.0397 (0.56)	0.1232 (1.44)
Big4	0.0074 (0.15)	0.0208 (0.42)	0.0292 (0.60)	0.1308 (1.41)	0.0918 (0.92)
State	-0.4607 *** (-16.88)	-0.4689 *** (-16.70)	-0.4410 *** (-16.29)	-0.4537 *** (-6.93)	-0.3900 *** (-5.01)
Constant	2.7680 *** (7.46)	3.0179 *** (7.93)	2.5124 *** (6.90)	11.4414 *** (14.78)	13.5026 *** (15.47)
Year	控制	控制	控制	控制	控制
Industry	控制	控制	控制	控制	控制
Adj R^2	0.295	0.287	0.307	0.068	0.058
N	15556	15556	15556	15556	15556

注：***、**与*分别表示系数在1%、5%与10%水平上显著，括号内为t值。

对于被解释变量，本节从债务融资成本指标的分子和分母来进行调整。首先，将债务融资成本绝对数（即分子）仅限定为利息支出，定义债务融资成本（DebtCost3）等于利息支出除以平均负债；其次，将分母由平均负债替换为平均有息负债，并将有息负债限定为可能支付利息的长期借款、短期借款、应付债券、一年内到期的长期负债、其他应付款、长期应付款这六个负债项目之和，定义债务融资成本（DebtCost4）等于财务费用明细中利息支出与手续费用之和除以平均有息负债，债务融资成本（DebtCost5）等于财务费用明细中利息支出、手续费用和其他费用之和除以平均有息负债。将替换后的债务融资成本作为被解释变量代入模型（4－3），回归结果如表4－13的列（3）、列（4）和列（5）所示，IsDeri的回归系数均显著为正，仍然支持前面假设。

六、进一步检验

良好的公司治理能够缓解信息不对称、降低外部监督成本（杨兴全等，2015），为包括债权人在内的外部利益相关者更好地评价公司财务行为及其经济后果提供真实信息，因此内外部公司治理会通过影响衍生工具作用于债务融资成本的机制进而调节衍生工具使用与债务融资成本的关系。

首先，在外部治理方面，已有研究发现机构投资者拥有深厚的专业功底和准确的市场洞察力，能够帮助上市公司改善公司治理、提高信息透明度（Fich et al.，2015），缓解衍生工具使用对债务融资成本的负面影响。当机构投资者持股比例较高时，其会有足够的意愿和动力关注上市公司衍生工具使用这种高风险、高杠杆和高复杂性的财务行为，通过实地调研等手段更多地参与到公司衍生工具使用决策和监管治理中来，以避免因高管对市场判断失当或自利行为不当地进行选择性对冲或完全的投机行为。因此本节预期，机构投资者持股能够发挥公司外部治理功能，起到缓解衍生工具使用对上市公司债务融资成本提高的作用。本节定义机构投资者持股比例为Insti，当公司机构投资者持股比例大于同年度同行业机构投资者持股比例均值时取1，反之取0。为了证明以上分析，本节以衍生工具使用（IsDeri）为关键解释变量，并将Insti以及Insti与IsDeri的交乘项加入模型（4－3）进行回归，结果如表4－14列（1）和列（2）所示，可以看出交乘项的系数显著为负，表明在机构投资者持股比例更高时，衍生工具使用对债务融资成本提高的负面影响得到缓解。

表4－14　衍生工具使用与债务融资成本：外部治理的调节作用

变量	(1)	(2)
	DebtCost1	DebtCost2
IsDeri	0.1244***	0.1503***
	(3.21)	(3.81)
Insti	0.0251	0.0209
	(0.99)	(0.80)

续表

变量	(1) DebtCost1	(2) DebtCost2
IsDeri × Insti	-0.1084* (-1.91)	-0.1186** (-2.05)
Size	0.1138*** (8.11)	0.1038*** (7.22)
Lev	2.5058*** (31.13)	2.5078*** (30.45)
ROA	-3.8311*** (-11.44)	-3.8235*** (-11.01)
FirmAge	0.0748** (2.25)	0.0765** (2.24)
OCF	-2.3078*** (-11.65)	-2.2324*** (-11.06)
Tang	1.1351*** (13.84)	1.1348*** (13.64)
Grow	0.0829*** (2.80)	0.0915*** (3.02)
FirstHold	-0.0085*** (-10.47)	-0.0084*** (-10.15)
BoardSize	-0.1188 (-1.64)	-0.1012 (-1.37)
IDR	-0.1226 (-0.51)	-0.1854 (-0.76)
MPay	-0.2202*** (-10.80)	-0.2157*** (-10.32)
Dual	0.0148 (0.56)	0.0124 (0.46)

续表

变量	(1)	(2)
	DebtCost1	DebtCost2
Big4	0.0060 (0.12)	0.0197 (0.40)
State	-0.4628 *** (-16.83)	-0.4691 *** (-16.61)
Constant	2.8152 *** (7.49)	3.0432 *** (7.89)
Year	控制	控制
Industry	控制	控制
Adj R^2	0.297	0.289
N	15251	15251

注：***、** 与 * 分别表示系数在 1%、5% 与 10% 水平上显著，括号内为 t 值。

其次，在内部治理方面，良好的内部控制可以缓解信息不对称程度，使公司以更低融资成本获得债务资金（陈汉文和周中胜，2014），缓解衍生工具使用提高债务融资成本的作用。一方面，作为内部控制重要组成部分的风险评估和风险应对等风险管理和控制活动，能够有效避免公司因代理问题导致衍生工具使用不当带来的高风险行为；另一方面，良好的内部控制能够提高公司信息披露质量，降低因衍生工具复杂性可能带来的盈余管理行为。因此，良好的内部控制应该能够发挥公司内部治理功能，起到缓解衍生工具使用对上市公司债务融资成本提高的作用。本节使用 DIB 内部控制与风险管理数据库中内部控制指数度量上市公司内部控制质量，当公司年度内部控制指数大于行业年度均值时 ICH 取 1，否则取 0。为了证明以上分析，本节以衍生工具使用（IsDeri）为关键解释变量，并将 ICH 以及 ICH 与 IsDeri 的交乘项加入模型（4-3）进行回归，结果如表 4-15 列（1）和列（2）所示，可以看出交乘项的系数显著为负，表明当公司内部控制质量更高时，衍生工具使用对公司债务融资成本提高的负面影响受到抑制。

表 4－15　衍生工具使用与债务融资成本：内部治理的调节作用

变量	(1)	(2)
	DebtCost1	DebtCost2
IsDeri	0.2084*** (4.10)	0.2295*** (4.43)
ICH	－0.0331 (－1.28)	－0.0357 (－1.35)
IsDeri × ICH	－0.1735*** (－2.85)	－0.1724*** (－2.78)
Size	0.1142*** (8.17)	0.1030*** (7.19)
Lev	2.5008*** (30.91)	2.4938*** (30.11)
ROA	－3.5398*** (－10.37)	－3.5668*** (－10.07)
FirmAge	0.0674** (2.00)	0.0707** (2.04)
OCF	－2.3266*** (－11.68)	－2.2507*** (－11.06)
Tang	1.1224*** (13.67)	1.1232*** (13.47)
Grow	0.0807*** (2.73)	0.0915*** (3.02)
FirstHold	－0.0085*** (－10.54)	－0.0083*** (－10.03)
BoardSize	－0.0973 (－1.35)	－0.0797 (－1.08)
IDR	－0.1238 (－0.52)	－0.1752 (－0.72)
MPay	－0.2200*** (－10.73)	－0.2150*** (－10.22)

续表

变量	(1)	(2)
	DebtCost1	DebtCost2
Dual	0.0258 (0.97)	0.0230 (0.84)
Big4	0.0174 (0.36)	0.0329 (0.66)
State	-0.4572*** (-16.65)	-0.4660*** (-16.50)
Constant	2.7945*** (7.49)	3.0281*** (7.91)
Year	控制	控制
Industry	控制	控制
Adj R^2	0.293	0.285
N	15231	15231

注：***、**与*分别表示系数在1%、5%与10%水平上显著，括号内为t值。

第四节　衍生工具使用对商业信用融资影响的实证检验

一、研究设计

（一）样本选取与数据来源

本节聚焦于后金融危机时期上市公司衍生工具使用对商业信用融资的影响，选取2010~2018年沪深A股上市公司为初始样本，并进行如下筛选处理：（1）删除金融保险业样本；（2）删除ST、PT等非正常交易样本；（3）删除数据缺失样本。最终得到3249家上市公司的17065个观测值。衍生工具使用数据通过文本搜索方法并阅读上市公司年报获得，其他数据来自CSMAR和Wind数据库。为控制异常值的影响，本节对连续变量进行1%和99%分位的缩尾（Winsorise）处理。

（二）主要变量定义

1. 商业信用融资（TC）

由于供应商是上市公司商业信用融资的主要债权人，本节参考方红星和楚有为（2019）的观点，主要考虑上市公司与供应商之间商业信用往来涉及的应付账款、应付票据和预付账款年末余额。同时考虑到应付票据包括商业承兑汇票和银行承兑汇票两类，而银行承兑汇票涉及的银行授信（唐松等，2017；方红星和楚有为，2019），因此本节在主检验涉及的应付票据时，只保留商业承兑汇票部分而删除银行承兑汇票部分。具体地，本节在主检验中，使用（应付账款+应付票据商业承兑汇票-预付账款）/营业成本和（应付账款-预付账款）/营业成本衡量商业信用融资，分别记为TC1和TC2，而在稳健性检验中，使用（应付账款+应付票据-预付账款）/营业成本和应付账款/营业成本衡量商业信用融资，分别记为TC3和TC4。同时，考虑到商业信用融资受到的滞后影响以及避免衍生工具使用与商业信用融资互为因果的内生性问题，本节采用下一年的商业信用融资作为被解释变量。

2. 衍生工具使用（IsDeri）和中介变量（MedVar）

定义与本章第三节一致。

（三）模型设计

为考察衍生工具对商业信用融资的影响，检验假设H4-4，本节构建模型（4-6）：

$$TC_{i,t+1} = \alpha_0 + \alpha_1 IsDeri_{i,t} + \beta Controls_{i,t} + \varepsilon_{i,t} \quad (4-6)$$

其中，Controls为参考方红星和楚有为（2019）的研究所采用的一系列控制变量：（1）公司特征层面变量，公司规模（Size）、资产负债率（Lev）、银行借款（Loan）、现金持有（Cash）、总资产净利率（ROA）、托宾Q值（TQ）、公司成立年限（FirmAge）；（2）公司治理特征，第一大股东持股（FirstHold）、独立董事比例（IDR）、董事会规模（BoardSize）、审计机构是否为“四大”（Big4）、年报审计意见（AudOp）；（3）产权性质（State）；（4）行业（Industry）和年度（Year）。具体定义参见表4-16。

为了检验假设 H4－5 和 H4－6，验证衍生工具使用对上市公司商业信用融资影响的作用路径，本节参考温忠麟和叶宝娟（2014）的做法，在模型（4－6）的基础上，建立模型（4－7）和模型（4－8）进行中介效应检验。

$$MedVar_{i,t} = \alpha_0 + \alpha_1 IsDeri_{i,t} + \beta Controls_{i,t} + \varepsilon_{i,t} \qquad (4-7)$$

$$TC_{i,t+1} = \alpha_0 + \alpha_1 IsDeri_{i,t} + \alpha_3 MedVar_{i,t} + \beta Controls_{i,t} + \varepsilon_{i,t} \qquad (4-8)$$

表 4－16　　　　变量定义

变量性质	变量名称	变量符号	变量定义
被解释变量	商业信用融资	TC1	（应付账款＋应付票据商业承兑汇票－预付账款）/营业成本
		TC2	（应付账款－预付账款）/营业成本
解释变量	衍生工具使用	IsDeri	公司是否使用衍生工具，是取 1，否取 0
控制变量	公司规模	Size	总资产的自然对数
	资产负债率	Lev	总负债/总资产
	银行借款	Loan	（短期借款＋长期借款）/总资产
	现金持有	Cash	（货币资金＋交易性金融资产）/总资产
	总资产净利率	ROA	净利润/总资产
	托宾 Q 值	TQ	（年末股票市值＋总负债）/总资产
	公司成立年限	FirmAge	公司成立年限的自然对数
	第一大股东持股	FirstHold	第一大股东持股比例
	独立董事比例	IDR	董事会中独立董事占比
	董事会规模	BoardSize	董事会总人数的自然对数
	审计机构是否“四大”	Big4	审计机构是否国际“四大”，是取 1，否取 0
	年报审计意见	AudOp	年报被审计机构出具“标准无保留意见”取 1，否则取 0
	产权性质	State	公司是否为国有产权，是取 1，否取 0
	年度	Year	年度虚拟变量
	行业	Industry	证监会 2012 年行业分类虚拟变量，制造业取两位编码

续表

变量性质	变量名称	变量符号	变量定义
作用机制变量	信息风险	FROpa1	基于 Jones 模型计算的操纵性应计盈余绝对值三年移动之和（Hutton et al.，2009）
		FROpa2	基于修正 Jones 模型计算的操纵性应计盈余绝对值三年移动之和（Hutton et al.，2009）
	经营风险	DeriRI_sd1	见公式（4－1），再减去同行业同年度均值
		DeriRI_sd2	见公式（4－2），再减去同行业同年度均值

二、描述性统计

从表4－17的Panel A列示的主要变量的描述性统计结果可以看出，首先，衡量商业信用融资的两个指标TC1和TC2的均值分别为0.164和0.154，标准差分别为0.232和0.225，表明样本期间不同公司间商业信用融资差距很大。其次，衍生工具使用IsDeri，衡量公司信息风险的两个指标FROpa1和FROpa2，衡量公司经营风险的两个指标DeriRI_sd1和DeriRI_sd2的均值与本章第三节基本一致。此外，控制变量的描述性统计结果与现有研究基本保持一致（方红星和楚有为，2019）。从表4－17的Panel B列示的是否使用衍生工具分组下商业信用融资的非参数检验结果可以看出，无论被解释变量是TC1还是TC2，相对未使用衍生工具的公司，使用衍生工具的公司获得的商业信用融资的均值和中位数均显著减少，初步证明了本章的假设H4－4，即衍生工具使用降低了上市公司商业信用融资。

表4－17　主要变量的描述性统计和商业信用融资的非参数检验

Panel A　主要变量的描述性统计

变量	N	mean	sd	min	p25	p50	p75	max
TC1	17065	0.164	0.232	－0.503	0.016	0.130	0.265	1.081
TC2	17065	0.154	0.225	－0.523	0.009	0.124	0.255	1.018
IsDeri	17065	0.145	0.352	0	0	0	0	1
Size	17065	22.06	1.262	19.94	21.12	21.87	22.79	25.97
Lev	17065	0.409	0.209	0.045	0.237	0.401	0.571	0.862

续表

Panel A　主要变量的描述性统计

变量	N	mean	sd	min	p25	p50	p75	max
Loan	17065	0. 135	0. 132	0	0. 011	0. 103	0. 222	0. 534
Cash	17065	0. 207	0. 150	0. 019	0. 100	0. 162	0. 273	0. 712
ROA	17065	0. 046	0. 044	-0. 096	0. 018	0. 041	0. 069	0. 186
TQ	17065	2. 744	1. 867	0. 912	1. 484	2. 145	3. 343	10. 85
FirmAge	17065	2. 692	0. 410	1. 253	2. 485	2. 762	2. 979	3. 398
FirstHold	17065	35. 66	14. 96	8. 927	23. 77	33. 85	45. 98	75. 10
IDR	17065	0. 373	0. 053	0. 333	0. 333	0. 333	0. 429	0. 571
Board	17065	2. 145	0. 197	1. 609	1. 946	2. 197	2. 197	2. 708
Big4	17065	0. 057	0. 232	0	0	0	0	1
Audop	17065	0. 985	0. 123	0	1	1	1	1
State	17065	0. 374	0. 484	0	0	0	1	1
FROpa1	12640	0. 177	0. 132	0. 022	0. 089	0. 142	0. 223	0. 761
FROpa2	12640	0. 181	0. 135	0. 023	0. 091	0. 146	0. 230	0. 777
Deri_sd1	15736	-0. 010	0. 241	-0. 449	-0. 142	-0. 065	0. 049	1. 191
Deri_sd2	15736	-0. 010	0. 186	-0. 306	-0. 114	-0. 056	0. 034	0. 935

Panel B　衍生工具使用分组下商业信用融资的非参数检验

分组	商业信用融资	N	Mean	Median	t - value	z - vale
IsDeri = 0	TC1	14595	0. 168	0. 134	6. 112 ***	5. 829 ***
IsDeri = 1		2470	0. 137	0. 108		
IsDeri = 0	TC2	14595	0. 159	0. 129	6. 329 ***	6. 090 ***
IsDeri = 1		2470	0. 128	0. 103		

注：均值差异为 t 值检验，中位数差异为 z 值检验，***、** 与 * 分别表示系数在 1%、5% 与 10% 水平显著。

三、回归结果分析

表 4 - 18 中列（1）和列（2）为利用模型（4 - 6）对衍生工具使用与商业信用融资之间关系进行检验的回归结果，回归中进行稳健性标准误调整。可以看出 IsDeri 的系数在 1% 水平上显著为负，表明使用衍生工具的公司获得了更低的商业信用融资，支持了本章的假设 H4 - 4。初步表明，上市公司使用衍

生工具加大了上市公司与上游供应商之间的信息不对称程度和经营风险，这种风险传导至供应商，使供应商缩紧对下游公司的商业信用供给。当然，要证明具体作用机制还需要进一步检验。从控制变量看，与已有研究基本保持一致。

表 4-18　衍生工具使用与商业信用融资

变量	(1)	(2)
	TC1	TC2
IsDeri	-0.0400*** (-10.23)	-0.0358*** (-9.50)
Size	-0.0036* (-1.65)	-0.0054*** (-2.58)
Lev	0.3019*** (18.91)	0.2756*** (17.79)
Loan	-0.3664*** (-17.68)	-0.3450*** (-17.15)
Cash	-0.0246* (-1.86)	-0.0242* (-1.86)
ROA	-0.1921*** (-3.93)	-0.1328*** (-2.79)
TQ	0.0020 (1.37)	0.0016 (1.14)
FirmAge	-0.0204*** (-4.73)	-0.0191*** (-4.57)
FirstHold	-0.0002 (-1.41)	-0.0002* (-1.75)
IDR	0.0701* (1.93)	0.0581* (1.65)
BoardSize	0.0361*** (3.46)	0.0318*** (3.13)
Big4	0.0209*** (2.68)	0.0260*** (3.47)

续表

变量	(1)	(2)
	TC1	TC2
AudOp	0.0126 (0.73)	0.0123 (0.73)
State	0.0091 ** (2.22)	0.0104 *** (2.61)
Constant	-0.0208 (-0.38)	0.0378 (0.70)
Year	控制	控制
Industry	控制	控制
Adj R^2	0.202	0.199
N	17065	17065

注：***、** 与 * 分别表示系数在 1%、5% 与 10% 水平上显著，括号内为 t 值。

四、机制检验

（一）信息风险机制

参照温忠麟和叶宝娟（2014）的做法，表 4－19 和表 4－20 均是利用模型（4－6）、模型（4－7）、模型（4－8）建立的联立方程对衍生工具使用与商业信用融资之间，信息风险可能发挥的作用展开机制检验的结果，在机制检验过程中保持样本观测值的一致性。首先，对模型（4－6）进行回归，从两个表的列（1）可以看出，衍生工具使用仍然与商业信用融资显著负相关，说明改变样本观测之后假设 H4－4 仍是稳健存在的。其次，分别以 FROpa1 和 FROpa2 作为被解释变量回归模型（4－7），从两个表的列（2）和列（4）中均可以看出，衍生工具使用 IsDeri 的系数均显著为正，说明衍生工具使用增加了上市公司的盈余不透明性，加大了信息风险，这也与现有研究相一致（王晓珂和黄世忠，2017）。再次，将中介变量与衍生工具使用变量同时放入模型（4－8）中，从两个表的列（3）和列（5）中均可以看出，度量信息风险的两个指标 FROpa1 和 FROpa2 与商业信用融资显著负相关，而衍生工具使用仍然与商业信用融资呈显著的负相关关系，但衍生工具使用的系数绝对值相较于两个表的列（1）的衍生工具使用系数均有所下降，表明信息风险是衍生工具使用降低商业信用融资的部分中介，证明假设 H4－5 成立。最后，对以上结果进行 Sobel 检验，表 4－19 中统计量 Z 值分别为－2.0838 和－1.7428，表 4－20 中统计量 Z 值分别为－2.1275 和－1.7826，绝对值均大于温忠麟等（2004）指出的 5%水平上显著的临界值 0.97，进一步验证了衍生工具使用通过增加信息风险从而降低商业信用融资的这一作用路径，支持假设 H4－5。

表 4－19　衍生工具使用与商业信用融资（TC1）：信息风险中介

变量	(1)	(2)	(3)	(4)	(5)
	TC1	FROpa1	TC1	FROpa2	TC1
IsDeri	－0.0439*** (－9.98)	0.0072** (2.35)	－0.0432*** (－9.86)	0.0061* (1.94)	－0.0434*** (－9.90)
FROpa1			－0.0868*** (－4.51)		
FROpa2					－0.0740*** (－3.94)
Size	－0.0037 (－1.50)	－0.0124*** (－8.61)	－0.0048* (－1.95)	－0.0127*** (－8.67)	－0.0047* (－1.89)
Lev	0.2858*** (15.43)	0.0980*** (9.07)	0.2943*** (15.98)	0.1022*** (9.29)	0.2934*** (15.91)
Loan	－0.3455*** (－14.83)	0.0449*** (3.27)	－0.3416*** (－14.64)	0.0483*** (3.45)	－0.3420*** (－14.65)
Cash	－0.0279 (－1.57)	－0.0098 (－0.90)	－0.0287 (－1.62)	－0.0166 (－1.50)	－0.0291 (－1.64)
ROA	－0.2261*** (－3.99)	0.2148*** (6.02)	－0.2075*** (－3.66)	0.2509*** (7.00)	－0.2075*** (－3.66)
TQ	0.0025 (1.34)	0.0071*** (6.77)	0.0031* (1.68)	0.0074*** (6.93)	0.0030 (1.64)
FirmAge	－0.0196*** (－3.53)	0.0092*** (2.64)	－0.0188*** (－3.39)	0.0064* (1.79)	－0.0192*** (－3.45)

续表

变量	(1)	(2)	(3)	(4)	(5)
	TC1	FROpa1	TC1	FROpa2	TC1
FirstHold	-0.0002 (-1.47)	-0.0000 (-0.01)	-0.0002 (-1.47)	-0.0001 (-0.66)	-0.0002 (-1.50)
IDR	0.0446 (1.08)	-0.0179 (-0.75)	0.0431 (1.04)	-0.0175 (-0.72)	0.0433 (1.05)
BoardSize	0.0340 *** (2.81)	-0.0179 *** (-2.61)	0.0324 *** (2.68)	-0.0191 *** (-2.74)	0.0326 *** (2.69)
Big4	0.0181 ** (2.15)	-0.0147 *** (-3.30)	0.0168 ** (2.00)	-0.0151 *** (-3.34)	0.0170 ** (2.02)
AudOp	0.0004 (0.02)	-0.0845 *** (-6.81)	-0.0069 (-0.34)	-0.0859 *** (-6.71)	-0.0059 (-0.29)
State	0.0107 ** (2.30)	-0.0147 *** (-5.41)	0.0095 ** (2.04)	-0.0155 *** (-5.63)	0.0096 ** (2.07)
Constant	0.0536 (0.86)	0.5091 *** (13.44)	0.0979 (1.58)	0.5268 *** (13.59)	0.0926 (1.49)
Year	控制	控制	控制	控制	控制
Industry	控制	控制	控制	控制	控制
Sobel 检验 Z 值		-2.0838		-1.7428	
Adj R^2	0.192	0.166	0.194	0.163	0.193
N	12640	12640	12640	12640	12640

注：***、** 与 * 分别表示系数在 1%、5% 与 10% 水平上显著，括号内为 t 值。

表 4-20　衍生工具使用与商业信用融资（TC2）：信息风险中介

变量	(1)	(2)	(3)	(4)	(5)
	TC2	FROpa1	TC2	FROpa2	TC2
IsDeri	-0.0395 *** (-9.27)	0.0072 ** (2.35)	-0.0388 *** (-9.14)	0.0061 * (1.94)	-0.0390 *** (-9.18)
FROpa1			-0.0944 *** (-5.01)		

续表

变量	(1)	(2)	(3)	(4)	(5)
	TC2	FROpa1	TC2	FROpa2	TC2
FROpa2					-0.0821 *** (-4.47)
Size	-0.0058 ** (-2.39)	-0.0124 *** (-8.61)	-0.0070 *** (-2.89)	-0.0127 *** (-8.67)	-0.0069 *** (-2.84)
Lev	0.2604 *** (14.39)	0.0980 *** (9.07)	0.2697 *** (14.98)	0.1022 *** (9.29)	0.2688 *** (14.92)
Loan	-0.3252 *** (-14.29)	0.0449 *** (3.27)	-0.3210 *** (-14.09)	0.0483 *** (3.45)	-0.3213 *** (-14.10)
Cash	-0.0255 (-1.46)	-0.0098 (-0.90)	-0.0264 (-1.52)	-0.0166 (-1.50)	-0.0269 (-1.54)
ROA	-0.1624 *** (-2.93)	0.2148 *** (6.02)	-0.1421 ** (-2.57)	0.2509 *** (7.00)	-0.1418 ** (-2.56)
TQ	0.0021 (1.15)	0.0071 *** (6.77)	0.0027 (1.52)	0.0074 *** (6.93)	0.0027 (1.49)
FirmAge	-0.0180 *** (-3.32)	0.0092 *** (2.64)	-0.0171 *** (-3.17)	0.0064 * (1.79)	-0.0174 *** (-3.23)
FirstHold	-0.0002 * (-1.82)	-0.0000 (-0.01)	-0.0002 * (-1.82)	-0.0001 (-0.66)	-0.0002 * (-1.85)
IDR	0.0359 (0.88)	-0.0179 (-0.75)	0.0342 (0.84)	-0.0175 (-0.72)	0.0345 (0.85)
BoardSize	0.0291 ** (2.46)	-0.0179 *** (-2.61)	0.0274 ** (2.32)	-0.0191 *** (-2.74)	0.0275 ** (2.33)
Big4	0.0249 *** (3.05)	-0.0147 *** (-3.30)	0.0235 *** (2.88)	-0.0151 *** (-3.34)	0.0236 *** (2.90)
AudOp	0.0015 (0.08)	-0.0845 *** (-6.81)	-0.0065 (-0.33)	-0.0859 *** (-6.71)	-0.0056 (-0.28)
State	0.0121 *** (2.67)	-0.0147 *** (-5.41)	0.0107 ** (2.37)	-0.0155 *** (-5.63)	0.0109 ** (2.40)

续表

变量	(1)	(2)	(3)	(4)	(5)
	TC2	FROpa1	TC2	FROpa2	TC2
Constant	0.1127 * (1.84)	0.5091 *** (13.44)	0.1608 *** (2.65)	0.5268 *** (13.59)	0.1559 ** (2.56)
Year	控制	控制	控制	控制	控制
Industry	控制	控制	控制	控制	控制
Sobel 检验 Z 值		-2.1275		-1.7826	
Adj R^2	0.188	0.166	0.190	0.163	0.190
N	12640	12640	12640	12640	12640

注：***、** 与 * 分别表示系数在 1%、5% 与 10% 水平上显著，括号内为 t 值。

（二）经营风险机制

参照温忠麟和叶宝娟（2014）的做法，表 4-21 和表 4-22 均是利用模型（4-6）、模型（4-7）、模型（4-8）建立的联立方程对衍生工具使用与商业信用融资之间，经营风险可能发挥的作用展开机制检验的结果，在机制检验过程中保持样本观测值的一致性。首先，对模型（4-6）进行回归，从两个表的列（1）可以看出，衍生工具使用与商业信用融资显著负相关。其次，分别以 DeriIR_sd1 和 DeriIR_sd2 作为被解释变量回归模型（4-7），从两个表的列（2）和列（4）中均可以看出，衍生工具使用 IsDeri 均显著为正，说明衍生工具使用增加了上市公司的经营成果不确定性，加大了经营风险。再次，将中介变量与衍生工具使用变量同时放入模型（4-8）中，从两个表的列（3）和列（5）中均可以看出，度量经营风险的两个指标 DeriIR_sd1 和 DeriIR_sd2 与商业信用融资显著负相关，而衍生工具使用仍然与商业信用融资呈显著的负相关关系，但衍生工具使用的系数绝对值相较于两个表的列（1）的衍生工具使用系数绝对值均有所下降，表明经营风险是衍生工具使用降低商业信用融资的部分中介，证明假设 H4-6 成立。最后，对以上结果进行 Sobel 检验，表 4-21 中统计量 Z 值分别为 -8.0291 和 -8.8361，表 4-22 中统计量 Z 值分别为 -7.9439 和 -8.7614，绝对值均大于温忠麟等（2004）指出的 5% 水平上显著的临界值 0.97，进一步验证了衍生工具使用通过增加经营风险从而降低商业信用融资的这一作用路径，支持假设 H4－6。

表 4－21　衍生工具使用与商业信用融资（TC1）：经营风险中介

变量	(1)	(2)	(3)	(4)	(5)
	TC1	DeriIR_sd1	TC1	DeriIR_sd2	TC1
IsDeri	−0.0430 *** (−10.67)	0.0582 *** (11.49)	−0.0370 *** (−9.24)	0.0839 *** (12.52)	−0.0362 *** (−9.08)
DeriIR_sd1			−0.1031 *** (−11.23)		
DeriIR_sd2					−0.0809 *** (−12.47)
Size	−0.0025 (−1.10)	−0.0114 *** (−5.64)	−0.0037 (−1.64)	−0.0103 *** (−4.05)	−0.0033 (−1.48)
Lev	0.2880 *** (17.39)	0.1758 *** (11.28)	0.3061 *** (18.55)	0.3535 *** (18.60)	0.3166 *** (18.87)
Loan	−0.3560 *** (−16.69)	−0.0612 *** (−3.21)	−0.3623 *** (−17.09)	−0.1725 *** (−6.98)	−0.3700 *** (−17.43)
Cash	−0.0261 * (−1.77)	0.0400 *** (2.85)	−0.0220 (−1.49)	−0.0414 ** (−2.52)	−0.0295 ** (−2.00)
ROA	−0.2103 *** (−4.19)	−0.1594 *** (−3.30)	−0.2267 *** (−4.52)	0.4411 *** (7.57)	−0.1746 *** (−3.47)
TQ	0.0013 (0.85)	0.0059 *** (4.33)	0.0020 (1.24)	0.0154 *** (8.80)	0.0026 (1.63)
FirmAge	−0.0205 *** (−4.38)	0.0169 *** (3.96)	−0.0187 *** (−4.02)	−0.0174 *** (−3.14)	−0.0219 *** (−4.70)
FirstHold	−0.0002 (−1.49)	0.0005 *** (4.79)	−0.0001 (−1.06)	0.0005 *** (3.76)	−0.0001 (−1.15)
IDR	0.0538 (1.43)	−0.0548 * (−1.76)	0.0482 (1.28)	−0.0401 (−0.95)	0.0506 (1.35)
BoardSize	0.0309 *** (2.84)	−0.0391 *** (−4.19)	0.0269 ** (2.48)	−0.0432 *** (−3.47)	0.0274 ** (2.52)

续表

变量	(1)	(2)	(3)	(4)	(5)
	TC1	DeriIR_sd1	TC1	DeriIR_sd2	TC1
Big4	0.0220 *** (2.72)	-0.0282 *** (-4.68)	0.0191 ** (2.36)	-0.0310 *** (-3.72)	0.0195 ** (2.42)
AudOp	0.0102 (0.58)	-0.0810 *** (-4.66)	0.0018 (0.10)	-0.0532 ** (-2.55)	0.0059 (0.33)
State	0.0087 ** (2.06)	-0.0139 *** (-3.77)	0.0073 * (1.73)	-0.0214 *** (-4.42)	0.0070 * (1.65)
Constant	0.0246 (0.43)	0.3009 *** (6.20)	0.0556 (0.98)	0.2598 *** (4.24)	0.0456 (0.80)
Year	控制	控制	控制	控制	控制
Industry	控制	控制	控制	控制	控制
Sobel 检验 Z 值		-8.0291		-8.8361	
Adj R^2	0.194	0.044	0.201	0.064	0.201
N	15736	15736	15736	15736	15736

注：***、** 与 * 分别表示系数在 1%、5% 与 10% 水平上显著，括号内为 t 值。

表 4-22　衍生工具使用与商业信用融资（TC2）：经营风险中介

变量	(1)	(2)	(3)	(4)	(5)
	TC2	DeriIR_sd1	TC2	DeriIR_sd2	TC2
IsDeri	-0.0390 *** (-10.04)	0.0582 *** (11.49)	-0.0333 *** (-8.63)	0.0839 *** (12.52)	-0.0325 *** (-8.47)
DeriIR_sd1			-0.0982 *** (-11.00)		
DeriIR_sd2					-0.0772 *** (-12.26)
Size	-0.0044 ** (-2.00)	-0.0114 *** (-5.64)	-0.0055 ** (-2.52)	-0.0103 *** (-4.05)	-0.0052 ** (-2.37)
Lev	0.2622 *** (16.34)	0.1758 *** (11.28)	0.2795 *** (17.49)	0.3535 *** (18.60)	0.2895 *** (17.83)
Loan	-0.3346 *** (-16.19)	-0.0612 *** (-3.21)	-0.3406 *** (-16.58)	-0.1725 *** (-6.98)	-0.3479 *** (-16.91)

续表

变量	(1)	(2)	(3)	(4)	(5)
	TC2	DeriIR_sd1	TC2	DeriIR_sd2	TC2
Cash	-0.0245 * (-1.70)	0.0400 *** (2.85)	-0.0206 (-1.42)	-0.0414 ** (-2.52)	-0.0277 * (-1.92)
ROA	-0.1511 *** (-3.10)	-0.1594 *** (-3.30)	-0.1668 *** (-3.42)	0.4411 *** (7.57)	-0.1171 ** (-2.40)
TQ	0.0010 (0.66)	0.0059 *** (4.33)	0.0016 (1.04)	0.0154 *** (8.80)	0.0022 (1.42)
FirmAge	-0.0189 *** (-4.17)	0.0169 *** (3.96)	-0.0172 *** (-3.82)	-0.0174 *** (-3.14)	-0.0202 *** (-4.48)
FirstHold	-0.0002 * (-1.86)	0.0005 *** (4.79)	-0.0002 (-1.43)	0.0005 *** (3.76)	-0.0002 (-1.53)
IDR	0.0415 (1.13)	-0.0548 * (-1.76)	0.0361 (0.99)	-0.0401 (-0.95)	0.0384 (1.05)
BoardSize	0.0266 ** (2.51)	-0.0391 *** (-4.19)	0.0227 ** (2.15)	-0.0432 *** (-3.47)	0.0232 ** (2.20)
Big4	0.0280 *** (3.60)	-0.0282 *** (-4.68)	0.0252 *** (3.24)	-0.0310 *** (-3.72)	0.0256 *** (3.30)
AudOp	0.0098 (0.58)	-0.0810 *** (-4.66)	0.0019 (0.11)	-0.0532 ** (-2.55)	0.0057 (0.33)
State	0.0098 ** (2.38)	-0.0139 *** (-3.77)	0.0084 ** (2.06)	-0.0214 *** (-4.42)	0.0082 ** (1.99)
Constant	0.0810 (1.46)	0.3009 *** (6.20)	0.1105 ** (2.00)	0.2598 *** (4.24)	0.1010 * (1.82)
Year	控制	控制	控制	控制	控制
Industry	控制	控制	控制	控制	控制
Sobel 检验 Z 值		-7.9439		-8.7614	
Adj R^2	0.192	0.044	0.198	0.064	0.198
N	15736	15736	15736	15736	15736

注：***、** 与 * 分别表示系数在 1%、5% 与 10% 水平上显著，括号内为 t 值。

五、稳健性检验

（一）内生性检验

虽然前面采用下一年的商业信用融资作为被解释变量，在一定程度上避免了互为因果的内生性问题，但书中结论仍可能受其他内生性影响。首先，公司使用衍生工具可能因自身因素导致有需要或有能力使用，而这些因素可能也是导致商业信用融资减少的原因，从而产生因自选择问题带来的内生性，基于此，与本章第三节一致，本节采用两阶段处理效应模型进行回归，重新对衍生工具使用与商业信用融资之间的关系进行检验。结果如表 4－23 所示，列（2）和列（3）为利用模型（4－6）对衍生工具使用与商业信用融资之间关系进行检验的第二阶段回归结果，可以看出加入逆米尔斯比 IMR 作为控制变量后，IMR 的回归系数显著，并且 IsDeri 的系数在 1% 水平上显著为负，表明在控制自选择问题之后，使用衍生工具的公司获得更少商业信用融资。支持本章的假设 H4－4。

表 4－23　衍生工具使用与商业信用融资：两阶段处理效应模型

变量	第一阶段	第二阶段	
	(1)	(2)	(3)
	IsDeri	TC1	TC2
IsDeri		−0.0371*** (−9.11)	−0.0339*** (−8.60)
QuickR	−0.0409*** (−4.69)		
ForeiSR	1.8094*** (31.42)		
PayOut	0.1566*** (3.50)		
Size	0.3136*** (24.27)	−0.0004 (−0.16)	−0.0032 (−1.40)

续表

变量	第一阶段	第二阶段	
	(1)	(2)	(3)
	IsDeri	TC1	TC2
Lev	0.2833*** (2.97)	0.3063*** (19.14)	0.2786*** (17.95)
Loan		-0.3648*** (-17.60)	-0.3439*** (-17.09)
Cash		-0.0280** (-2.12)	-0.0265** (-2.05)
ROA		-0.1919*** (-3.92)	-0.1327*** (-2.79)
TQ		0.0018 (1.27)	0.0015 (1.07)
FirmAge		-0.0206*** (-4.79)	-0.0193*** (-4.61)
FirstHold		-0.0002 (-1.38)	-0.0002* (-1.73)
IDR		0.0705* (1.94)	0.0584* (1.65)
BoardSize		0.0364*** (3.49)	0.0319*** (3.15)
Big4		0.0207*** (2.66)	0.0259*** (3.46)
AudOp		0.0131 (0.75)	0.0127 (0.75)
State		0.0086** (2.10)	0.0101** (2.52)
IMR		0.0144*** (2.96)	0.0099** (2.08)

续表

变量	第一阶段	第二阶段	
	(1)	(2)	(3)
	IsDeri	TC1	TC2
Constant	-8.2704*** (-27.69)	-0.1168* (-1.84)	-0.0280 (-0.45)
Year	控制	控制	控制
Industry	控制	控制	控制
Pseudo \ Adj R^2	0.174	0.203	0.199
N	17065	17065	17065

注：***、** 与 * 分别表示系数在 1%、5% 与 10% 水平上显著，括号内为 t 值。

其次，考虑到使用衍生工具的样本占全部观测样本的比例约为 14.5%，样本的这种不均匀分布可能使得模型估计结果有偏，为了解决这一问题，与第三节一致采用倾向得分匹配（PSM）方法。

第一步，同时将两阶段处理效应模型第一阶段的控制变量和主回归的控制变量作为协变量，估计企业是否使用衍生工具的倾向得分，然后采用有放回重复抽样的 1∶1 半径匹配法在控制组样本中筛选倾向得分最接近的样本作为配对样本。其中，根据控制组样本选取方法的不同，本节采用两种倾向得分匹配规则，匹配规则①中控制组为所有未使用衍生工具的公司年度，匹配规则②中控制组为整个样本期间完全没有使用衍生工具的公司所对应的公司年度。

第二步，使用匹配后的样本对衍生工具使用与商业信用融资之间的关系进行检验。从表 4-24 和表 4-25 可以看出，匹配后处理组和控制组之间协变量的均值差异由显著变为不显著，满足平衡性假设检验。从图 4-3 和图 4-4 可以看出，匹配后处理组和控制组满足共同支撑假设。从表 4-26 中列（1）至列（4）中可以看出，在两种匹配规则下，经过倾向得分匹配后的衍生工具使用与商业信用融资之间的系数仍然在 1% 水平上显著为负。这说明衍生工具使用降低公司商业信用融资的研究结论稳健。

表 4-24　　　　匹配规则①下的平衡性检验

变量	Unmatched / Matched	Mean		标准偏差（%）	t 检验	
		Treated	Control		t 统计量	p > |t|
QuickR	U	1.253	1.977	-32.10	-12.73	0.000
	M	1.272	1.267	0.300	0.110	0.914
ForeiSR	U	0.257	0.102	67.80	36	0.000
	M	0.241	0.247	-2.400	-0.830	0.406
PayOut	U	0.293	0.273	7	3.250	0.001
	M	0.292	0.299	-2	-0.700	0.486
Size	U	22.74	21.94	59.40	29.69	0.000
	M	22.68	22.64	2.800	0.950	0.342
Lev	U	0.475	0.398	37.80	17.08	0.000
	M	0.470	0.464	2.800	0.960	0.336
Loan	U	0.174	0.129	33.90	15.91	0.000
	M	0.171	0.170	0.700	0.240	0.810
Cash	U	0.180	0.211	-22.90	-9.710	0.000
	M	0.179	0.177	1.800	0.630	0.531
ROA	U	0.042	0.047	-10.50	-4.730	0.000
	M	0.042	0.041	4.300	1.490	0.136
TQ	U	2.220	2.832	-36.20	-15.16	0.000
	M	2.246	2.305	-3.800	-1.320	0.186
FirmAge	U	2.691	2.692	-0.200	-0.090	0.928
	M	2.696	2.700	-1.100	-0.380	0.703
FirstHold	U	37.20	35.39	12	5.550	0.000
	M	36.95	37.10	-1	-0.340	0.732
IDR	U	0.377	0.372	8	3.770	0.000
	M	0.377	0.379	-4.800	-1.640	0.101
BoardSize	U	2.159	2.142	8.600	3.930	0.000
	M	2.155	2.148	3.400	1.160	0.246
Big4	U	0.133	0.044	31.50	17.65	0.000
	M	0.119	0.113	1.700	0.590	0.555
AudOp	U	0.988	0.984	3.100	1.380	0.168
	M	0.987	0.984	2.800	0.980	0.329
State	U	0.348	0.378	-6.400	-2.910	0.004
	M	0.350	0.350	-0.200	-0.060	0.951

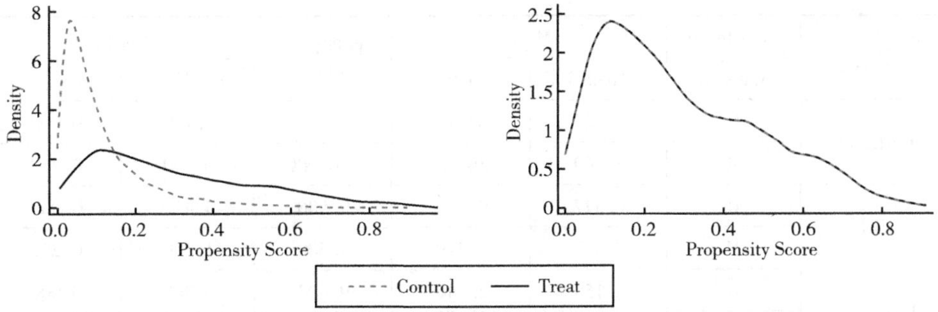

图 4－3　匹配规则①下匹配前（左图）与匹配后（右图）核密度函数

表 4－25　　匹配规则②下的平衡性检验

变量	Unmatched	Mean		标准偏差（%）	t 检验	
	Matched	Treated	Control		t 统计量	p > |t|
QuickR	U	1. 256	2. 075	－35. 10	－13. 77	0. 000
	M	1. 288	1. 248	2. 600	0. 870	0. 387
ForeiSR	U	0. 257	0. 091	74. 70	39. 65	0. 000
	M	0. 224	0. 223	0. 200	0. 070	0. 941
PayOut	U	0. 293	0. 274	6. 800	3. 110	0. 002
	M	0. 291	0. 294	－1. 100	－0. 370	0. 712
Size	U	22. 74	21. 87	65. 90	32. 61	0. 000
	M	22. 60	22. 63	－1. 600	－0. 540	0. 591
Lev	U	0. 475	0. 388	42. 60	18. 97	0. 000
	M	0. 464	0. 459	2. 600	0. 850	0. 394
Loan	U	0. 174	0. 123	38. 50	17. 86	0. 000
	M	0. 170	0. 169	0. 800	0. 270	0. 788
Cash	U	0. 180	0. 216	－25. 70	－10. 72	0. 000
	M	0. 177	0. 177	0	0. 010	0. 995
ROA	U	0. 042	0. 047	－11. 30	－5. 020	0. 000
	M	0. 042	0. 042	－0. 900	－0. 300	0. 767
TQ	U	2. 221	2. 932	－40. 90	－16. 82	0. 000
	M	2. 272	2. 292	－1. 300	－0. 430	0. 665
FirmAge	U	2. 691	2. 695	－1	－0. 460	0. 645
	M	2. 703	2. 714	－2. 700	－0. 900	0. 369

续表

变量	Unmatched	Mean		标准偏差（%）	t 检验	
	Matched	Treated	Control		t 统计量	p > |t|
FirstHold	U	37. 20	35. 18	13. 50	6. 170	0. 000
	M	36. 69	36. 55	0. 900	0. 300	0. 767
IDR	U	0. 377	0. 372	9. 500	4. 420	0. 000
	M	0. 377	0. 379	-3. 500	-1. 150	0. 252
BoardSize	U	2. 159	2. 140	9. 600	4. 360	0. 000
	M	2. 150	2. 150	-0. 200	-0. 070	0. 946
Big4	U	0. 133	0. 039	34. 10	19. 04	0. 000
	M	0. 106	0. 107	-0. 400	-0. 150	0. 883
AudOp	U	0. 988	0. 984	3. 500	1. 510	0. 130
	M	0. 987	0. 983	3	0. 990	0. 321
State	U	0. 348	0. 379	-6. 600	-2. 960	0. 003
	M	0. 350	0. 366	-3. 400	-1. 130	0. 257

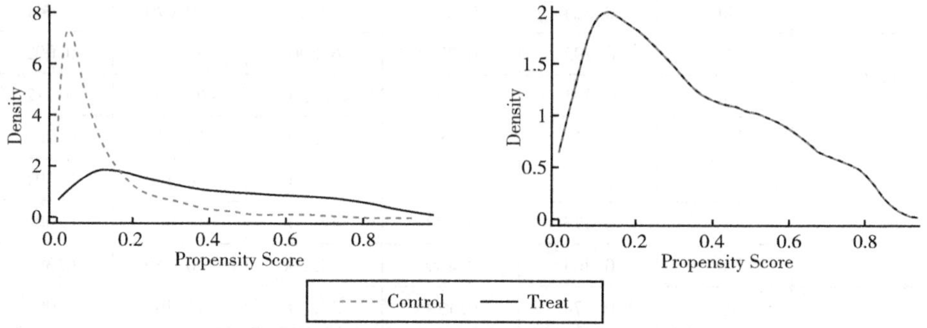

图 4-4　匹配规则②下匹配前（左图）与匹配后（右图）核密度函数

表 4-26　衍生工具使用与商业信用融资：PSM 检验

变量	匹配规则①：控制组为未使用衍生工具的公司年度		匹配规则②：控制组为样本期完全未使用衍生工具的公司所对应的公司年度	
	(1)	(2)	(3)	(4)
	TC1	TC2	TC1	TC2
IsDeri	-0. 0260 ***	-0. 0254 ***	-0. 0371 ***	-0. 0344 ***
	(-5. 20)	(-5. 25)	(-7. 02)	(-6. 74)

续表

变量	匹配规则①：控制组为未使用衍生工具的公司年度		匹配规则②：控制组为样本期完全未使用衍生工具的公司所对应的公司年度	
	(1)	(2)	(3)	(4)
	TC1	TC2	TC1	TC2
Size	0.0003 (0.09)	-0.0019 (-0.63)	-0.0027 (-0.76)	-0.0038 (-1.10)
Lev	0.3129*** (11.76)	0.2727*** (10.58)	0.3624*** (12.37)	0.3251*** (11.47)
Loan	-0.4137*** (-13.11)	-0.3716*** (-12.18)	-0.4903*** (-14.41)	-0.4529*** (-13.65)
Cash	-0.0322 (-1.52)	-0.0287 (-1.38)	-0.0629*** (-2.61)	-0.0563** (-2.40)
ROA	-0.2120*** (-2.69)	-0.1589** (-2.07)	-0.2649*** (-2.90)	-0.2109** (-2.37)
TQ	0.0086*** (3.31)	0.0083*** (3.26)	0.0098*** (2.98)	0.0100*** (3.13)
FirmAge	-0.0289*** (-4.22)	-0.0265*** (-4.04)	-0.0250*** (-3.55)	-0.0227*** (-3.35)
FirstHold	-0.0003 (-1.57)	-0.0003* (-1.83)	0.0001 (0.72)	0.0001 (0.70)
IDR	-0.0462 (-0.87)	-0.0502 (-0.96)	0.0740 (1.29)	0.0641 (1.14)
BoardSize	0.0356** (2.13)	0.0350** (2.13)	0.0385** (2.35)	0.0419*** (2.63)
Big4	0.0151* (1.71)	0.0221*** (2.58)	0.0310*** (2.91)	0.0391*** (3.79)
AudOp	-0.0341 (-1.22)	-0.0402 (-1.44)	-0.0010 (-0.03)	-0.0107 (-0.37)
State	0.0172*** (2.59)	0.0192*** (2.99)	0.0166** (2.43)	0.0170** (2.57)

续表

变量	匹配规则①：控制组为未使用衍生工具的公司年度		匹配规则②：控制组为样本期完全未使用衍生工具的公司所对应的公司年度	
	(1)	(2)	(3)	(4)
	TC1	TC2	TC1	TC2
Constant	0.0950 (1.19)	0.1489 * (1.92)	0.0551 (0.61)	0.0845 (0.96)
Year	控制	控制	控制	控制
Industry	控制	控制	控制	控制
Adj R^2	0.224	0.216	0.238	0.231
N	4720	4720	4390	4390

注：***、** 与 * 分别表示系数在 1%、5% 与 10% 水平上显著，括号内为 t 值。

最后，由于第三章已经证明 CEO 风险承担意愿和 CEO 赌博式投机心理是公司衍生工具使用的重要影响因素，因此本章观测到的衍生工具使用降低公司商业信用融资的研究结论可能是由高管两类心理特征带来的。为排除这一内生性问题，本章继续采用 PSM 方法，在匹配时协变量除了包括前面两阶段处理效应模型第一阶段的控制变量和主回归的控制变量外，还加入了衡量高管风险承担意愿和极端情况下的赌博式投机心理的指标 CEO 预期任期（ETenure）及其二次项（$ETenure^2$），并采用前面匹配规则①进行匹配，在同时满足平衡性假设和共同支撑假设基础上，重新对衍生工具使用与商业信用融资的关系进行检验，回归结果见表 4-27。从回归结果可以看出，衍生工具使用降低了公司商业信用融资，而非 CEO 两类心理特征导致，研究结论稳健。

表 4-27　衍生工具使用与商业信用融资：PSM 匹配规则①下考虑 CEO 两类心理

变量	(1)	(2)
	TC1	TC2
IsDeri	-0.0274 *** (-4.78)	-0.0257 *** (-4.65)
Size	0.0007 (0.20)	-0.0011 (-0.32)
Lev	0.2897 *** (8.68)	0.2517 *** (7.82)

续表

变量	(1)	(2)
	TC1	TC2
Loan	-0.3770*** (-10.24)	-0.3481*** (-9.77)
Cash	-0.0251 (-0.99)	-0.0249 (-1.01)
ROA	-0.0936 (-1.10)	-0.0717 (-0.88)
TQ	0.0069** (2.51)	0.0071*** (2.68)
FirmAge	-0.0382*** (-4.98)	-0.0348*** (-4.71)
FirstHold	-0.0002 (-1.15)	-0.0003* (-1.69)
IDR	-0.1404** (-2.19)	-0.1339** (-2.14)
BoardSize	-0.0130 (-0.57)	-0.0073 (-0.33)
Big4	0.0008 (0.08)	0.0115 (1.21)
AudOp	0.0115 (0.40)	0.0028 (0.10)
State	0.0302*** (3.60)	0.0302*** (3.77)
Constant	0.1472 (1.57)	0.1871** (2.06)
Year	控制	控制
Industry	控制	控制
Adj R^2	0.193	0.187
N	3870	3870

注：***、**与*分别表示系数在1%、5%与10%水平上显著，括号内为t值。

（二）指标敏感性测试

对于被解释变量，由于银行承兑汇票涉及银行授信，而本章研究的是商业信用，因此前述研究对涉及的应付票据未考虑银行承兑汇票。在稳健性检验部分，直接使用（应付账款 + 应付票据 - 预付账款）/营业成本作为商业信用融资的衡量指标；此外，参考已有研究（唐松等，2017；方红星和楚有为，2019），直接使用应付账款/营业成本衡量商业信用融资，并将替换后的商业信用融资指标代入模型（4-6）进行检验。从表 4-28 中列（1）和列（2）可以看出，衍生工具使用与商业信用融资在 1% 水平上显著为负。因此，替换被解释变量后本章的主要结论仍然保持不变。

对于解释变量，本节前述研究中使用的是公司是否使用衍生工具这一虚拟变量，衍生工具使用情况不仅表现为是否发生该项行为，还表现为行为发生的强度，即衍生工具使用的种类。公司使用衍生工具的种类越多，面临的经济复杂性和会计处理复杂性就越高，产生的信息风险和经营风险会越大。因此，为了对本章的理论分析提供进一步证据，本节分别采用衍生工具使用的种类数（按标的资产划分的种类 DeriN1 和按产品形态划分的种类 DeriN2）替代衍生工具使用的虚拟变量（IsDeri）代入模型（4-6）进行检验。从表 4-28 中列（3）和列（4）可以看出，衍生工具使用种类数与商业信用融资在 1% 水平上显著为负①。因此，替换核心解释变量后本章的主要结论仍然保持不变。

表 4-28　　衍生工具使用与商业信用融资：指标敏感性测试

变量	商业信用融资敏感性测试		衍生工具使用敏感性测试	
	(1)	(2)	(3)	(4)
	TC3	TC4	TC1	TC2
IsDeri	-0.0696*** (-15.26)	-0.0591*** (-16.15)		
DeriN1			-0.0350*** (-10.96)	-0.0315*** (-10.25)

① 用 DeriN2 替代 IsDeri 作为解释变量代入模型（4-6），DeriN2 回归系数依然显著为负，此处未进行列示。

续表

变量	商业信用融资敏感性测试		衍生工具使用敏感性测试	
	(1)	(2)	(3)	(4)
	TC3	TC4	TC1	TC2
Size	-0.0122 *** (-5.01)	0.0052 *** (2.65)	-0.0029 (-1.31)	-0.0048 ** (-2.25)
Lev	0.5358 *** (28.68)	0.2424 *** (17.02)	0.3012 *** (18.87)	0.2750 *** (17.76)
Loan	-0.5664 *** (-23.81)	-0.3101 *** (-16.25)	-0.3642 *** (-17.57)	-0.3430 *** (-17.04)
Cash	-0.0224 (-1.49)	-0.0066 (-0.55)	-0.0231 * (-1.75)	-0.0228 * (-1.76)
ROA	-0.3394 *** (-6.03)	-0.2837 *** (-6.50)	-0.1971 *** (-4.03)	-0.1374 *** (-2.89)
TQ	-0.0016 (-0.97)	0.0062 *** (4.87)	0.0021 (1.50)	0.0018 (1.26)
FirmAge	-0.0405 *** (-8.25)	-0.0173 *** (-4.59)	-0.0203 *** (-4.73)	-0.0191 *** (-4.57)
FirstHold	-0.0002 (-1.54)	-0.0004 *** (-4.02)	-0.0002 (-1.43)	-0.0002 * (-1.76)
IDR	0.1444 *** (3.44)	0.0777 ** (2.41)	0.0726 ** (2.00)	0.0605 * (1.71)
BoardSize	0.0607 *** (5.14)	0.0145 (1.57)	0.0367 *** (3.52)	0.0323 *** (3.19)
Big4	-0.0066 (-0.76)	-0.0047 (-0.64)	0.0231 *** (2.97)	0.0281 *** (3.74)
AudOp	0.0235 (1.11)	-0.0322 * (-1.94)	0.0127 (0.73)	0.0124 (0.74)
State	-0.0151 *** (-3.27)	-0.0083 ** (-2.28)	0.0089 ** (2.18)	0.0102 ** (2.57)

续表

变量	商业信用融资敏感性测试		衍生工具使用敏感性测试	
	(1)	(2)	(3)	(4)
	TC3	TC4	TC1	TC2
Constant	0.1248** (2.00)	0.0335 (0.65)	-0.0398 (-0.72)	0.0204 (0.38)
Year	控制	控制	控制	控制
Industry	控制	控制	控制	控制
Adj R^2	0.203	0.257	0.203	0.199
N	17065	17065	17065	17065

注：***、** 与 * 分别表示系数在 1%、5% 与 10% 水平上显著，括号内为 t 值。

六、进一步检验

商业信用是供应链上下游公司博弈后的利益分配结果，受到供求双方相对地位的影响（方红星和楚有为，2019），它是商业信用融资区别于其他债务融资的重要特征。相对地位的高低将直接影响双方议价能力，从而影响供应商对上市公司经营风险和信息风险的敏感性，最终调节衍生工具使用与商业信用融资之间的关系。

首先，当上游供应商所处市场地位较高时，公司对供应商的依赖程度会加大，供应商的议价能力提高，从而提高供应商对上市公司经营风险和信息风险的敏感性。由于商业信用供给会给供应商带来潜在的坏账风险、挤占生产经营所需资金和错失良好投资机会等风险。当下游公司使用衍生工具带来信息风险和经营风险增加时，高议价能力的供应商会采用增加现销、减少赊销的方式来降低自身风险，而公司鉴于对供应商的依赖程度只能接受供应商的要求，导致所获得的商业信用融资降低。因此，供应商所处较高的市场地位会进一步加大衍生工具使用带来的上市公司商业信用融资降低的负面影响。本节借鉴方红星和楚有为（2019）衡量供应商集中度的方法，采用前五大供应商采购额占总采购额的比例衡量供应商的市场地位，并定义为 Supplier，当公司供应商集中度大于同年度同行业供应商集中度均值时，表明供应商议价能力强，取 1；反之供应商议价能力低，取0。为了证明以上分析，本节以衍生工具使用（IsDeri）为关键解释变量，并将 Supplier 以及 Supplier 与 IsDeri 的交乘项加入模型（4-6）进行回归，结果如表4-29中列（1）和列（2）所示，可以看出交乘项的系数显著为负，表明在供应商市场地位更高、议价能力更强时，衍生工具使用对商业信用融资降低的负面影响更明显。

表4-29 衍生工具使用与商业信用融资：供应商议价能力的调节作用

变量	(1)	(2)
	TC1	TC2
IsDeri	-0.0331*** (-6.67)	-0.0304*** (-6.38)
Supplier	-0.0272*** (-6.97)	-0.0299*** (-7.96)
IsDeri × Supplier	-0.0174** (-2.27)	-0.0122* (-1.65)
Size	-0.0039* (-1.71)	-0.0062*** (-2.76)
Lev	0.3024*** (17.99)	0.2750*** (16.99)
Loan	-0.3885*** (-17.88)	-0.3649*** (-17.47)
Cash	-0.0298** (-2.13)	-0.0273** (-2.00)
ROA	-0.2365*** (-4.77)	-0.1760*** (-3.68)
TQ	0.0038*** (2.67)	0.0034** (2.47)
FirmAge	-0.0208*** (-4.47)	-0.0193*** (-4.31)
FirstHold	-0.0002 (-1.63)	-0.0002** (-2.07)

续表

变量	(1)	(2)
	TC1	TC2
IDR	0.0873 ** (2.30)	0.0713 * (1.94)
BoardSize	0.0339 *** (3.13)	0.0290 *** (2.79)
Big4	0.0110 (1.31)	0.0169 ** (2.09)
AudOp	-0.0012 (-0.07)	-0.0017 (-0.11)
State	0.0077 * (1.79)	0.0083 ** (1.98)
Constant	0.0706 (1.21)	0.1388 ** (2.47)
Year	控制	控制
Industry	控制	控制
Adj R^2	0.254	0.253
N	13264	13264

注：***、** 与 * 分别表示系数在1%、5%与10%水平上显著，括号内为t值。

其次，当处于下游的上市公司所处市场地位较高时，其与供应商谈判时议价能力较强，从而降低供应商对上市公司经营风险和信息风险的敏感性。一方面，市场地位高的公司抵御各种风险来维持正常生产经营的能力较强（Datta et al.，2013），能够及时偿还商业信用融资，供应商感知到来自下游公司的风险会降低，进而愿意提供较多的商业信用供给；另一方面，较高的市场地位很可能使公司成为上游供应商非常依赖的客户，根据买方市场理论，供应商为了留住重要客户，也愿意给下游公司提供更多的商业信用（张新民等，2012）。因此，当处于下游的上市公司所处市场地位较高时，供应商对其使用衍生工具所带来的信息风险和经营风险增加的敏感性降低，即下游公司高市场地位会使其使用衍生工具降低商业信用融资的负面影响得到缓解。本节借鉴周夏飞和周强龙（2014）的思想，用毛利率即（营业收入－营业成本）/营业收入衡量公司的市场地位，并定义为 PCM，当公司毛利率大于同年度同行业毛利率均值时，表明公司议价能力强，取 1；反之公司议价能力低，取 0。为了证明以上分析，本节以衍生工具使用（IsDeri）为关键解释变量，并将 PCM 以及 PCM 与 IsDeri 的交乘项加入模型（4－6）进行回归，结果如表 4－30 中列（1）和列（2）所示，可以看出交乘项的系数显著为正，表明在公司市场地位更高、议价能力更强时，衍生工具使用降低商业信用融资的负面影响会得到缓解。

表 4－30　衍生工具使用与商业信用融资：企业议价能力的调节作用

变量	(1)	(2)
	TC1	TC2
IsDeri	－0.0392*** (－9.49)	－0.0350*** (－8.84)
PCM	0.0512*** (12.48)	0.0497*** (12.45)
IsDeri × PCM	0.0398*** (4.17)	0.0386*** (4.17)
Size	－0.0045** (－2.10)	－0.0063*** (－3.04)
Lev	0.3295*** (20.78)	0.3024*** (19.68)
Loan	－0.3797*** (－18.55)	－0.3579*** (－18.02)
Cash	－0.0353*** (－2.66)	－0.0345*** (－2.65)
ROA	－0.3656*** (－7.16)	－0.3013*** (－6.07)
TQ	0.0003 (0.18)	－0.0001 (－0.04)
FirmAge	－0.0197*** (－4.60)	－0.0185*** (－4.44)

续表

变量	(1)	(2)
	TC1	TC2
FirstHold	-0.0001 (-0.85)	-0.0001 (-1.20)
IDR	0.0542 (1.51)	0.0427 (1.23)
BoardSize	0.0349 *** (3.38)	0.0306 *** (3.04)
Big4	0.0190 ** (2.48)	0.0242 *** (3.28)
AudOp	0.0136 (0.78)	0.0133 (0.78)
State	0.0137 *** (3.37)	0.0149 *** (3.76)
Constant	-0.0151 (-0.28)	0.0433 (0.81)
Year	控制	控制
Industry	控制	控制
Adj R^2	0.214	0.210
N	17065	17065

注：***、**与*分别表示系数在1%、5%与10%水平上显著，括号内为t值。

第五节 本章小结

目前关于衍生工具使用的经济效应研究尚未形成一致结论。由于使用衍生工具对冲风险进而影响公司价值是一种间接作用，对冲是锁定风险水平的策略，并不一定会带来经营业绩的提升，而投资者行为与公司风险之间具有更为直接的联系（郭飞等，2020）。因此，要研究衍生工具使用与公司风险之间的关系可以从考察投资者是否关心衍生工具的使用着手，而目前针对中国公司的研究比较缺乏。由于股东拥有公司的剩余索取权，而债权人的权益被限定为对本金和预期利息的要求权，因此债权人更加关注公司风险（高强和邹恒甫，2015），与债务人进行保护性条款谈判时通常处于劣势地位，导致相对于股东来说，债权人对公司风险的敏感性更高。可见，考察衍生工具使用对上市公司债务融资的影响，能够更好地验证衍生工具使用与公司风险的关系，有利于检验中国上市公司衍生工具使用的经济效应。负债按照是否需要偿付利息，可以分为以银行、债券持有人为代表的有息负债和以供应商为代表的无息负债。因此，本章从探究衍生工具使用是否以及如何影响公司债务融资成本和商业信用融资的角度，检验中国上市公司衍生工具使用的经济效应。

本章通过文本搜索和阅读上市公司年报获得上市公司衍生工具使用数据，基于信息风险和经营风险双重视角，以后金融危机时期 2010 ~ 2018 年中国沪深 A 股上市公司为研究样本，对衍生工具使用影响上市公司债务融资成本和商业信用融资及其作用机制分别进行检验，论证中国上市公司衍生工具使用的经济效应。第一，针对衍生工具使用对债务融资成本影响的研究发现：（1）使用衍生工具上市公司相较于未使用的公司承担更高债务融资成本，并且一系列稳健性测试表明结果稳健；（2）机制检验表明，上市公司信息风险和经营风险的增加是衍生工具使用提高债务融资成本的中介路径；（3）异质性检验表明，在上市公司机构投资者持股比例更高和内部控制质量更高时，衍生工具使用提高债务融资成本的负面影响会减小，说明良好的内外部公司治理能够缓解衍生工具使用的负面影响。第二，针对衍生工具使用对商业信用融资影响的研究发现：（1）供应商在进行授信决策时会关注下游公司衍生工具的使用情况，且相对于未使用衍生工具的上市公司，使用衍生工具的上市公司获得了较少的商业信用融资；（2）机制检验表明，上市公司信息风险和经营风险的增加是衍生工具使用降低商业信用融资的中介路径；（3）异质性检验表明，上市公司衍生工具使用降低商业信用融资的负面影响在前五大供应商采购额占比高时更强，而在上市公司产品毛利率高时更弱，说明衍生工具使用对上市公司商业信用融资降低的负面影响受到供应链上下游公司议价能力高低的影响，当供应商议价能力强时这种负面影响会加大，而当上市公司自身议价能力强时这种负面影响会减小。

第五章

衍生工具使用与公司创新
——基于融资约束和高管风险承担意愿视角

第一节 引 言

衍生工具的高复杂、高杠杆和高风险特征使人们对其使用效应的认识仍不全面。在本书第三章已经证明高管风险承担意愿是衍生工具使用决策的重要影响因素情况下，公司使用衍生工具将表征其高管具有较高的风险承担意愿，由此产生使用衍生工具的公司更愿意从事其他类似高风险活动的表征效应，从而突破已有研究得到的衍生工具使用带来的经济效应结论，使投资者等利益相关者更加全面评价衍生工具的使用效应。然而欲证明衍生工具表征效应的存在，必须先排除衍生工具使用带来的经济效应的影响。因此，寻找同时检验衍生工具使用的经济效应和表征效应存在性并易于辨识这两种效应独立影响的场景十分重要，而考察衍生工具使用与公司创新的关系能够很好地满足这一独特需求。

创新是公司为获得持续竞争优势而选择的探索型战略，采取这种战略导向通常伴随着非常高的不确定性和挑战性，高管是否具有较高的风险承担意愿将在很大程度上决定着公司创新水平的高低（Sunder et al.，2017）。可见，从公司创新的视角可以验证中国上市公司衍生工具使用表征的高管风险承担意愿带来的表征效应。此外，公司创新除需要高管的高风险承担意愿外，也需要大量财力支持（余明桂等，2019），当公司面临融资约束时创新水平必然受限。本书第四章关于衍生工具经济效应的研究已经表明，中国上市公司使用衍生工具会对其债务融资带来负面影响，并且当前债务融资是企业主要的资金来源，可见从衍生工具经济效应看使用衍生工具的公司其创新水平可能更低。在衍生工具使用与公司创新关系中，衍生工具使用的经济效应和表征效应发挥着相反的作用。因此，检验衍生工具使用能否同时通过表征的高管风险承担意愿和增加融资约束，分别影响公司创新的愿力①和财力并最终作用于公司创新，将为本章在同一场景下研究衍生工具的经济效应和表征效应提供很好的条件。

在世界经济增速放缓、国内经济下行压力加大的严峻环境挑战下，创新已成为提高社会生产力、综合国力乃至国际竞争力的重要战略支撑。而微观企业作为创新资本投入和创新技术研发的主体，是中国建设成为创新型国家的重要抓手和强大动力，评价公司的创新潜力十分重要。融资约束和高管风险承担意愿是影响公司创新的两个重要因素。然而现实中公司普遍存在创新财力和愿力不足的现象，一方面研发活动通常需要大量且长期资金投入，而创新过程的机密性和创新产出的无形性使得资金需求者和供给者之间面临严重的信息不对称，导致公司因融资受限出现创新财力不足的现象（Hsu et al.，2014；余明桂等，2019）；另一方面，高管是公司行为的重要决策者和执行者，由于创新的高风险性和长期性，高管出于自身风险承担意愿的考量而选择风险规避的短视行为，从而导致公司创新愿力不足（张兆国等，2014）。高管是否具有风险承担意愿是其内在特质，具有隐蔽性，且个人特质可能会随着周围环境的变化而变化（陈凯和黄滋才，2017），同时高管生活中的行为特征不一定会反映到公司决策行为中，因此需要即时和显性的公司决策行为来更好地捕捉高管风险承担意愿。

本书前面章节已经证明上市公司衍生工具使用决策受到高管风险承担意愿的驱动，同时衍生工具使用会带来更高债务融资成本从而恶化公司融资约束，这为人们从衍生工具使用探究公司创新潜力提供新思路。首先，从融资约束视角看，上市公司使用衍生工具导致的融资约束，会增加因创新资金不足而减少创新的可能性。其次，从高管风险承担意愿视角看，衍生工具使用这一即时和显性的公司决策行为通常意味着高管具有较高风险承担意愿，因此使用衍生工

① 愿力是行为主体愿意实施某一行为意愿的强弱，因此本书将高管愿意从事创新活动进而承担特定风险的意愿称为创新愿力。

具的高管很可能倾向于主动推动公司创新并努力促进创新成功。可见，探究衍生工具使用与公司创新关系的净效应可以为外部投资者评价公司创新潜力提供便利，而分析其中作用机制有助于研究者探究公司创新潜力的驱动因素。

基于上述分析，本章以后金融危机时期 2010～2018 年中国沪深 A 股上市公司为研究样本，对衍生工具使用与公司创新的关系及其作用机制进行检验。研究发现：（1）衍生工具使用与公司创新水平之间具有显著的正相关关系，且在经过一系列稳健性检验之后结论依然成立；（2）机制检验表明，衍生工具使用加大了公司融资约束，进而降低创新水平，出现了“遮掩效应”，而衍生工具使用表征的高管风险承担意愿导致了公司创新水平的增加，且其创新增加效果大于前者的创新降低效果，两方面因素的共同作用最终导致使用衍生工具的公司其创新水平更高；（3）进一步对高管风险承担意愿和赌博式投机心理进行辨析，本章发现衍生工具使用与公司创新的正相关关系是由高管风险承担意愿而非赌博式投机心理带来的，少数出于高管赌博式投机心理使用衍生工具的公司其创新水平更低；（4）考虑外部压力和动力带来的创新愿力的替代作用时，在行业竞争压力更大的公司和市场化水平更高的地区中，衍生工具使用表征的高管风险承担意愿与公司创新的关系变弱。考虑创新财力和能力与创新愿力的互补作用时，在获得更多政府补助和拥有更多技术人员的公司中，衍生工具使用表征的高管风险承担意愿与公司创新的关系更明显。

本章的贡献主要体现在以下三个方面：（1）区别于已有文献主要通过过度自信（Hirshleifer et al.，2012）、个人经历（Sunder et al.，2017）等隐性或个人生活中的行为特征来捕捉高管风险承担意愿，本章基于公司即时和显性的财务行为，通过衍生工具使用捕捉了高管风险承担意愿，易于机构投资者、分析师等外部利益相关者更好地识别具有勇于冒险和挑战成功特质的高管；（2）区别于已有文献从融资约束（章元等，2018）或高管风险承担意愿（Sunder et al.，2017）的单一角度分析公司创新的影响因素，本章基于公司使用衍生工具这一独特情境，同时从融资约束和高管风险承担意愿两个视角论证公司创新的影响因素，深化了相关研究，并证明衍生工具使用的表征效应存在性；（3）本章从公司创新的角度考察衍生工具使用的价值，有利于外部利益相关者更加全面地评价公司衍生工具使用。已有文献围绕衍生工具对冲或投机行为产生的经济效应展开，主要集中在公司风险（Guay，1999）、融资成本（Gay et al.，2011）和公司价值（郭飞，2012）等方面，且尚未形成一致结论。而本章发现衍生工具使用行为虽然恶化了公司融资约束，降低了创新水平，但衍生工具使用决策本身所表征的高管风险承担意愿却提高了创新水平，并最终促进了创新，这为全面评价衍生工具使用提供了新的思路和证据。

第二节　理论分析与假设提出

金融衍生工具作为公司重要的风险管理工具，初衷是建立对冲组合降低外部环境变化带来的汇率、利率和商品价格波动风险，实现套期保值。然而市场上衍生工具的交易量已远远超出实体经济的实际需要量（张倩和冯芸，2014），投机现象比较明显。首先，根据第一章理论基础中的金融对冲理论可知，由于合约的标准化问题和基差风险的存在，公司在使用衍生工具时或多或少存在投机成分（曹玉珊，2017），同时执行套期保值计划时，世界各地公司的经理人经常会根据自己对市场的判断改变衍生工具交易的规模和时机（Adam et al.，2017），表现出"选择性对冲"，Brown 等（2006）认为，从选择性对冲角度看，衍生工具使用的投机行为不可避免。而投机行为的存在在一定情况下会进一步使得衍生工具市场价格大幅偏离现货市场价格，使得衍生工具市场的价格发现功能失调，这时即使是正常参与套期保值的公司也会因面临两类市场上的双重打击产生巨额亏损，降低其套期保值的积极性。其次，由于衍生工具交易自带高杠杆性，以及有限信息披露导致的衍生工具使用后果理解的复杂性，给公司高管带来巨大杠杆收益诱惑和投机隐蔽性（Lel，2012），公司很可能为追求自身利益进行过度的选择性对冲行为。张倩和冯芸（2014）也发现，2004～2013 年声明以商品期货进行衍生工具对冲的中国上市公司中有 68%的公司年度实际上进行着期货投机。因此，本章基于现实中大多数公司使用衍生工具属于选择性对冲的事实，并结合第三章高管风险承担意愿是大部分公司衍生工具使用的影响因素和第四章衍生工具使用带来公司融资约束增加的研究结论，以及已有关于公司创新影响因素的相关研究，认为衍生工具使用与公司创新水平之间的关系可能存在如下两种情况。

一、基于融资约束视角的衍生工具使用与公司创新

一方面，选择性对冲由于存在投机成分，不仅不能够充分对冲公司因外部环境变化带来的经营风险，甚至会造成公司经营成果更大的不确定性（张倩和冯芸，2014）。公司创新需要持续且大量资金支持，衍生工具使用带来的经营成果大幅波动使公司内部资金供给不足，更多依赖外部融资，而经营风险的扩大使其外部资金成本提高，公司在难以获得资金支持的情况下无法顺利开展创新。另一方面，由于衍生工具无论是在经济性质上还是计量方式上都极其复杂，这会加大投资者和分析师正确理解相关信息的难度（Chang et al.，2016；郭飞等，2019），提高外部信息使用者和公司之间的信息不对称程度，进而导致外部资金提供者要求更高的必要报酬率，恶化公司面临的融资约束。因此，选择性对冲情境下的衍生工具使用很可能会通过恶化公司融资约束限制创新所需资金来源，阻碍公司创新。

二、基于高管风险承担意愿视角的衍生工具使用与公司创新

创新是公司为获取技术革新带来的竞争优势而选择的探索型战略，采取这种战略导向伴随着非常高的不确定性。高阶理论认为高管特质会影响公司战略选择（Hambrick and Mason，1984），因此高管是否愿意承担风险将在很大程度上决定着公司创新水平的高低。高管风险承担意愿反映了高管彰显才能和甘愿冒风险的内在心理倾向，本书已经证明高管风险承担意愿是公司选择性对冲的驱动因素，衍生工具使用很可能从财务决策层面捕捉高管风险承担意愿，导致使用衍生工具的公司表现出更多的创新。具体可以从选择性对冲与公司创新的相似性来进行分析：一是彰显高管卓越的管理才能。具有高风险承担意愿特质的高管往往具有一种勇于接受挑战和拥有强烈成功欲望的品质，认为自己可以驾驭这种高难度的决策行为，并希望通过成功验证自己准确的判断力和洞察力，以证明自己具备的卓越才能（Sunder et al.，2017）。衍生工具自带的高复

杂、高风险特性（郭飞等，2019）以及高管基于对市场趋势判断而选择衍生工具交易规模与时机的裁量权和创新活动具有的不确定性、复杂性特征以及高管对创新决策的裁量权，使得使用衍生工具和开展创新活动一样都具有很强的挑战性，能够彰显高管卓越的管理才能。二是高管追求高风险高回报的愿景。具有高风险承担意愿的高管由于对自身能力的认可和对投资机会的利用，通常会期待着其高风险决策行为带来的高回报收益。衍生工具自带的高杠杆性特征使得高管在通过选择性对冲承担高风险的同时可能获得更高的收益；类似地，创新的前期高投入、长周期和高失败率等特征决定着其具有高风险性，但一旦创新成功将使公司在激烈的市场环境中获得竞争优势，产生长期且丰厚的收益。可见，衍生工具使用和公司创新都符合高管追求高风险高回报的愿景。因此，公司的衍生工具使用这一即时和显性的决策行为很可能表征其高管具有较高的风险承担意愿，而拥有高风险承担意愿内在特质的高管同样会主动推动和促成公司创新，从而表现出使用衍生工具的公司其创新水平更高。

综上所述，基于现实中大多数公司使用衍生工具属于选择性对冲的事实，从融资约束视角看，衍生工具使用由于加大公司融资约束，会带来创新水平的降低；而从高管风险承担意愿视角看，衍生工具使用表征的高管风险承担意愿特质会促进公司创新水平的提高。两种不同视角得出的结论相反，但也有可能同时存在。基于此，本章提出如下竞争性假设 H5－1a 和 H5－1b。

H5－1a：在其他条件不变的情况下，使用衍生工具的公司创新水平更高。

H5－1b：在其他条件不变的情况下，使用衍生工具的公司创新水平更低。

第三节 研究设计

一、样本选择与数据来源

本章选取 2010～2018 年后金融危机时期沪深 A 股上市公司为初始样本，并进行了如下筛选处理：（1）删除金融保险行业的样本；（2）删除 ST、PT 等非正常交易类的样本；（3）删除资产负债率大于 1 的样本；（4）删除数据存在缺失的样本。最终得到3208家上市公司的15749个观测值。为控制异常值的影响，本章对连续变量采用1%和99%分位的缩尾（Winsorise）处理。衍生工具使用的数据通过文本搜索和阅读上市公司年报手工搜集和整理，其他数据来自国泰安数据库和Wind数据库。

二、变量定义与模型构建

（一）衍生工具使用（IsDeri）

目前上市公司衍生工具的披露情况并不详细和规范，参考主流研究做法，本章使用关键词搜索的方法来手工整理衍生工具的使用情况（郭飞，2012；Chen and King，2014；王晓珂和黄世忠，2017）。具体地，本章通过对上市公司年报中与衍生工具、套期保值、对冲相关的关键词进行搜索并阅读前后文，判定公司是否使用了衍生工具，并采用虚拟变量作为衍生工具使用（IsDeri）的衡量方式，如果上市公司使用了衍生工具，则赋值为1，反之为0①。此外，本章将衍生工具使用频率和衍生工具使用种类作为衡量衍生工具使用的辅助指标用于稳健性检验部分。

（二）公司创新水平（LnApply）

创新的投入和产出是已有文献衡量公司创新的两个主要方面。其中，创新产出（专利申请数）被广泛认为是度量创新的最直接和最准确指标（姚立杰和周颖，2018），因为公司一旦申请了专利，则说明研发投入取得了回报，而专利的授权审批需要一定过程，有的甚至需要几年，同时还受相关政策、制度等其他因素的影响。此外，从高管风险承担意愿视角看，本章通过衍生工具使用衡量的高管风险承担意愿重在探讨这种内在特质对公司创新产出的影响。因此，本章借鉴姚立杰和周颖（2018）的做法，采用专利申请数作为衡量创新水平的主要指标，而将专利授权数和研发投入作为衡量创新水平的辅助指标用

---

① 在上市公司年报的搜索过程中，关键词包括但不限于：远期、掉期、互换、调期、期权、期货、衍生、套期、套保、对冲、风险等，当搜索到关键词后再根据前后文（至少包括前后两段文字）来判断其是否使用了衍生工具。

于稳健性检验部分。其中，关于专利申请数的度量，考虑到创新产出成果的延后性以及避免反向因果的内生性问题，本章采用下一年的专利申请数加 1 之后取自然对数，记为 LnApply1。此外，考虑到专利类型中的发明专利、实用新型专利和外观设计专利在创新程度和经济价值等方面的贡献不同，参考张振刚等（2016）的做法，分别将下一年的发明专利、实用新型专利和外观设计专利的申请数量权重赋值为 0.5、0.3、0.2，然后求加权平均后的专利申请总数，再加 1 之后取自然对数，记为 LnApply2。

（三）模型设计

为了检验衍生工具使用与公司创新之间的关系，参考现有研究（姚立杰和周颖，2018；余明桂等，2019；胡国柳等，2019），建立模型（5－1），具体如下：

$$LnApply_{i,t+1} = \alpha_0 + \alpha_1 IsDeri_{i,t} + \beta Controls_{i,t} + \sum Year + \sum Industry + \varepsilon_{i,t} \quad (5-1)$$

其中，$LnApply_{i,t+1}$表示公司下一年创新水平，$IsDeri_{i,t}$表示公司当年是否使用衍生工具，$Controls_{i,t}$表示控制变量，包括公司当年财务特征和公司治理特征等，具体变量信息参见表 5－1。此外，为控制不同年度和行业带来的经济周期和行业环境对回归结果的影响，本章还在模型中加入年度虚拟变量（Year）和行业虚拟变量（Industry）。

表 5－1　主要变量定义

变量性质	变量名称	变量符号	变量定义
被解释变量	公司创新水平	LnApply1	（下一年专利申请数＋1）的自然对数
		LnApply2	（下一年不同类型专利申请数的加权平均值＋1）的自然对数
解释变量	衍生工具使用	IsDeri	公司是否使用衍生工具，是取 1，否取 0
控制变量	自由现金流	CF	研发投入前自由现金流*/总资产
	公司成立年限	FirmAge	公司成立年限的自然对数（精确到月）
	固定资产密集度	PPE	固定资产/总资产
	资产负债率	Lev	负债/总资产
	资产收益率	ROA	净利润/总资产

续表

变量性质	变量名称	变量符号	变量定义
控制变量	资本支出	CapEx	购建固定资产、无形资产和其他长期资产支付的现金/总资产
	公司规模	Size	总资产的自然对数
	托宾 Q 值	TQ	市值/总资产
	管理层持股比例	MHold	管理层持股数量/普通股股数
	高管前三名薪酬	MPay	高管前三名薪酬的自然对数
	产权性质	State	公司是否为国有产权，是取 1，否取 0

注：* 考虑到经营活动现金流量净额首先应该满足购建固定资产等维持经营管理的投资活动所需现金，同时研发投入费用化支出计入经营活动现金流出，而资本化支出计入投资活动中购建固定资产、无形资产和其他长期资产支付的现金流出，因此研发投入前自由现金流为公司经营活动产生的现金流量净额减去购建固定资产、无形资产和其他长期资产支付的现金加上研发投入金额。

第四节 实证结果分析

一、描述性统计

表 5 - 2 列示了本章主要变量的描述性统计结果。其中，衍生工具使用（IsDeri）的均值为 0. 145，即样本期间衍生工具的使用率较低仅为 14. 5%，与已有学者的研究发现基本保持一致（郭飞，2012；王晓珂和黄世忠，2017）。衡量公司创新水平的两个指标 LnApply1 和 LnApply2 均值分别为 2. 322 和 1. 687，标准差分别为 1. 766 和 1. 435，表明样本期间不同公司之间的创新水平差距较大。其他变量的描述性统计结果与已有研究基本保持一致。

表 5 - 2 主要变量的描述性统计

变量	N	mean	sd	min	p25	p50	p75	max
LnApply1	15749	2. 322	1. 766	0	0. 693	2. 398	3. 611	6. 783
LnApply2	15749	1. 687	1. 435	0	0. 262	1. 589	2. 653	5. 845
IsDeri	15749	0. 145	0. 352	0	0	0	0	1

续表

变量	N	mean	sd	min	p25	p50	p75	max
CF	15749	0.004	0.083	-0.237	-0.043	0.008	0.055	0.223
FirmAge	15749	2.691	0.412	1.253	2.485	2.762	2.979	3.398
PPE	15749	0.213	0.161	0.002	0.089	0.178	0.301	0.709
Lev	15749	0.406	0.208	0.045	0.233	0.397	0.566	0.856
ROA	15749	0.047	0.043	-0.083	0.019	0.042	0.07	0.186
CapEx	15749	0.054	0.049	0	0.017	0.04	0.075	0.236
Size	15749	22.05	1.254	19.95	21.12	21.87	22.78	25.95
TQ	15749	2.742	1.859	0.911	1.487	2.145	3.345	10.82
MHold	15749	0.148	0.213	0	0	0.005	0.292	0.704
MPay	15749	14.24	0.672	12.67	13.8	14.22	14.65	16.12
State	15749	0.369	0.482	0	0	0	1	1
RDInts	16619	0.016	0.018	0	0	0.012	0.024	0.086

二、回归结果分析

表5-3是假设H5-1a和H5-1b检验的回归结果。其中，衍生工具使用（IsDeri）的回归系数分别为0.2045和0.1545，均在1%水平上显著，说明衍生工具使用与公司创新之间存在显著的正相关关系，支持了假设H5-1a，不支持假设H5-1b，即使用衍生工具的公司其创新水平更高。控制变量的回归结果显示，资产收益率（ROA）、资本支出（CapEx）、公司规模（Size）、管理层持股比例（MHold）和高管前三名薪酬（MPay）均与公司创新水平显著正相关，而公司成立年限（FirmAge）、固定资产密集度（PPE）和托宾Q值（TQ）均与公司创新水平显著负相关，这与姚立杰和周颖（2018）的研究结论一致，同时发现自由现金流（CF）越大公司创新水平越高，支持了胡国柳等（2019）的结论，而国有产权性质（State）对创新水平起到了促进作用，可能的原因是国企更容易获得政府补助。

表 5－3　衍生工具使用与公司创新回归结果

变量	(1) LnApply1	(2) LnApply2
IsDeri	0.2045 *** (6.45)	0.1545 *** (5.82)
CF	1.2986 *** (7.93)	1.1697 *** (8.89)
FirmAge	−0.2584 *** (−8.58)	−0.2105 *** (−8.51)
PPE	−1.0139 *** (−11.21)	−0.8567 *** (−11.82)
Lev	0.0252 (0.34)	0.0366 (0.61)
ROA	1.9399 *** (6.08)	1.5144 *** (5.89)
CapEx	2.7243 *** (9.41)	2.3219 *** (9.93)
Size	0.4732 *** (32.78)	0.4184 *** (34.46)
TQ	−0.0198 ** (−2.49)	−0.0067 (−1.03)
MHold	0.4008 *** (6.64)	0.2736 *** (5.62)
MPay	0.1892 *** (9.94)	0.1750 *** (11.30)
State	0.0828 *** (3.01)	0.0942 *** (4.20)
Constant	−10.9896 *** (−31.45)	−10.1738 *** (−34.89)
Year	控制	控制
Industry	控制	控制
Adj R^2	0.458	0.455
N	15749	15749

注：***、** 与 * 分别表示系数在 1%、5% 与 10% 水平上显著，括号内为 t 值。

三、稳健性检验

（一）两阶段处理效应模型

公司使用衍生工具可能因为自身因素导致有需要或有能力使用，而这些因素可能也是导致创新水平提高的原因，从而产生因自选择问题带来的内生性，使前面研究结论有偏。因此，与第四章一致，本章借鉴现有文献（Choi et al.，2015；Huang et al.，2017；Ahmed et al.，2018）做法，选取影响公司衍生工具使用的因素，采用两阶段处理效应模型进行回归。首先估计公司是否使用衍生工具的 Probit 模型并计算得到逆米尔斯比率（IMR），然后将 IMR 作为偏差调整项放入公式（5－1）公司创新决定模型中进行回归。从表 5－4 中列（1）可知，更多海外收入占比（ForeiSR）的公司因外汇风险敞口更大而更可能使用衍生工具，规模（Size）更大、股利支付率（PayOut）更高的公司更可能具有足够资源和能力使用复杂衍生工具，而更高财务杠杆（Lev）和更低速动比率（QuickR）公司因更可能发生财务困境而使用衍生工具，这与前面结论一致。从表 5－4 中列（2）、列（3）可知，加入逆米尔斯比率（IMR）后，IMR 回归系数显著，并且 IsDeri 的系数显著为正，表明在控制自选择问题之后，使用衍生工具的公司其创新水平更高，支持假设 H5－1a。

表 5－4　　衍生工具使用与公司创新：两阶段处理效应模型

变量	第一阶段	第二阶段	
	(1)	(2)	(3)
	IsDeri	LnApply1	LnApply2
IsDeri		0.1326*** (4.10)	0.1015*** (3.74)
QuickR	－0.0429*** (－4.74)		
ForeiSR	1.7944*** (29.86)		

续表

变量	第一阶段	第二阶段	
	(1)	(2)	(3)
	IsDeri	LnApply1	LnApply2
PayOut	0.1654*** (3.54)		
Lev	0.2941*** (2.89)	-0.1426* (-1.86)	-0.0870 (-1.41)
Size	0.3094*** (22.60)	0.3953*** (23.58)	0.3610*** (25.85)
CF		1.2296*** (7.52)	1.1188*** (8.51)
FirmAge		-0.2549*** (-8.50)	-0.2079*** (-8.43)
PPE		-1.0752*** (-11.93)	-0.9018*** (-12.48)
ROA		2.0534*** (6.45)	1.5980*** (6.23)
CapEx		2.4850*** (8.57)	2.1457*** (9.16)
TQ		-0.0151* (-1.90)	-0.0032 (-0.49)
MHold		0.4010*** (6.66)	0.2737*** (5.64)
MPay		0.1748*** (9.15)	0.1644*** (10.59)
State		0.0946*** (3.46)	0.1029*** (4.61)

续表

变量	第一阶段	第二阶段	
	(1)	(2)	(3)
	IsDeri	LnApply1	LnApply2
IMR		-0.3784*** (-9.56)	-0.2786*** (-8.87)
Constant	-8.2487*** (-26.08)	-8.3509*** (-18.15)	-8.2309*** (-21.95)
Year	控制	控制	控制
Industry	控制	控制	控制
Pseudo/Adj R^2	0.175	0.462	0.458
N	15749	15749	15749

注：***、** 与 * 分别表示系数在 1%、5% 与 10% 水平上显著，括号内为 t 值。

（二）PSM 倾向得分匹配

为了控制由于一些可观测特征导致的自选择问题对本章研究结论的影响，本章采用了倾向得分匹配（PSM）方法。第一步，以两阶段处理效应模型第一阶段的控制变量和模型（5-1）控制变量作为协变量，估计企业是否使用衍生工具的倾向得分，然后采用有放回重复抽样的 1∶1 半径匹配法在未使用衍生工具的样本中筛选倾向得分最接近的样本作为参照样本；第二步，对匹配后的样本进行再回归，结果在表 5-5、图 5-1 和表 5-6 中列示。其中，表 5-5 表明在经过配对之后，使用衍生工具的样本和未使用衍生工具的样本之间的公司特征差异由显著变为不显著，满足平衡性检验，说明 PSM 的匹配效果较好。从图 5-1 可以看出，匹配后处理组和控制组满足共同支撑假设。表 5-6 列示了配对后的回归结果，可以看出，衍生工具使用（IsDeri）系数均保持较强的显著性，支持了假设 H5-1a。

表 5-5　　倾向得分匹配（PSM）平衡性假设检验

变量	Unmatched Matched	Mean Treated	Mean Control	标准偏差	t 检验 t 统计量	t 检验 p > |t|
Lev	U	0. 472	0. 394	38. 10	16. 59	0. 000
	M	0. 464	0. 460	1. 900	0. 630	0. 527
Size	U	22. 72	21. 94	58. 40	28	0. 000
	M	22. 61	22. 56	3. 500	1. 110	0. 266
QuickR	U	1. 258	2. 013	-32. 80	-12. 46	0. 000
	M	1. 289	1. 287	0. 100	0. 050	0. 957
ForeiSR	U	0. 256	0. 103	68	34. 55	0. 000
	M	0. 224	0. 234	-4. 600	-1. 300	0. 192
PayOut	U	0. 298	0. 277	7. 500	3. 380	0. 001
	M	0. 294	0. 297	-0. 900	-0. 260	0. 794
CF	U	0. 007	0. 004	4. 300	1. 870	0. 062
	M	0. 006	0. 004	2. 900	0. 930	0. 353
FirmAge	U	2. 691	2. 691	-0. 100	-0. 030	0. 974
	M	2. 694	2. 698	-1	-0. 330	0. 745
PPE	U	0. 235	0. 209	16. 70	7. 310	0. 000
	M	0. 236	0. 238	-1. 200	-0. 380	0. 707
ROA	U	0. 043	0. 047	-11. 40	-4. 930	0. 000
	M	0. 043	0. 042	2. 200	0. 720	0. 472
CapEx	U	0. 056	0. 053	6. 300	2. 720	0. 006
	M	0. 056	0. 057	-2. 600	-0. 810	0. 419
TQ	U	2. 221	2. 830	-36. 20	-14. 56	0. 000
	M	2. 270	2. 303	-2	-0. 730	0. 463
MHold	U	0. 118	0. 153	-17. 20	-7. 300	0. 000
	M	0. 122	0. 124	-0. 900	-0. 310	0. 760
MPay	U	14. 48	14. 21	39	17. 91	0. 000
	M	14. 42	14. 39	4. 300	1. 370	0. 172
State	U	0. 339	0. 374	-7. 400	-3. 240	0. 001
	M	0. 350	0. 332	3. 800	1. 250	0. 212

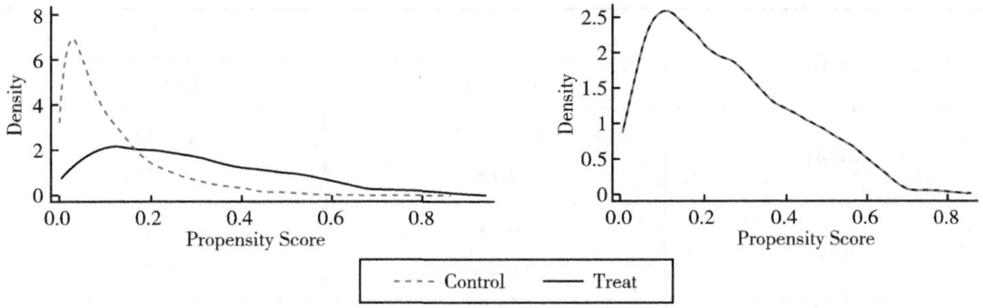

图 5－1　稳健性测试匹配前（左图）与匹配后（右图）核密度函数

表 5－6　衍生工具使用与公司创新：PSM 检验

变量	(1)	(2)
	LnApply1	LnApply2
IsDeri	0.1156***	0.0715**
	(2.76)	(2.03)
CF	1.3319***	1.2487***
	(3.71)	(4.19)
FirmAge	－0.1953***	－0.1666***
	(－3.23)	(－3.27)
PPE	－1.3272***	－1.2241***
	(－7.27)	(－8.08)
Lev	－0.3547**	－0.2546*
	(－2.27)	(－1.96)
ROA	3.2132***	2.5481***
	(4.79)	(4.54)
CapEx	3.7823***	3.3933***
	(6.09)	(6.59)
Size	0.5682***	0.5114***
	(21.41)	(22.47)
TQ	0.0030	0.0129
	(0.15)	(0.76)

续表

变量	(1)	(2)
	LnApply1	LnApply2
MHold	0.2533 ** (2.05)	0.1785 * (1.73)
MPay	0.1672 *** (4.49)	0.1716 *** (5.47)
State	0.1044 * (1.80)	0.1349 *** (2.76)
Constant	-12.6504 *** (-19.09)	-12.1172 *** (-21.42)
Year	控制	控制
Industry	控制	控制
Adj R^2	0.460	0.469
N	4126	4126

注：***、** 与 * 分别表示系数在 1%、5% 与 10% 水平上显著，括号内为 t 值。

（三）缩减样本

衍生工具是一把“双刃剑”，既可以用于风险对冲目的，也可以用于投机目的。为了剔除公司使用衍生工具部分达到有效套期保值对研究结论的干扰，本章参考王晓珂和黄世忠（2017）的做法，依据公司是否采用了套期保值会计准则来判断公司是否达到有效套期保值，从而去除使用衍生工具达到有效套期保值这部分样本①。表 5-7 的列（1）和列（2）列示了删除衍生工具使用达到有效套期保值子样本后的结果。衍生工具使用（IsDeri）的系数较表 5-3 主回归的系数提高了，说明删除了干扰样本之后，使用衍生工具的公司其创新水平提高得更多，再次证明了假设 H5-1a。此外，为了排除有些公司不需要创新对实证结果的干扰，本章参考 Sunder 等（2017）的做法，删除了专利申

① 本书通过关键词搜索的方法在使用了衍生工具的上市公司年报中进行搜索，关键词包括但不限于“套期工具”“套期损益”“公允价值套期”“现金流量套期”“对冲”“套期保值”“套保”等，当搜索到关键词后再根据前后文（至少包括前后两段文字）来判断其是否使用了套期保值会计准则。

请数为0的样本，在所有拥有创新产出的子样本中进行回归，如表5－7的列（3）和列（4）所示，可以看出回归结果依然显著。

表5－7　　衍生工具使用与公司创新：缩减样本

变量	(1)	(2)	(3)	(4)
	LnApply1	LnApply2	LnApply1	LnApply2
IsDeri	0.2445*** (6.78)	0.1888*** (6.26)	0.0839*** (2.65)	0.0620** (2.27)
CF	1.2369*** (7.41)	1.1107*** (8.32)	1.4044*** (7.10)	1.3220*** (7.90)
FirmAge	−0.2562*** (−8.33)	−0.2094*** (−8.31)	−0.2046*** (−6.47)	−0.1838*** (−6.78)
PPE	−1.0057*** (−10.89)	−0.8455*** (−11.45)	−0.8953*** (−8.42)	−0.8323*** (−9.30)
Lev	0.0576 (0.76)	0.0639 (1.04)	0.3173*** (3.81)	0.2534*** (3.62)
ROA	1.8894*** (5.85)	1.4848*** (5.70)	2.2908*** (6.49)	1.7515*** (5.88)
CapEx	2.7005*** (9.18)	2.2788*** (9.60)	2.6753*** (8.08)	2.5098*** (8.94)
Size	0.4634*** (30.80)	0.4073*** (32.25)	0.4717*** (30.48)	0.4429*** (32.76)
TQ	−0.0201** (−2.49)	−0.0073 (−1.10)	−0.0177** (−2.01)	−0.0047 (−0.63)
MHold	0.3846*** (6.28)	0.2608*** (5.29)	0.2356*** (3.78)	0.1988*** (3.83)
MPay	0.1812*** (9.29)	0.1667*** (10.54)	0.2021*** (9.63)	0.1943*** (10.90)
State	0.0799*** (2.84)	0.0923*** (4.03)	0.0537* (1.75)	0.0773*** (2.94)

续表

变量	(1)	(2)	(3)	(4)
	LnApply1	LnApply2	LnApply1	LnApply2
Constant	-10.2998 *** (-27.20)	-9.5185 *** (-30.19)	-10.8553 *** (-28.01)	-10.7501 *** (-32.22)
Year	控制	控制	控制	控制
Industry	控制	控制	控制	控制
Adj R^2	0.448	0.444	0.375	0.391
N	15145	15145	12030	12030

注：***、** 与 * 分别表示系数在 1%、5% 与 10% 水平上显著，括号内为 t 值。

（四）指标敏感性检验

考虑到创新水平的指标设定可能对本章研究结论有影响，本章采用研发强度（RDInts）、第二年和第三年的专利申请数加 1 之后取自然对数（F2LnApply1、F3LnApply1）作为替代变量，重新对模型（5-1）进行回归。其中关于研发强度的度量，考虑到营业收入容易被管理层盈余操纵（杜群阳等，2010），本章采用“研发支出除以总资产”而非“研发支出除以营业收入”进行衡量。此外，本章还采用专利授权数（Ln3yearApply1）作为替代变量进行回归，考虑到反向因果的内生性问题以及当年申请专利可能在未来获得授权批准，因此本章采用“下一年申请并在申请当年的未来三年内授权的专利数总和加 1 之后取自然对数”进行衡量。具体回归结果如表 5-8 所示，可以看出衍生工具使用（IsDeri）与公司创新水平的关系均在 1% 水平上显著为正，支持了假设 H5-1a。

表 5-8　衍生工具使用与公司创新：创新水平的指标敏感性检验

变量	(1)	(2)	(3)	(4)
	RDInts	F2LnApply1	F3LnApply1	Ln3yearApply1
IsDeri	0.0021 *** (7.11)	0.1694 *** (5.52)	0.1515 *** (4.23)	0.2325 *** (5.71)
CF	0.0570 *** (28.43)	0.9621 *** (5.83)	1.0051 *** (5.37)	0.9513 *** (5.01)

续表

变量	(1)	(2)	(3)	(4)
	RDInts	F2LnApply1	F3LnApply1	Ln3yearApply1
FirmAge	-0.0036*** (-11.87)	-0.2543*** (-8.27)	-0.2483*** (-7.37)	-0.2789*** (-8.23)
PPE	-0.0132*** (-16.49)	-0.8691*** (-9.60)	-0.8361*** (-8.29)	-0.6337*** (-6.03)
Lev	-0.0006 (-0.81)	-0.0281 (-0.38)	-0.0409 (-0.49)	0.1364 (1.51)
ROA	-0.0148*** (-4.02)	2.1457*** (6.61)	1.5859*** (4.29)	2.8474*** (7.29)
CapEx	0.0659*** (22.00)	2.5054*** (8.60)	2.4305*** (7.40)	1.8592*** (5.67)
Size	-0.0021*** (-16.53)	0.3858*** (26.63)	0.4137*** (25.38)	0.3930*** (22.55)
TQ	0.0008*** (7.73)	-0.0189** (-2.39)	0.0192** (2.22)	-0.0457*** (-4.69)
MHold	0.0054*** (8.55)	0.3337*** (5.71)	0.3827*** (5.65)	0.2367*** (3.21)
MPay	0.0037*** (19.87)	0.1511*** (7.93)	0.1390*** (6.55)	0.1369*** (6.08)
State	0.0009*** (3.50)	0.0869*** (3.13)	0.0759** (2.45)	0.0087 (0.27)
Constant	-0.0001 (-0.03)	-8.1129*** (-22.53)	-8.7395*** (-21.98)	-8.7771*** (-21.30)
Year	控制	控制	控制	控制
Industry	控制	控制	控制	控制
Adj R^2	0.450	0.546	0.542	0.435
N	16619	14938	12049	10553

注：***、**与*分别表示系数在1%、5%与10%水平上显著，括号内为t值。

考虑到将是否使用衍生工具这一虚拟变量作为核心解释变量的单一性和可能对实证结果的影响，本章分别以公司衍生工具使用频率和衍生工具使用种类作为替代指标，重新对模型（5-1）进行回归。基于前面的理论分析，高管是公司行为的决策者和执行者，而 CEO 是公司日常经营活动中最重要的决策者和执行者（李小荣和刘行，2012），且不同 CEO 之间存在异质性，因此衍生工具使用频率的指标设定需要限定在同一个 CEO 任期内。同时本章认为当 CEO 任期大于或等于 1 年时才能对衍生工具是否使用起到决定作用，所以本章删除所有 CEO 任期小于 1 的样本，并分别采用以下两种方式定义衍生工具使用频率：（1）由于衍生工具使用的样本期间为 2010 ~ 2017 年，故仅保留 2010 年及以后入职的 CEO，将其在任期内公司衍生工具使用频率记为 DeriFreq1；（2）当 CEO 任期大于或等于 3 年时，计算最近连续 3 年内公司衍生工具使用频率，当 CEO 任期大于 1 年且小于 3 年时，计算任期内公司衍生工具使用频率，记为 DeriFreq2。此外，本章分别采用衍生工具使用的种类数（按标的资产划分的种类 DeriN1 和按产品形态划分的种类 DeriN2）替代衍生工具使用的虚拟变量（IsDeri）代入模型（5 - 1）进行检验。回归结果在表 5 - 9 中列示，可以看出，无论是衍生工具使用频率还是衍生工具使用种类均在 1% 水平上正显著①，表现出使用衍生工具的公司更创新，支持了假设 H5 - 1a。

表 5 - 9　衍生工具使用与公司创新：衍生工具使用的指标敏感性检验

变量	(1)	(2)	(3)	(4)	(5)	(6)
	LnApply1	LnApply2	LnApply1	LnApply2	LnApply1	LnApply2
DeriFreq1	0.4161 *** (6.87)	0.3480 *** (6.87)				
DeriFreq2			0.2443 *** (4.69)	0.1761 *** (3.99)		
DeriN1					0.1663 *** (6.36)	0.1301 *** (5.85)
CF	1.3296 *** (5.20)	1.1431 *** (5.62)	1.4984 *** (5.82)	1.2870 *** (6.14)	1.2999 *** (7.93)	1.1699 *** (8.89)
FirmAge	-0.1449 *** (-2.79)	-0.1192 *** (-2.83)	-0.2396 *** (-4.97)	-0.2042 *** (-5.10)	-0.2590 *** (-8.61)	-0.2108 *** (-8.53)

① 用 DeriN2 替代 IsDeri 作为解释变量代入模型（5 - 1），DeriN2 的回归系数依然在 1% 水平上显著为正，此处未进行列示。

续表

变量	(1)	(2)	(3)	(4)	(5)	(6)
	LnApply1	LnApply2	LnApply1	LnApply2	LnApply1	LnApply2
PPE	-1.2905 *** (-9.20)	-1.0384 *** (-9.34)	-1.0825 *** (-8.09)	-0.9142 *** (-8.42)	-1.0092 *** (-11.16)	-0.8532 *** (-11.77)
Lev	-0.0183 (-0.15)	0.0067 (0.07)	0.1743 (1.53)	0.1575 * (1.70)	0.0270 (0.36)	0.0375 (0.62)
ROA	1.1866 ** (2.47)	0.9724 ** (2.53)	2.4149 *** (5.00)	2.0303 *** (5.13)	1.9758 *** (6.19)	1.5437 *** (6.00)
CapEx	2.5611 *** (5.67)	2.1537 *** (5.96)	3.2482 *** (7.25)	2.7501 *** (7.51)	2.7292 *** (9.43)	2.3249 *** (9.95)
Size	0.4761 *** (21.11)	0.4114 *** (21.91)	0.4678 *** (21.70)	0.4180 *** (22.96)	0.4702 *** (32.29)	0.4157 *** (33.99)
TQ	0.0020 (0.18)	0.0064 (0.71)	-0.0138 (-1.17)	-0.0020 (-0.21)	-0.0209 *** (-2.62)	-0.0075 (-1.16)
MHold	0.2145 ** (2.39)	0.1388 * (1.94)	0.5254 *** (5.69)	0.3875 *** (5.14)	0.3972 *** (6.57)	0.2710 *** (5.57)
MPay	0.1463 *** (4.93)	0.1200 *** (5.04)	0.2213 *** (7.70)	0.2043 *** (8.68)	0.1875 *** (9.85)	0.1735 *** (11.20)
State	0.0635 (1.43)	0.0783 ** (2.18)	0.0756 * (1.86)	0.0877 *** (2.63)	0.0817 *** (2.97)	0.0938 *** (4.19)
Constant	-11.0167 *** (-19.06)	-9.7230 *** (-20.42)	-11.7039 *** (-21.83)	-10.8893 *** (-24.22)	-10.8961 *** (-30.92)	-10.0925 *** (-34.38)
Year	控制	控制	控制	控制	控制	控制
Industry	控制	控制	控制	控制	控制	控制
Adj R^2	0.451	0.449	0.476	0.471	0.458	0.455
N	6333	6333	7124	7124	15749	15749

注：***、** 与 * 分别表示系数在1%、5%与10%水平上显著，括号内为t值。

第五节 机制检验

一、融资约束机制

从融资约束视角看，衍生工具的选择性对冲很可能加大公司经营成果波动性，造成公司创新内部资金供给不足，同时衍生工具的高度复杂性带来的公司和投资者之间信息不对称程度增加很可能造成公司创新外部融资受阻和融资成本加大。目前衡量公司融资约束的主流方法有 SA 指数、KZ 指数、投资现金流敏感性以及利息支出占负债比例等。由于 SA 指数和 KZ 指数是多个因素加权后的综合性指标，不但包含很多具有内生性的金融变量与融资约束之间相互决定（鞠晓生等，2013），还容易与本章的解释变量和其他控制变量产生多重共线性，因此本章参考姜付秀等（2019）、马光荣和李力行（2014）的做法，选择投资现金流敏感性和利息支出占负债比例（DebtCost）衡量公司面临的融资约束。其中，表 5 - 10 的自由现金流与衍生工具使用的交乘项（CF × IsDeri）系数用以反映衍生工具使用对融资约束的影响。为更好地度量创新投入的现金流敏感性，表 5 - 10 中列（3）以研发投入作为因变量，结果均显示 CF × IsDeri 的系数均显著为正，说明衍生工具使用加大了自由现金流对创新投入和创新产出的敏感性，增加了公司面临的融资约束。同时，本章参照温忠麟和叶宝娟（2014）的做法进行中介效应检验，具体如表 5 - 11 所示。首先，如表 5 - 11 中列（2）和列（5）所示，从衍生工具使用对中介变量 DebtCost 回归结果来看，IsDeri 系数在 1% 水平上显著为正，说明衍生工具使用使公司融资约束增加；其次，列（3）和列（6）为控制中介变量 DebtCost 情况下衍生工具使用对公司创新水平的回归结果，可以看出 DebtCost 系数均在 1% 水平上显著为负，而 IsDeri 系数仍均在 1% 水平上显著为正且其系数相较于列（1）和列（4）的系数均有所提高，即 0. 2112 大于 0. 2045 且 0. 1604 大于 0. 1545，根据温忠麟和叶宝娟（2014）的观点，表明融资约束在衍生工具使用影响公司创新的过程中表现为“遮掩效应”，即衍生工具使用通过加大融资约束使公司创新水平降低，同时还存在衍生工具使用与公司创新水平正相关的作用路径，且这个被遮掩的路径对创新水平提高的作用效果大于融资约束增加使创新水平降低的作用效果，最终表现为使用衍生工具的公司其创新水平更高。最后，对以上结果进行 Sobel 检验，如表 5 - 11 所示，两种不同方式度量下的创新水平对应的中介效应检验统计量 Z 值（$\hat{a}\hat{b}/S_{ab}$）分别为 - 3. 1354 和 - 3. 1734，进一步说明“遮掩效应”存在。

表 5 - 10　衍生工具使用与公司创新的机制检验：融资约束（投资现金流敏感性）

变量	(1)	(2)	(3)
	LnApply1	LnApply2	RDInts
IsDeri	0. 1975 ***	0. 1480 ***	0. 0021 ***
	(6. 22)	(5. 58)	(7. 11)
CF	1. 1125 ***	0. 9971 ***	0. 0560 ***
	(6. 53)	(7. 32)	(26. 78)
CF × IsDeri	1. 2981 ***	1. 2049 ***	0. 0072 *
	(3. 47)	(3. 85)	(1. 72)
FirmAge	- 0. 2587 ***	- 0. 2107 ***	- 0. 0036 ***
	(- 8. 59)	(- 8. 53)	(- 11. 87)
PPE	- 1. 0163 ***	- 0. 8590 ***	- 0. 0133 ***
	(- 11. 23)	(- 11. 84)	(- 16. 50)
Lev	0. 0234	0. 0349	- 0. 0006
	(0. 31)	(0. 58)	(- 0. 82)
ROA	1. 9229 ***	1. 4996 ***	- 0. 0148 ***
	(6. 09)	(5. 89)	(- 4. 02)
CapEx	2. 7047 ***	2. 3046 ***	0. 0658 ***
	(9. 36)	(9. 88)	(21. 98)
Size	0. 4731 ***	0. 4183 ***	- 0. 0021 ***
	(32. 79)	(34. 48)	(- 16. 54)
TQ	- 0. 0191 **	- 0. 0060	0. 0008 ***
	(- 2. 40)	(- 0. 93)	(7. 75)

续表

变量	(1)	(2)	(3)
	LnApply1	LnApply2	RDInts
MHold	0. 4019 *** (6. 65)	0. 2747 *** (5. 65)	0. 0054 *** (8. 55)
MPay	0. 1894 *** (9. 97)	0. 1752 *** (11. 32)	0. 0037 *** (19. 89)
State	0. 0844 *** (3. 07)	0. 0957 *** (4. 27)	0. 0009 *** (3. 53)
Constant	-10. 9883 *** (-31. 47)	-10. 1723 *** (-34. 92)	-0. 0001 (-0. 02)
Year	控制	控制	控制
Industry	控制	控制	控制
Adj R^2	0. 459	0. 456	0. 450
N	15749	15749	16619

注：***、**与*分别表示系数在1%、5%与10%水平上显著，括号内为t值。

表5-11　衍生工具使用与公司创新的机制检验：融资约束（遮掩效应）

变量	(1)	(2)	(3)	(4)	(5)	(6)
	LnApply1	DebtCost	LnApply1	LnApply2	DebtCost	LnApply2
IsDeri	0. 2045 *** (6. 45)	0. 0010 *** (3. 38)	0. 2112 *** (6. 70)	0. 1545 *** (5. 82)	0. 0010 *** (3. 38)	0. 1604 *** (6. 08)
DebtCost			-6. 5292 *** (-8. 43)			-5. 7138 *** (-9. 27)
CF	1. 2986 *** (7. 93)	-0. 0122 *** (-6. 43)	1. 2190 *** (7. 44)	1. 1697 *** (8. 89)	-0. 0122 *** (-6. 43)	1. 1000 *** (8. 37)
FirmAge	-0. 2584 *** (-8. 58)	0. 0014 *** (4. 39)	-0. 2494 *** (-8. 29)	-0. 2105 *** (-8. 51)	0. 0014 *** (4. 39)	-0. 2026 *** (-8. 21)
PPE	-1. 0139 *** (-11. 21)	0. 0248 *** (26. 44)	-0. 8522 *** (-9. 35)	-0. 8567 *** (-11. 82)	0. 0248 *** (26. 44)	-0. 7152 *** (-9. 82)
Lev	0. 0252 (0. 34)	0. 0194 *** (24. 26)	0. 1517 ** (1. 99)	0. 0366 (0. 61)	0. 0194 *** (24. 26)	0. 1473 ** (2. 40)

续表

变量	(1)	(2)	(3)	(4)	(5)	(6)
	LnApply1	DebtCost	LnApply1	LnApply2	DebtCost	LnApply2
ROA	1.9399***	-0.0397***	1.6804***	1.5144***	-0.0397***	1.2874***
	(6.08)	(-11.01)	(5.26)	(5.89)	(-11.01)	(5.00)
CapEx	2.7243***	-0.0267***	2.5497***	2.3219***	-0.0267***	2.1691***
	(9.41)	(-8.82)	(8.79)	(9.93)	(-8.82)	(9.26)
Size	0.4732***	0.0005***	0.4763***	0.4184***	0.0005***	0.4211***
	(32.78)	(3.39)	(32.96)	(34.46)	(3.39)	(34.67)
TQ	-0.0198**	-0.0003***	-0.0217***	-0.0067	-0.0003***	-0.0084
	(-2.49)	(-3.50)	(-2.74)	(-1.03)	(-3.50)	(-1.30)
MHold	0.4008***	-0.0032***	0.3800***	0.2736***	-0.0032***	0.2553***
	(6.64)	(-4.95)	(6.30)	(5.62)	(-4.95)	(5.26)
MPay	0.1892***	-0.0024***	0.1732***	0.1750***	-0.0024***	0.1610***
	(9.94)	(-12.04)	(9.06)	(11.30)	(-12.04)	(10.35)
State	0.0828***	-0.0048***	0.0513*	0.0942***	-0.0048***	0.0666***
	(3.01)	(-17.24)	(1.85)	(4.20)	(-17.24)	(2.95)
Constant	-10.9896***	0.0400***	-10.7282***	-10.1738***	0.0400***	-9.9451***
	(-31.45)	(11.58)	(-30.68)	(-34.89)	(11.58)	(-34.10)
Year	控制	控制	控制	控制	控制	控制
Industry	控制	控制	控制	控制	控制	控制
Sobel 检验 Z 值		-3.1354			-3.1734	
Adj R^2	0.458	0.287	0.461	0.455	0.287	0.458
N	15749	15749	15749	15749	15749	15749

注：***、** 与 * 分别表示系数在 1%、5% 与 10% 水平上显著，括号内为 t 值。

由于财务风险高的公司更可能使用衍生工具，而这类公司通常面临更高的债务融资成本，因此前面发现的债务融资成本的遮掩效应也有可能是，财务风险更高的公司更倾向于使用衍生工具所导致的。为了排除这一替代性解释，本章用财务风险等公司财务特征进行倾向得分匹配后的样本重新检验，结果如表 5-12 所示，控制财务风险特征后融资约束的“遮掩效应”仍然存在。

表 5-12　　衍生工具使用与公司创新的机制检验：融资约束（遮掩效应）PSM 后

变量	(1)	(2)	(3)	(4)	(5)	(6)
	LnApply1	DebtCost	LnApply1	LnApply2	DebtCost	LnApply2
IsDeri	0. 1156 ***	0. 0016 ***	0. 1339 ***	0. 0715 **	0. 0016 ***	0. 0877 **
	(2. 76)	(4. 02)	(3. 21)	(2. 03)	(4. 02)	(2. 50)
DebtCost			-11. 8511 ***			-10. 4497 ***
			(-6. 96)			(-7. 39)
CF	1. 3319 ***	-0. 0082 **	1. 2342 ***	1. 2487 ***	-0. 0082 **	1. 1625 ***
	(3. 71)	(-2. 23)	(3. 45)	(4. 19)	(-2. 23)	(3. 93)
FirmAge	-0. 1953 ***	0. 0013 **	-0. 1797 ***	-0. 1666 ***	0. 0013 **	-0. 1530 ***
	(-3. 23)	(2. 15)	(-3. 00)	(-3. 27)	(2. 15)	(-3. 03)
PPE	-1. 3272 ***	0. 0258 ***	-1. 0212 ***	-1. 2241 ***	0. 0258 ***	-0. 9542 ***
	(-7. 27)	(15. 99)	(-5. 46)	(-8. 08)	(15. 99)	(-6. 17)
Lev	-0. 3547 **	0. 0210 ***	-0. 1060	-0. 2546 *	0. 0210 ***	-0. 0353
	(-2. 27)	(13. 78)	(-0. 66)	(-1. 96)	(13. 78)	(-0. 26)
ROA	3. 2132 ***	-0. 0357 ***	2. 7905 ***	2. 5481 ***	-0. 0357 ***	2. 1754 ***
	(4. 79)	(-5. 28)	(4. 17)	(4. 54)	(-5. 28)	(3. 89)
CapEx	3. 7823 ***	-0. 0248 ***	3. 4879 ***	3. 3933 ***	-0. 0248 ***	3. 1336 ***
	(6. 09)	(-4. 21)	(5. 60)	(6. 59)	(-4. 21)	(6. 06)
Size	0. 5682 ***	0. 0000	0. 5683 ***	0. 5114 ***	0. 0000	0. 5116 ***
	(21. 41)	(0. 06)	(21. 43)	(22. 47)	(0. 06)	(22. 51)
TQ	0. 0030	-0. 0001	0. 0018	0. 0129	-0. 0001	0. 0119
	(0. 15)	(-0. 50)	(0. 09)	(0. 76)	(-0. 50)	(0. 70)
MHold	0. 2533 **	-0. 0042 ***	0. 2035 *	0. 1785 *	-0. 0042 ***	0. 1346
	(2. 05)	(-3. 27)	(1. 66)	(1. 73)	(-3. 27)	(1. 32)
MPay	0. 1672 ***	-0. 0030 ***	0. 1318 ***	0. 1716 ***	-0. 0030 ***	0. 1403 ***
	(4. 49)	(-8. 58)	(3. 54)	(5. 47)	(-8. 58)	(4. 46)
State	0. 1044 *	-0. 0051 ***	0. 0439	0. 1349 ***	-0. 0051 ***	0. 0816 *
	(1. 80)	(-10. 40)	(0. 75)	(2. 76)	(-10. 40)	(1. 66)

续表

变量	(1)	(2)	(3)	(4)	(5)	(6)
	LnApply1	DebtCost	LnApply1	LnApply2	DebtCost	LnApply2
Constant	-12.6504*** (-19.09)	0.0552*** (9.09)	-11.9964*** (-17.97)	-12.1172*** (-21.42)	0.0552*** (9.09)	-11.5406*** (-20.25)
Year	控制	控制	控制	控制	控制	控制
Industry	控制	控制	控制	控制	控制	控制
Sobel 检验 Z 值		-3.4781			-3.5280	
Adj R^2	0.460	0.299	0.467	0.469	0.299	0.476
N	4126	4126	4126	4126	4126	4126

注：***、** 与 * 分别表示系数在 1%、5% 与 10% 水平上显著，括号内为 t 值。

二、高管风险承担意愿机制

通过前述从融资约束视角进行的中介效应检验结果来看，衍生工具使用与公司创新之间的关系还存在其他影响效果更大的正向作用机制。本章结合假设部分的理论分析，尝试从高管风险承担意愿视角进行验证。汪小圈等（2015）认为越是风险偏好的人越可能进行股票、债券、基金等一般性金融资产的投资，而衍生工具相对于一般性金融资产，更具高复杂、高杠杆和高风险性特征（郭飞等，2019），同时多数使用衍生工具的公司并没有进行纯粹的套期保值，它们基于对市场走势的判断改变套期保值规模和时间从而积极承担一定风险，实施“选择性对冲”策略，因此在实务中衍生工具使用已经从纯粹规避风险转向有选择地承担特定风险的行为（刘淑莲，2009）。

（一）同时考虑 CEO 风险承担意愿和极端的赌博式投机心理

本书第三章的研究已经证明 CEO 风险承担意愿是上市公司衍生工具使用的重要影响因素，同时还发现 CEO 在极端情况下可能具备的赌博式投机心理也会增加使用衍生工具的可能性，因此可以推断衍生工具使用很可能意味着高管具有较高风险承担意愿或极端情况下的赌博式投机心理特质。本章将其他衡量高管这两种心理特质的指标考虑进来重新对样本进行配对后再对模型（5－1）回归，第三章研究表明 CEO 预期任期二次项能够较好地刻画 CEO 前述两种心理特质。如果确实如本章理论分析中指出的那样，是衍生工具使用表征的高管风险承担意愿导致使用衍生工具的公司表现出更多的创新，那么样本匹配后衍生工具使用因捕捉不到高管风险承担意愿的内在特质，应该导致 IsDeri 的回归系数不再显著为正。因此，本章再次采用倾向得分匹配（PSM）方法重新对样本进行回归，具体步骤参见前面稳健性测试部分的 PSM 方法。值得强调的是，本部分与前面的不同在于，在第一步匹配的协变量中除了加入前面已有的协变量外，还加入了衡量高管风险承担意愿和极端情况下的赌博式投机心理的指标 CEO 预期任期①（ETenure）及其二次项（$ETenure^2$）。

结果在表 5－13、图 5－2 和表 5－14 中列示。其中，表 5－13 表明在经过配对之后，使用衍生工具的样本和未使用衍生工具在公司特征、CEO 预期任期及其二次项等方面组间差异由显著均变为不显著，满足平衡性检验，说明 PSM 匹配效果较好。从图 5－2 可以看出，匹配后处理组和控制组满足共同支撑假设。表 5－14 列示了配对后的回归结果，可以看出此时衍生工具使用（IsDeri）系数由之前的显著为正变为不显著，说明当 PSM 过程中考虑高管风险承担意愿的其他替代性指标之后，衍生工具使用由于捕捉不到高管的风险承担意愿，与创新之间关系不再显著，从而用反证法说明了使用衍生工具的公司其创新水平更高的作用机制正是由于高管的风险承担意愿所致。

表 5－13　倾向得分匹配（PSM）平衡性假设检验：考虑 CEO 心理特质的影响

变量	Unmatched	Mean		标准偏差	t 检验	
	Matched	Treated	Control		t 统计量	p > |t|
CF	U	0.006	0.003	3.900	1.610	0.108
	M	0.001	0.004	-4	-0.990	0.321

① 与本书第三章一致，参考现有文献（张兆国等，2014；Antia et al.，2010）的做法，采用公式（a）对 CEO 预期任期（ETenure）进行衡量，仅保留 CEO 任期大于等于 1 的样本：

$$ETenure_{i,t}=(CEOTenureInd_{i,t}-CEOTenure_{i,t})+(CEOAgeInd_{i,t}-CEOAge_{i,t})\quad(a)$$

其中，$CEOTenureInd_{i,t}$为 i 公司所在行业所有 CEO 在 t 年已任期限平均值；$CEOTenure_{i,t}$为 i 公司 CEO 在 t 年已任期限；$CEOAgeInd_{i,t}$为 i 公司所在行业所有 CEO 在 t 年年龄的平均值；$CEOAge_{i,t}$为 i 公司 CEO 在 t 年年龄。

续表

变量	Unmatched	Mean		标准偏差	t 检验	
	Matched	Treated	Control		t 统计量	p > |t|
FirmAge	U	2. 683	2. 681	0. 400	0. 150	0. 883
	M	2. 686	2. 661	6. 100	1. 500	0. 133
PPE	U	0. 234	0. 207	16. 80	6. 920	0. 000
	M	0. 229	0. 223	3. 700	0. 910	0. 363
Lev	U	0. 466	0. 390	37. 30	15. 27	0. 000
	M	0. 434	0. 429	2. 500	0. 620	0. 535
ROA	U	0. 044	0. 0487	-11. 30	-4. 590	0. 000
	M	0. 044	0. 0461	-6. 300	-1. 560	0. 120
CapEx	U	0. 057	0. 0542	5. 400	2. 210	0. 027
	M	0. 056	0. 0544	4	0. 990	0. 324
Size	U	22. 64	21. 91	56. 20	25. 28	0. 000
	M	22. 24	22. 25	-1	-0. 240	0. 810
TQ	U	2. 230	2. 851	-37	-13. 93	0. 000
	M	2. 419	2. 475	-3. 600	-0. 890	0. 373
MHold	U	0. 122	0. 158	-17. 10	-6. 850	0. 000
	M	0. 138	0. 152	-6. 700	-1. 650	0. 100
MPay	U	14. 45	14. 20	36. 70	15. 80	0. 000
	M	14. 27	14. 30	-3. 700	-0. 920	0. 359
State	U	0. 326	0. 365	-8. 300	-3. 410	0. 001
	M	0. 342	0. 334	1. 800	0. 430	0. 667
QuickR	U	1. 290	2. 069	-32. 80	-11. 73	0. 000
	M	1. 454	1. 510	-2. 900	-0. 710	0. 475
ForeiSR	U	0. 261	0. 105	68. 10	32. 57	0. 000
	M	0. 173	0. 161	5. 600	1. 380	0. 167
PayOut	U	0. 303	0. 279	8. 200	3. 490	0. 000
	M	0. 287	0. 294	-2. 600	-0. 630	0. 528
ETenure	U	-0. 423	0. 015	-5. 600	-2. 370	0. 018
	M	-0. 165	-0. 541	4. 700	1. 160	0. 245
$ETenure^2$	U	65. 39	57. 83	8. 600	3. 730	0. 000
	M	63. 80	61. 89	2. 200	0. 530	0. 596

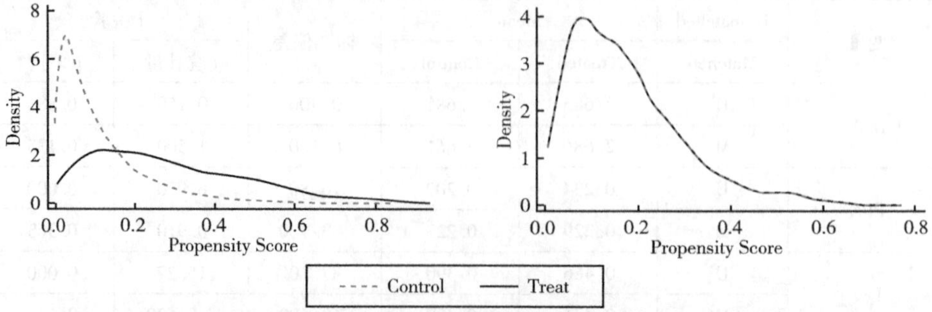

图 5-2 反证法匹配前（左图）与匹配后（右图）核密度函数

表 5-14 衍生工具使用与公司创新的机制检验：考虑 CEO 心理特质（PSM）

变量	(1)	(2)
	LnApply1	LnApply2
IsDeri	0.0756 (1.42)	0.0414 (0.95)
CF	1.9542 *** (4.62)	1.6086 *** (4.71)
FirmAge	-0.1055 (-1.41)	-0.1033 * (-1.68)
PPE	-1.4371 *** (-6.03)	-1.1994 *** (-6.23)
Lev	0.2109 (1.08)	0.2270 (1.42)
ROA	4.0224 *** (4.48)	3.3377 *** (4.57)
CapEx	3.9707 *** (4.99)	3.1264 *** (4.82)
Size	0.4579 *** (12.32)	0.4117 *** (13.15)
TQ	0.0086 (0.36)	0.0182 (0.92)

续表

变量	(1)	(2)
	LnApply1	LnApply2
MHold	0.3891 ** (2.50)	0.2906 ** (2.25)
MPay	0.1464 *** (2.97)	0.1398 *** (3.45)
State	0.0231 (0.32)	0.0414 (0.70)
Constant	-10.1981 *** (-10.41)	-9.6263 *** (-11.83)
Year	控制	控制
Industry	控制	控制
Adj R^2	0.420	0.419
N	2412	2412

注：***、** 与 * 分别表示系数在 1%、5% 与 10% 水平上显著，括号内为 t 值。

（二）赌博式投机心理与风险承担意愿的辨析

为更好地证明是 CEO 风险承担意愿而非赌博式投机心理导致公司创新增加，必须做进一步分析。公司在实际运作中，会存在高管使用衍生工具是出于“搏一把”的赌博式投机心理，在这种特殊情况下，高管可能既不是为彰显能力也不是以承担高风险为代价追求高回报，仅仅是面临困境时的孤注一掷（Stulz，1996），寻求赌博复活或风险转移，成功则分享收益，失败则只承担很少责任。具有赌博式投机心理的高管必然不可能从事回报周期长的高风险项目，因此衍生工具使用如果出于赌博式投机心理，则应该观测到公司更少的创新。为证明这一推论，捕捉高管的赌博式投机心理，本章考察高管面临预期任期结束时可能“孤注一掷”的情形下，衍生工具使用与公司创新之间的关系。

预期任期会影响高管的决策偏好（Antia et al.，2010；张兆国等，2014）。当高管预期其未来任期较长时，倾向于主动进行诸如研发投资等周期长、风险高项目，以增加自身未来收益；预期任期较短则容易引发短视决策，高管更可能为短期绩效而放弃增加公司长期价值的项目，以增加自身当前收益。但高管这类短视行为并不一定等同于低风险行为。参考第三章的理论分析部分，当高管预期任期即将结束且一旦离任自身利益与公司关联很小时，为寻求任期延长而追求速胜或获得离任前更大的收益，高管更可能“孤注一掷”，进行赌博式的高风险投机行为，即使其明知自己不具备充足的信息和相应的能力，一旦成功其将分享收益或增加延长任期的可能，而失败则通常最多失去本就所剩无多的职位。因此，当高管预期任期即将结束，且离任后自身利益与公司关联很小时，使用衍生工具的决策很可能反映其“搏一把”的投机心理，而非风险承担意愿，应该发现衍生工具使用与公司创新的负相关关系。为界定高管预期任期即将结束，且离任后自身利益与公司关联很小这一特殊情景，本章在第三章定义 CEO 赌博式投机心理的基础上，进一步将条件进行更严格的限定，以更好地刻画当 CEO 具有这种极端的赌博心理时对公司创新的影响。具体地，当同时满足以下条件[①]时，变量 Extreme 为 1：（1）当 CEO 预期任期取下 20% 分位，表明很可能任期结束；（2）非国有公司，国有公司高管任职更可能非市场化，即使 CEO 离任其自身利益仍然与公司可能存在较大联系；（3）不持有公司股份，此时离任后与公司利益关联更小。其他情况下，Extreme 取 0。本章以 Extreme 作为分组变量，重新检验衍生工具使用与公司创新之间的关系，结果如表 5-15 所示。当 Extreme 等于 1，即 CEO 预期任期即将结束，且离任后自身利益与公司关联很小时，表 5-15 中列（1）和列（2）衍生工具使用与公司创新关系显著为负，表明特殊情况下衍生工具使用表征高管赌博式投机心理，而这种心理的高管必然减少公司创新；当 Extreme 等于 0，即 CEO 不处于“孤注一掷”困境时，列（3）和列（4）衍生工具使用与公司创新关系显著为正，且相较于表 5-3 主回归的系数有所提高，说明删除 CEO 可能存在赌博式投机心理的样本之后，使用衍生工具的公司其创新水平提高得更多，能更好地捕捉高管风险承担意愿，与假设 H5-1a 相符。

---

① 相较于第三章此处对“离任后自身利益与公司关联很小”作出更严格的限定，以捕捉 CEO 更极端的心理。

表 5 - 15　衍生工具使用与公司创新：赌博式投机心理 VS. 风险承担意愿

变量	(1)	(2)	(3)	(4)
	Extreme = 1		Extreme = 0	
	LnApply1	LnApply2	LnApply1	LnApply2
IsDeri	-0. 3089 * (-1. 93)	-0. 3841 *** (-2. 90)	0. 2242 *** (6. 93)	0. 1758 *** (6. 49)
CF	1. 1958 (1. 36)	0. 9804 (1. 48)	1. 3199 *** (7. 91)	1. 1848 *** (8. 83)
FirmAge	-0. 4785 *** (-2. 60)	-0. 3984 *** (-2. 81)	-0. 2446 *** (-7. 98)	-0. 2005 *** (-7. 95)
PPE	0. 8209 (1. 62)	0. 6020 (1. 58)	-1. 0692 *** (-11. 62)	-0. 8965 *** (-12. 14)
Lev	-0. 0239 (-0. 07)	-0. 0902 (-0. 34)	0. 0286 (0. 37)	0. 0433 (0. 70)
ROA	1. 8681 (1. 22)	1. 3878 (1. 20)	1. 8700 *** (5. 73)	1. 4718 *** (5. 58)
CapEx	1. 4766 (0. 91)	0. 6910 (0. 56)	2. 7233 *** (9. 24)	2. 3389 *** (9. 82)
Size	0. 4234 *** (4. 29)	0. 3614 *** (4. 74)	0. 4727 *** (32. 21)	0. 4179 *** (33. 83)
TQ	-0. 0368 (-1. 04)	-0. 0324 (-1. 21)	-0. 0188 ** (-2. 28)	-0. 0058 (-0. 87)
MHold	0. 1901 (0. 37)	-0. 0085 (-0. 02)	0. 3610 *** (5. 83)	0. 2426 *** (4. 86)
MPay	0. 2876 *** (2. 76)	0. 2572 *** (3. 15)	0. 1883 *** (9. 72)	0. 1754 *** (11. 11)
State	— —	— —	0. 0649 ** (2. 30)	0. 0806 *** (3. 50)

续表

变量	(1)	(2)	(3)	(4)
	Extreme = 1		Extreme = 0	
	LnApply1	LnApply2	LnApply1	LnApply2
Constant	-11.2912*** (-5.00)	-9.9766*** (-5.50)	-10.9536*** (-30.75)	-10.1551*** (-34.15)
Year	控制	控制	控制	控制
Industry	控制	控制	控制	控制
Adj R^2	0.370	0.366	0.461	0.458
N	516	516	15233	15233

注：***、** 与 * 分别表示系数在 1%、5% 与 10% 水平上显著，括号内为 t 值。

第六节　进一步检验

前面的研究表明，公司的衍生工具使用表征了高管风险承担意愿，这种勇于冒险和敢于挑战的个性是一种有价值的人格特质，推动着公司持续创新，因此高管风险承担意愿是公司创新的内在动力。然而，影响公司创新愿力的因素除高管风险承担意愿外，还受到公司外部环境的影响。此外，公司创新活动的开展只有满腔热情的愿力是不够的，还需要创新财力和能力的支持。因此，本章进一步分析高管风险承担意愿带来的创新愿力增加如何受到外部环境的影响，以及创新愿力与创新财力和能力之间的相互作用关系，将创新愿力、创新财力与创新能力放入同一个研究框架。

一、愿力的替代作用：行业竞争压力和市场化水平的调节

首先，考察行业竞争压力对高管风险承担意愿带来的创新水平增加的影响。公司行业竞争压力的大小主要取决于其产品市场势力，而产品市场势力的高低是由其产品本身的品质和新颖程度决定的（Datta et al.，2013）。当公司的产品市场势力越低时，其高管面临的行业竞争压力将越大，此时即使高管不

具备较高的风险承担意愿，也会出于薪酬水平和职业发展等自身利益考虑，有动机去主动寻求创新和突破，即较低的产品市场势力带来的行业竞争压力将迫使高管不得不创新，此时其自身的高风险承担意愿带来的创新增加的作用将会被减弱。参考周夏飞和周强龙（2014）的思想，本章用产品市场势力的相反数衡量公司的行业竞争压力（ICP）。对于产品市场势力，先用（营业收入－营业成本）/营业收入计算出每个公司每年的勒纳指数值，然后用每个公司每年的勒纳指数值减去同行业同年度的平均勒纳指数值，得到公司每年的产品市场势力。为证明以上分析，本章以衍生工具使用（IsDeri）为关键解释变量，并将 ICP 以及 ICP 与 IsDeri 的交乘项加入模型（5－1）进行回归，结果如表 5－16 中列（1）和列（2）所示，交乘项系数显著为负，说明随着行业竞争压力（ICP）带来的公司创新意愿和动力增强，衍生工具使用表征的高管风险承担意愿对创新的促进作用被削弱，即行业竞争压力和高管风险承担意愿两者带来的创新愿力增加是相互替代的。

其次，考察市场化水平对高管风险承担意愿带来的创新水平增加的影响。激烈和健康的市场竞争环境是公司从事技术创新的内在动力（韩先锋等，2014），在市场化水平高的地区，市场竞争激烈程度和健康程度都会有所提高，同时法律制度更加完善，更注重对知识产权的保护，这时即使高管的风险承担意愿较低，也会将更多精力投入创新活动中，并将创新成果申请专利。因此，良好的外部环境带来的创新愿力增加会使高管风险承担意愿对创新的促进作用减弱。本章用王小鲁等（2017）的市场化指数①衡量公司所处的不同年份不同地区的市场化水平（ML）。为证明以上分析，本章以衍生工具使用（IsDeri）为关键解释变量，并将 ML 以及 ML 与 IsDeri 的交乘项加入模型（5－1）进行回归，结果如表 5－16 中列（3）和列（4）所示，交乘项系数显著为负，说明随着公司所处市场化水平（ML）的提高，衍生工具使用表征的高管风险承担意愿对创新的促进作用被削弱，即市场化水平和高管风险承担意愿两者带来的创新愿力增加是相互替代的。

---

① 参考王小鲁等 2016 年编制的中国市场化指数，由于 2016 年版的市场化指数只更新到 2014 年，根据已有文献做法，2015～2017 年的评分由最近三年的移动平均得到。

表 5-16　衍生工具使用与公司创新：愿力的替代作用

变量	(1)	(2)	(3)	(4)
	LnApply1	LnApply2	LnApply1	LnApply2
IsDeri	0.2481*** (6.70)	0.1937*** (6.25)	0.1904*** (5.77)	0.1439*** (5.21)
IsDeri × ICP	-1.2190*** (-4.53)	-1.0308*** (-4.71)		
ICP	0.4369*** (5.26)	0.3345*** (5.07)		
IsDeri × ML			-0.0364** (-2.11)	-0.0305** (-2.15)
ML			0.0765*** (11.19)	0.0607*** (11.06)
CF	1.3890*** (8.45)	1.2392*** (9.38)	1.2329*** (7.54)	1.1175*** (8.51)
FirmAge	-0.2578*** (-8.59)	-0.2100*** (-8.52)	-0.2633*** (-8.82)	-0.2144*** (-8.74)
PPE	-1.0710*** (-11.78)	-0.9011*** (-12.36)	-0.9327*** (-10.42)	-0.7923*** (-11.03)
Lev	-0.0630 (-0.83)	-0.0319 (-0.52)	0.0540 (0.72)	0.0595 (0.99)
ROA	2.3755*** (7.26)	1.8495*** (7.02)	2.0300*** (6.38)	1.5866*** (6.18)
CapEx	2.7971*** (9.69)	2.3773*** (10.19)	2.6408*** (9.20)	2.2559*** (9.72)
Size	0.4818*** (33.37)	0.4252*** (34.99)	0.4804*** (33.42)	0.4241*** (35.08)
TQ	-0.0114 (-1.42)	-0.0001 (-0.01)	-0.0191** (-2.39)	-0.0061 (-0.94)
MHold	0.4182*** (6.92)	0.2873*** (5.91)	0.3613*** (5.98)	0.2422*** (4.98)

续表

变量	(1)	(2)	(3)	(4)
	LnApply1	LnApply2	LnApply1	LnApply2
MPay	0.1912*** (10.07)	0.1763*** (11.42)	0.1486*** (7.66)	0.1428*** (9.04)
State	0.0699** (2.54)	0.0842*** (3.75)	0.1123*** (4.09)	0.1176*** (5.25)
Constant	-11.1843*** (-32.12)	-10.3247*** (-35.50)	-11.0670*** (-31.79)	-10.2341*** (-35.23)
Year	控制	控制	控制	控制
Industry	控制	控制	控制	控制
Adj R^2	0.460	0.458	0.463	0.460
N	15749	15749	15749	15749

注：***、**与*分别表示系数在1%、5%与10%水平上显著，括号内为t值。

二、财力和能力的互补作用：政府补助和技术人员的调节

首先，考察政府补助对高管风险承担意愿带来的创新水平增加的影响。巧妇难为无米之炊，公司创新活动的开展除了需要有创新愿力外，还要有财力支持。因此，财力支持应该与衍生工具使用表征的高管风险承担意愿形成互补作用，共同促进公司创新。在中国资本市场还不够完善的当下，创新过程的机密性和创新产出的无形性使资金需求者和供给者之间面临严重的信息不对称，公司常常难以获得有效的外部资金支持，导致创新投入不足。政府补助以鼓励的方式给公司创新提供大量资金支持，降低了公司创新成本（Lach，2002），使创新活动顺利开展。由于因变量创新水平用公司专利申请数加1之后的自然对数进行衡量，为了使变量之间更好地对应，本章对政府补助也加1后取自然对数，记为LnSubsidy。为证明以上分析，本章以衍生工具使用（IsDeri）为关键解释变量，并将LnSubsidy以及LnSubsidy与IsDeri的交乘项加入模型（5-1）进行回归，结果如表5-17的列（1）和列（2）所示，交乘项系数显著为正，说明随着公司获得的政府补助（LnSubsidy）增加，衍生工具使用表征的高管

风险承担意愿对创新的促进作用更强，即政府补助带来的财力支持和高管风险承担意愿带来的愿力增加是互补的，共同促进公司创新。

其次，考察技术人员对高管风险承担意愿带来的创新水平增加的影响。公司创新水平的提高除了创新愿力和财力外，也少不了能力的支持，而能力来源于创新过程中的技术人员，他们是创新活动得以开展的主体，在创新过程中起着不可替代的主导作用（蒋伏心等，2013）。参考对政府补助的衡量，本章对技术人员投入的衡量亦采用公司技术人员数量加 1 之后取自然对数，记为 LnTechPerson。为证明以上分析，本章以衍生工具使用（IsDeri）为关键解释变量，并将 LnTechPerson 以及 LnTechPerson 与 IsDeri 的交乘项加入模型（5－1）进行回归，结果如表 5－17 的列（3）和列（4）所示，交乘项系数显著为正，说明随着公司技术人员（LnTechPerson）增加，衍生工具使用表征的高管风险承担意愿对创新的促进作用更强，即技术人员带来的能力支持和高管风险承担意愿带来的愿力增加是互补的，共同促进公司创新。

表 5－17　　衍生工具使用与公司创新：财力和能力的互补作用

变量	(1)	(2)	(3)	(4)
	LnApply1	LnApply2	LnApply1	LnApply2
IsDeri	0.1699 *** (5.01)	0.1138 *** (4.03)	0.1307 *** (4.13)	0.0819 *** (3.19)
IsDeri × LnSubsidy	0.0327 * (1.90)	0.0463 *** (3.03)		
LnSubsidy	0.0752 *** (14.32)	0.0607 *** (14.09)		
IsDeri × LnTechPerson			0.1351 *** (6.20)	0.1470 *** (7.77)
LnTechPerson			0.4572 *** (33.21)	0.3790 *** (34.56)
CF	1.2515 *** (7.39)	1.1345 *** (8.34)	0.5875 *** (3.37)	0.5703 *** (4.07)
FirmAge	－0.2296 *** (－7.60)	－0.1904 *** (－7.69)	－0.2458 *** (－7.60)	－0.1996 *** (－7.55)

续表

变量	(1)	(2)	(3)	(4)
	LnApply1	LnApply2	LnApply1	LnApply2
PPE	-1.1093***	-0.9310***	-1.0828***	-0.9143***
	(-12.07)	(-12.62)	(-11.50)	(-12.11)
Lev	0.0520	0.0597	0.0296	0.0387
	(0.69)	(0.98)	(0.38)	(0.62)
ROA	2.0034***	1.6058***	2.0084***	1.5897***
	(6.19)	(6.15)	(6.23)	(6.12)
CapEx	2.5324***	2.1846***	1.5548***	1.3835***
	(8.66)	(9.25)	(5.03)	(5.53)
Size	0.3999***	0.3585***	0.1764***	0.1707***
	(25.63)	(27.50)	(9.98)	(11.79)
TQ	-0.0254***	-0.0123*	-0.0197**	-0.0074
	(-3.07)	(-1.84)	(-2.40)	(-1.12)
MHold	0.3480***	0.2382***	0.3984***	0.2788***
	(5.78)	(4.91)	(6.52)	(5.66)
MPay	0.1718***	0.1616***	0.1176***	0.1138***
	(8.93)	(10.33)	(5.86)	(6.97)
State	0.0749***	0.0904***	0.0054	0.0340
	(2.70)	(4.00)	(0.19)	(1.47)
Constant	-10.4035***	-9.6943***	-5.4641***	-5.5596***
	(-28.89)	(-32.37)	(-12.99)	(-16.13)
Year	控制	控制	控制	控制
Industry	控制	控制	控制	控制
Adj R^2	0.456	0.456	0.494	0.496
N	15374	15374	13536	13536

注：***、** 与 * 分别表示系数在 1%、5% 与 10% 水平上显著，括号内为 t 值。

第七节 本章小结

实践中上市公司使用衍生工具更多为选择性对冲，高管风险承担意愿成为促进衍生工具使用的重要影响因素，因此衍生工具使用这一显性和即时的财务决策很可能表征高管的高风险承担意愿，由此产生使用衍生工具的公司更愿意从事其他类似高风险活动的表征效应。为证明该效应的存在必须排除衍生工具使用带来融资约束恶化的经济效应，公司创新作为需要持续财力支持并具备高度不确定性的投资活动，其对融资约束和高管风险承担意愿的敏感性特征，刚好为本章检验衍生工具表征效应的存在提供独特场景。本章以后金融危机时期 2010～2018 年中国沪深 A 股上市公司为研究对象，考察了使用衍生工具的公司是否更创新，并且从融资约束和高管风险承担意愿两个视角对所观察到的现象进行了深入分析，以验证衍生工具使用的表征效应。

研究发现，使用衍生工具的公司其创新水平更高，且上述结论在经过一系列稳健性检验后仍然成立。本书第四章关于衍生工具经济效应的研究已经表明，中国上市公司使用衍生工具会对其债务融资带来负面影响，并且当前债务融资是企业主要的资金来源，从衍生工具经济效应看使用衍生工具的公司创新水平可能更低。因此必然存在其他机制导致使用衍生工具的公司表现出更高的创新水平，而风险承担意愿很可能发挥这一作用。

作用机制检验发现，衍生工具使用通过加大融资约束降低了公司创新水平，表现为“遮掩效应”，而衍生工具使用表征的高管风险承担意愿带来了创新水平的提高，且风险承担意愿带来的创新水平提高程度大于融资约束恶化带来的创新水平降低程度，最终表现为衍生工具使用与公司创新的正相关关系。此外，衍生工具使用也可能出于赌博式投机这种极端心理，书中研究证实赌博式投机心理与公司创新之间显著负相关，进一步表明使用衍生工具的公司更创新是由于高管风险承担意愿而非赌博式投机心理所致。

进一步研究中，本章分别从创新愿力的替代因素和互补因素两个方面进行分析，发现当公司所处行业竞争压力更大和市场化水平更高时，外部的创新压力和创新动力更足，此时对衍生工具使用表征的高管风险承担意愿带来的创新增加起到了替代作用；当公司得到的政府补助和拥有的技术人员更多时，政府补助带来的创新财力和技术人员带来的创新能力与衍生工具使用表征的高管风险承担意愿带来的创新愿力起到了互补作用。

第六章

研究总结与政策建议

第一节　研究总结

一、研究结论

后金融危机时期世界经济增速放缓、贸易摩擦增加、保护主义和单边主义加剧，加上全球疫情蔓延，国际金融市场上利率、汇率和大宗商品价格的波动进一步加剧。在国际环境不确定性因素增加的大背景下，中国的国际化步伐不断加快，利率和汇率市场化改革不断深入，国内外金融市场上利率、汇率和大宗商品价格的波动对中国企业经营业绩的影响日益加深，给中国企业尤其是上市公司的生产经营带来了日益增加的风险敞口。

作为公司重要的风险管理手段，衍生工具过去几十年里在全球范围内呈指数级增长，衍生工具已经成为国际优秀企业管理风险的有效工具。作为发达国家的美国和英国，其非金融公司衍生工具使用率将近60%，作为发展中国家的土耳其，其非金融公司衍生工具使用率也达到36%，而中国非金融上市公司衍生工具使用率虽然整体呈逐年增长趋势，但平均只有约16%。此外，衍生工具产生的初衷是建立对冲组合降低外部环境变化带来的汇率、利率和商品价格等的波动风险，实现套期保值，但实务中衍生工具是一把“双刃剑”，既可能成为风险对冲工具也可能成为投机工具，导致衍生工具使用的经济后果具有不确定性，尤其是在投机情况下，其不仅不能够对冲风险甚至可能成为公司风险的来源和放大器，特别是国内外历史上出现的一些公司使用衍生工具产生巨额亏损的案例让人触目惊心。这些现象引发了学者和实务界人士对衍生工具使用效应以及中国上市公司衍生工具使用率低下原因的深入思考。

目前国外关于衍生工具使用的研究较为丰富，主要包括衍生工具使用动因，衍生工具对公司风险、公司价值，以及包括投资者、分析师、审计师等在内的外部利益相关者决策的影响等。而国内无论是衍生工具使用的影响因素，还是使用效应的研究均较少。少数学者集中在衍生工具使用对公司价值、风险管理和盈余质量的影响，也有极少数学者研究了衍生工具使用对分析师和审计师的影响，但这些研究均不能很好地解释虽然中国上市公司面临日益加深的外部环境风险，却很少使用衍生工具进行风险管理这一现实问题。同时，由于衍生工具具有风险对冲和投机套利双重目的，无论是国内还是国外关于衍生工具使用效应的研究均没有得到一致结论。因此，在当前亟待衍生工具发挥风险对冲作用的经济动荡背景下，如何基于中国特殊制度环境和经济环境，研究中国上市公司衍生工具使用的影响因素和使用效果，保证实体经济健康可持续发展，具有重要的理论和现实意义。

本书以 2010～2018 年中国沪深 A 股非金融上市公司为样本，通过文本搜索和阅读年度财务报告的方式获得上市公司衍生工具使用数据，研究后金融危机时期中国上市公司衍生工具使用的影响因素以及带来的经济效应和表征效应。首先，本书基于高阶理论和风险决策理论，以及中国上市公司衍生工具合约更多地表现为选择性对冲的现实背景，研究高管风险承担意愿和赌博式投机心理的异质性特征对上市公司衍生工具使用决策的影响；其次，本书将公司债务分为有息债务和无息债务，基于信息不对称理论和信用风险框架理论，研究衍生工具使用对上市公司融资约束的影响，即衍生工具使用带来上市公司债务融资成本和商业信用融资变化的经济效应；最后，本书在前述实证研究结论的基础上，基于高管风险承担意愿和融资约束视角，区分衍生工具使用的经济效应和表征效应，研究衍生工具使用与公司创新的关系。具体研究结论如下。

第一，高管风险承担意愿和赌博式投机心理对上市公司衍生工具使用决策的影响。研究发现：（1）在 CEO 风险承担意愿占主导时，上市公司更可能使用衍生工具；在 CEO 赌博式投机心理占主导时，上市公司也更可能使用衍生工具。即，相较于其他情况，具有赌博式投机心理和高风险承担意愿 CEO 均更可能使用衍生工具，且一系列稳健性检验也均表明 CEO 这两类心理特征影响上市公司衍生工具使用决策。(2) 赌博式投机心理 CEO 所在的公司只占到上市公司整体的很少部分，绝大部分上市公司使用衍生工具主要受高管风险承担意愿的影响，即，高管风险承担意愿对上市公司衍生工具使用存在显著的促进作用。(3) 具备衍生工具专业才能的上市公司其他高管更可能支持 CEO 基于公司利益使用衍生工具，而不支持 CEO 基于自身利益进行衍生工具的赌博式投机。其他高管相较于 CEO 更关注公司未来利益，因此其他高管金融背景发挥的作用也意味着，CEO 风险承担意愿推动的公司衍生工具使用是站在公司利益角度上使用的。(4) CEO 预期任期与上市公司衍生工具使用可能性之间呈“U”形关系。当 CEO 预期任期很短时，CEO 更可能使用衍生工具进行赌博式投机；当 CEO 预期任期较长时，CEO 自身利益与公司利益相关性会增强，其会减少以赌博式投机为目的的衍生工具使用，同时随着预期任期进一步增加，CEO 更可能为了公司利益使用衍生工具。同时，本书发现在赌博式投机心理主导下，CEO 预期任期与上市公司衍生工具使用可能性显著负相关；在剔除 CEO 很可能具备赌博式投机心理观测样本后，CEO 预期任期与上市公司衍生工具使用可能性显著正相关；CEO 预期任期二次项能够较好地刻画 CEO 风险承担意愿和赌博式投机心理这两类心理特质。(5) 本书发现 CEO 风险承担意愿越高公司使用衍生工具越不可能满足 CAS24 (2006) 对套期保值有效的要求进行纯粹套期保值，而更可能是选择性对冲。

第二，衍生工具使用影响上市公司债务融资的经济效应，包括对上市公司债务融资成本和商业信用融资的影响。首先，在债务融资成本方面。(1) 以银行和债券投资者为代表的债权人在进行信贷决策和债券投资时会关注债务公司衍生工具的使用情况，且相对于未使用衍生工具的上市公司，使用衍生工具的上市公司债务融资成本更高，且在采用一系列稳健性检验之后，结论依然成立。(2) 机制检验表明，上市公司信息风险和经营风险的增加是衍生工具使用增加债务融资成本的中介路径。(3) 异质性检验发现，在上市公司机构投资者持股比例更高和内部控制质量更高时，衍生工具使用增加债务融资成本的负面影响会减小，说明良好的内外部公司治理能够缓解衍生工具使用的负面影响。其次，在商业信用融资方面。(1) 供应商在进行授信决策时会关注下游公司衍生工具的使用情况，且相对于未使用衍生工具的上市公司，使用衍生工具的上市公司获得了较少的商业信用融资，且在采用一系列稳健性检验之后，结论依然成立。(2) 机制检验表明，上市公司信息风险和经营风险的增加是衍生工具使用降低商业信用融资的中介路径。(3) 异质性检验表明，上市公司使用衍生工具降低商业信用融资的负面影响在前五大供应商采购额占比高时更强，而在上市公司产品毛利率高时更弱，说明衍生工具使用对上市公司商业信用融资降低的负面影响受到供应链上下游公司议价能力高低的影响，当供应商议价能力强时这种负面影响会加大，而当上市公司自身议价能力强时这种负面影响会减小。

第三，基于融资约束和高管风险承担意愿视角的衍生工具使用与公司创新之间的经济效应和表征效应。研究发现：(1) 衍生工具使用与公司创新水平之间具有显著的正相关关系，表现为使用衍生工具的上市公司其创新水平更高。(2) 机制检验表明，衍生工具使用通过加大公司融资约束降低了公司创新水平，存在“遮掩效应”，而衍生工具使用表征的高管风险承担意愿导致公司创新水平的增加，且高管风险承担意愿导致的创新水平提高程度大于融资约束恶化导致的创新水平降低程度，两个方面因素的共同作用最终导致使用衍生工具的上市公司其创新水平更高。(3) 进一步对高管风险承担意愿和赌博式投机心理进行辨析，本书发现衍生工具使用与公司创新的正相关关系是由高管风险承担意愿而非赌博式投机心理导致的，少数出于高管赌博式投机心理使用衍生工具的公司其创新水平更低。(4) 考虑外部压力和动力带来的创新愿力的替代作用时，在行业竞争压力更大的公司和市场化水平更高的地区中，衍生工具使用表征的高管风险承担意愿与公司创新的正向关系变弱；考虑创新财力和能力与创新愿力的互补作用时，在获得更多政府补助和拥有更多技术人员的公司中，衍生工具使用表征的高管风险承担意愿与公司创新的正向关系更明显。

二、研究创新

第一，区别于已有研究主要从公司特征层面研究衍生工具使用的影响因素，本书从高管风险承担意愿和赌博式投机这两类心理特征角度丰富了上市公司衍生工具使用的影响因素，为中国上市公司衍生工具使用率低下提供可能的解释。本书证明了大部分上市公司使用衍生工具是基于高管的高风险承担意愿下的选择性对冲，而非纯粹的套期保值，且这种高风险承担意愿并非“孤注一掷”的赌博式投机心理，而是一种勇于冒险和敢于挑战的个人特质。由于上市公司使用衍生工具很难达到有效套期保值的目标，且衍生工具使用的高难度以及实际操作中选择性对冲策略的风险性，具有高风险承担意愿特质的高管和少数具有极端赌博式投机心理的高管更可能使用它，这从高管心理特质层面为中国上市公司衍生工具使用率低下提供可能的解释。

第二，区别于已有文献主要通过过度自信、个人经历等隐性或个人生活中的行为特征来捕捉高管风险承担意愿，本书基于公司即时和显性的财务行为，通过衍生工具使用捕捉高管风险承担意愿，不仅易于机构投资者、分析师等外部利益相关者更好地识别具有勇于冒险和挑战成功特质的高管，也易于公司治理层在实施创新战略时选聘高风险承担意愿的高管。

第三，基于高管风险承担意愿个人特质和衍生工具高复杂、高杠杆和高风险特征，以及中国上市公司使用衍生工具更多地表现为选择性对冲的事实，将公司衍生工具的使用效应区分为经济效应和表征效应，并分别验证了衍生工具使用的经济效应和表征效应。本书将衍生工具的使用效应分为衍生工具影响公司经营风险和信息风险带来的风险管理抑或是投机套利的经济效应，以及衍生工具使用决策本身表征的高管风险承担意愿个人特质带来的公司其他类似高风险决策行为产生的表征效应。在此基础上，本书分别从债务融资和公司创新视角检验衍生工具使用带来的经济效应和表征效应，拓展了衍生工具使用效应的相关研究，有利于外部利益相关者更加全面地评价公司衍生工具使用。

三、研究不足与展望

本书基于后金融危机时期 2010～2018 年中国沪深 A 股非金融上市公司为样本，通过文本搜索和阅读年度财务报告方式获得上市公司衍生工具使用数据，基于高管风险承担意愿和赌博式投机这两类心理特征，以及大部分上市公司使用衍生工具为选择性对冲的现实背景，研究后金融危机时期中国上市公司衍生工具使用的影响因素以及带来的经济效应和表征效应。然而限于样本研究期间上市公司衍生工具信息披露不够规范、详细和全面，本书只对上市公司是否使用衍生工具、使用衍生工具的类型以及是否采用 CAS（2006）套期保值会计准则以达到套期有效进行了相应统计，而无法统计上市公司持有各类衍生工具的合约金额等详细持仓情况和相应风险管理水平，以及计入损益和权益金额等对公司财务状况、经营成果的影响。此外，于 2019 年 1 月 1 日在一般境内上市公司全面施行的新金融工具准则，包括 CAS22、CAS23、CAS24 和 CAS37 与 2006 年颁布的对应金融工具准则相比，降低了企业套期会计应用门槛和复杂性，同时加强了企业对使用衍生工具进行风险管理的信息披露。由于受新准则实施时间较短和疫情对金融市场波动性的影响，本书并没有探究新金融工具准则实施带来的影响。

随着新金融工具准则实施带来的衍生工具信息披露的规范化，以及上市公司对衍生工具了解的不断深入和使用需求的不断增加，未来关于衍生工具的研究可以围绕以下几个方面展开：（1）关注新旧金融工具准则的变化给上市公司、管理层、投资者、分析师、审计师等利益相关者带来的影响。（2）关注疫情等外生事件冲击对使用和未使用衍生工具公司带来的影响，可以进行案例研究，也可以采用大样本研究。（3）随着数据可得性的提高，将细化对各类衍生工具的研究。不同分类标准得到的不同类型衍生工具虽然都可以达到对冲风险的作用，但每种衍生工具都有其自身特点。根据前面述及的公司衍生工具使用现状发现，不同国家、不同行业根据衍生工具市场发展程度不同和风险敞口类型不同，对不同种类衍生工具的使用需求不同。研究者可结合研究对象所处国家和行业不同，从单一类别的衍生工具入手，细化对衍生工具的研究。

第二节 政策建议

衍生工具作为公司风险管理的重要手段，其产生的初衷是建立对冲组合降低外部环境变化带来的汇率、利率和大宗商品价格等的波动风险，实现套期保值。在中国，随着人民币国际化进程加快以及利率和汇率市场化改革的不断深入，商品价格、汇率与利率波动对中国企业经营业绩的影响日益加深，中国企业对冲外部环境不确定性的需求也与日俱增。然而作为中国企业的代表，中国上市公司衍生工具使用率低下，远低于发达国家和一些发展中国家上市公司衍生工具使用水平，更与中国企业与日俱增的风险管理需求不相匹配。在使用衍生工具的上市公司中，大部分公司高管由于具有较高的风险承担意愿，会基于对市场涨跌趋势判断主动选择有利的衍生工具合约，以承担特定风险为代价规避更大市场风险的同时尽可能获取最大收益，表现为选择性对冲；同时也有少数上市公司高管在面临离任且离任后自身利益与公司利益实质性脱离时，会为了寻求任期延长而进行复活赌博或获得离任前更大收益而进行风险转移，"孤注一掷"地使用衍生工具从事赌博式投机。此外，由于衍生工具具有高复杂、高杠杆和高风险特征，加上上市公司对衍生工具使用相关信息披露不规范、不详细和不全面，增加了上市公司经营风险和信息风险，导致上市公司债务融资成本增加和商业信用融资降低，恶化了公司融资约束；但由于衍生工具使用表征了高管的高风险承担意愿，使得具有这种内在特质的高管同样会主动推动和促成公司创新，表现为使用衍生工具的公司其创新水平更高。为了使衍生工具充分发挥风险管理作用，实现金融发展充分服务实体经济的目标，本书结合研究结论提出以下政策建议：

（1）对于上市公司而言，应积极发挥衍生工具的风险管理作用，提高衍生工具信息披露质量，结合公司所处外部环境聘任与公司具体战略相适应的高管。

首先，选择性对冲虽然是公司高管在有限理性条件下做出的自认为"最优决策"，并且已有研究也发现基于利率市场涨跌趋势把握的选择性对冲对公司来说更有利（刘任帆和于增彪，2014），但由于中国衍生工具市场发展仍处于初级阶段，衍生工具相关专业人才十分匮乏，大宗商品价格波动日益剧烈，利率和汇率市场化改革不断深入，以及全球疫情的"黑天鹅"事件冲击，外部宏观环境变得日益复杂，上市公司要想对大宗商品价格、利率和汇率市场走势作出准确判断变得尤为困难。因此，上市公司应该强化风险意识，积极培养并引进优秀的衍生工具专业人才，充分发挥衍生工具的套期保值作用，降低经营风险，避免因选择性对冲不当带来的巨额损失。同时，上市公司应该不断加强内部控制，规范衍生工具使用程序和职责分工，防止公司少数高管在离任前使用衍生工具进行"孤注一掷"的赌博式投机行为，避免给公司带来灾难性损失。

其次，上市公司应该按照衍生工具相关会计准则进行充分、恰当地确认、计量、列报和披露与衍生工具使用相关的信息，对衍生工具计价方法、风险管理水平、对公司财务状况和经营成果的影响等作规范、详细、全面的披露，提高信息披露质量，降低公司与外部利益相关者之间的信息不对称程度，降低信息风险，从而使外部利益相关者正确、客观地认识衍生工具，避免因信息不对称使得上市公司使用衍生工具带来债务融资成本增加和商业信用融资降低的不利影响。

最后，在上市公司选聘高管时，应该结合公司所处外部环境聘任与公司具体战略相适应的高管，以推动公司战略更好的落实。公司必须保证高管特质类型与战略类型相匹配，才能推动战略的成功实施。当公司实施探索型战略时，如本书研究的创新战略，应倾向于聘任具有较高风险承担意愿的敢于挑战型高管；当公司实施防御型战略时，如处于衰退期的公司进行减产减损时，则应聘任具有较低风险承担意愿的保守型高管。同时，公司所处外部环境也会影响公司战略的选择和实施，如当公司所处的高市场地位或低市场化水平阻碍创新战略实施时，聘任高风险承担意愿的高管对创新战略的推动作用会更明显。

（2）对于政府部门和监管机构而言，应该加快衍生工具市场发展，加强衍生工具市场监管，规范上市公司衍生工具使用并提高衍生工具信息披露质量。

首先，关于衍生工具市场的发展和监管方面。中国衍生工具市场是政府主导、改革开放的产物，起步晚于海外衍生工具市场120多年。无论是从场内外市场构成还是从交易规模、交易品种看，均处于发展的初级阶段。目前中国场内市场仍占据主导地位，场外市场不够发达。由于场外衍生工具市场具有产品个性化定制和交易灵活等特点，有利于满足各类投资者的多样化需求，因此政府部门和相关监管机构应该大力支持并积极引导中国衍生工具市场健康发展，尤其是场外市场发展。在防范系统性风险的基础上，加强包括信息共享、结算服务和诚信制度等在内的衍生工具市场基础设施建设和人才智库建设，逐步建立并完善与现货市场规模相匹配、与企业风险管理需求相适应的衍生工具市场，真正发挥出金融服务实体的作用。

其次，关于规范上市公司衍生工具使用和提高衍生工具信息披露质量方面。随着中国资本市场注册制的逐步实施，上市公司会计信息披露质量对外部报表使用者愈加重要。由于衍生工具会计处理尤其是套期会计处理复杂且上市公司信息披露不够完善，给管理层盈余操纵创造了便利的条件和机会，增加了外部报表使用者的信息解读难度。因此，财政部应该一方面在借鉴国际会计准则的基础上，根据市场上不断创新的衍生工具品种和衍生工具交易中出现的新难题持续不断地修订和完善会计准则，使准则更加具有可操作性、可读性和实用性；另一方面应该加大上市公司会计信息披露违法违规的处罚力度，以儆效尤，为外部利益相关者及时、真实、完整地了解上市公司衍生工具使用情况创造良好条件。

（3）对于外部利益相关者而言，应该重视上市公司使用衍生工具的风险管理效果，综合评价上市公司衍生工具使用决策。

首先，随着外部宏观环境波动的加剧和衍生工具市场的快速发展，上市公司使用衍生工具对冲风险的需求不断增加，未来会有越来越多的上市公司使用衍生工具对冲风险。同时，由于衍生工具会计准则一直在持续不断地完善，上市公司衍生工具信息披露质量也将不断提高，给外部利益相关者解读上市公司财务报告中关于衍生工具相关信息带来便利。因此，未来应重视并及时掌握上市公司使用衍生工具的风险管理效果将对外部利益相关者作出正确决策愈发重要。

其次，外部利益相关者在评价上市公司衍生工具使用决策时，不但要考虑衍生工具对冲或投机行为带来的经济效应，还应该重视决策本身所能传达的高管个人特质带来的表征效应。由于上市公司使用衍生工具更多地表现为选择性对冲，选择性对冲的上市公司高管具有较高风险承担意愿的个人特质，具有这种特质的高管同样能够推动上市公司具有高风险特征的创新活动的开展。因此，外部利益相关者应结合自身对上市公司关注的侧重点不同，综合评价上市公司衍生工具使用决策。如果外部利益相关者关注公司的成长性，则应更注重选择性对冲表征的高管高风险承担意愿带来的经济后果；如果外部利益相关者关注公司收益的稳定性，则应更关注上市公司衍生工具使用是否真正达到了有效套期保值效果。

参考文献

[1] 敖小波，林晚发，李晓慧．内部控制质量与债券信用评级［J］．审计研究，2017（02）：57－64.

[2] 曹玉珊．管理层权力与认知偏差对企业衍生品投机行为的推动：替代还是互补？——来自中国上市公司的证据［J］．财经理论与实践，2018，39（02）：65－73.

[3] 曹玉珊．机构投资者担心企业应用衍生品进行投机吗？——来自中国上市公司的证据［J］．财经理论与实践，2017，38（02）：58－65.

[4] 陈超，李鎔伊．审计能否提高公司债券的信用评级［J］．审计研究，2013（03）：59－66.

[5] 陈汉文，周中胜．内部控制质量与企业债务融资成本［J］．南开管理评论，2014，17（03）：103－111.

[6] 陈华东．管理者任期、股权激励与企业创新研究［J］．中国软科学，2016（08）：112－126.

[7] 陈凯，黄滋才．基于期望效用与前景理论的行为决策精算定价模型［J］．保险研究，2017（01）：56－67.

[8] 陈运森，王汝花．产品市场竞争、公司违规与商业信用［J］．会计与经济研究，2014，28（05）：26－40.

[9] 戴致光．公司套期保值的决定因素——基于有色金属行业的经验研究［J］．财经理论与实践，2013，34（01）：43－46.

[10] 董保宝．风险需要平衡吗：新企业风险承担与绩效倒U型关系及创业能力的中介作用［J］．管理世界，2014（01）：120－131.

[11] 杜群阳，朱剑光，倪春平，李松鹤．国际化企业创业导向：基于二

维分析框架的理论与实证研究 [J]. 中国工业经济, 2010 (09): 141-150.

[12] 方红星, 楚有为. 公司战略与商业信用融资 [J]. 南开管理评论, 2019, 22 (05): 142-154.

[13] 冯晓晴, 王德宏, 宋建波. 衍生金融工具、套期会计与股价崩盘风险——基于A股金融类上市公司的实证研究 [J]. 金融评论, 2019, 11 (02): 95-106.

[14] 高强, 邹恒甫. 企业债与公司债二级市场定价比较研究 [J]. 金融研究, 2015 (01): 84-100.

[15] 顾海峰, 于家珺. 中国经济政策不确定性与银行风险承担 [J]. 世界经济, 2019, 42 (11): 148-171.

[16] 郭飞. 外汇风险对冲和公司价值: 基于中国跨国公司的实证研究 [J]. 经济研究, 2012, 47 (09): 18-31.

[17] 郭飞, 郭慧敏, 张桂玲. 利润波动性与衍生工具使用: 基于国有上市公司的实证研究 [J]. 会计研究, 2017 (03): 22-29.

[18] 郭飞, 李庆华, 刘坤鹏. 衍生品对冲降低了债券融资成本吗? [J]. 国际金融研究, 2020 (05): 87-96.

[19] 郭飞, 李薇, 张桂玲. 衍生品复杂性影响商业银行盈余管理决策吗? [J]. 国际金融研究, 2019 (02): 77-86.

[20] 郭飞, 线婷婷. 外汇衍生品能降低商业银行外汇风险吗? [J]. 财务研究, 2018 (05): 69-80.

[21] 郭飞, 徐燕. 对冲和风险管理动机: 中国上市公司衍生工具使用的实证研究 [J]. 会计论坛, 2010 (01): 46-56.

[22] 郭飞, 原盼盼, 周建伟, 郭慧敏. 金融衍生品复杂性影响审计费用吗? ——来自我国上市银行的实证研究 [J]. 会计研究, 2018 (07): 72-78.

[23] 韩先锋, 惠宁, 宋文飞. 信息化能提高中国工业部门技术创新效率吗? [J]. 中国工业经济, 2014 (12): 70-82.

[24] 郝项超, 梁琪. 外汇风险对冲能否促进中国上市公司创新 [J]. 世界经济, 2019, 42 (09): 151-172.

[25] 何威风, 刘巍. 商业信用中的管理者效应: 基于管理者能力的视角

[J]. 会计研究，2018 (02)：48 - 54.

[26] 胡国柳，赵阳，胡珺. D&O保险、风险容忍与企业自主创新 [J]. 管理世界，2019，35 (08)：121 - 135.

[27] 胡珺，代明，胡芊芊. 董事高管责任保险与企业商业信用 [J]. 财经理论与实践，2019，40 (05)：62 - 68.

[28] 黄波，王满，吉建松. 战略差异、环境不确定性与商业信用融资 [J]. 现代财经（天津财经大学学报），2018，38 (01)：37 - 52.

[29] 黄世忠，王晓珂. 衍生工具和企业风险管理——基于A股非金融类上市公司的实证研究 [J]. 厦门大学学报（哲学社会科学版），2016 (01)：128 - 137.

[30] 贾炜莹，魏国辰，刘德英. 我国上市公司衍生工具运用动机的实证研究 [J]. 经济管理，2010，32 (03)：110 - 116.

[31] 姜付秀，石贝贝，马云飙. 信息发布者的财务经历与企业融资约束 [J]. 经济研究，2016，51 (06)：83 - 97.

[32] 蒋伏心，王竹君，白俊红. 环境规制对技术创新影响的双重效应——基于江苏制造业动态面板数据的实证研究 [J]. 中国工业经济，2013 (07)：44 - 55.

[33] 解维敏，唐清泉. 公司治理与风险承担——来自中国上市公司的经验证据 [J]. 财经问题研究，2013 (01)：91 - 97.

[34] 鞠晓生，卢荻，虞义华. 融资约束、营运资本管理与企业创新可持续性 [J]. 经济研究，2013，48 (01)：4 - 16.

[35] 赖黎，巩亚林，马永强. 管理者从军经历、融资偏好与经营业绩 [J]. 管理世界，2016 (08)：126 - 136.

[36] 李红坤，刘富强，翟大恒. 公司对冲对债务成本影响的实证研究——基于中国上市公司数据的分析 [J]. 经济与管理评论，2016，32 (05)：123 - 135.

[37] 李培功，肖珉. CEO任期与企业资本投资 [J]. 金融研究，2012 (02)：127 - 141.

[38] 李双建，李俊青，张云. 社会信任、商业信用融资与企业创新 [J]. 南开经济研究，2020 (03)：81 - 102.

［39］李文贵，余明桂．所有权性质、市场化进程与企业风险承担［J］．中国工业经济，2012（12）：115－127.

［40］李小荣，刘行．CEO vs CFO：性别与股价崩盘风险［J］．世界经济，2012，35（12）：102－129.

［41］李晓慧，杨子萱．内部控制质量与债权人保护研究——基于债务契约特征的视角［J］．审计与经济研究，2013，28（02）：97－105.

［42］刘慧，张俊瑞，周键．诉讼风险、法律环境与企业债务融资成本［J］．南开管理评论，2016，19（05）：16－27.

［43］刘静，陈志斌．战略差异度影响内部资本市场的活跃度和功能发挥吗？——来自A股上市公司的经验数据［J］．管理评论，2020，32（08）：269－280.

［44］刘任帆．外汇衍生品套期保值与投机——公司所有权属性、交易特征及会计效果实证研究［J］．会计研究，2019（06）：58－64.

［45］刘任帆，于增彪．选择性利率互换还是投机？——国际金融危机期间利率互换的特征、效果及案例剖析［J］．世界经济与政治论坛，2014（03）：96－115.

［46］刘淑莲．衍生产品使用的目的：套期保值或套期获利？——以深南电期权合约为例［J］．会计研究，2009（11）：30－35.

［47］刘亚伟，张兆国．股权制衡、董事长任期与投资挤占研究［J］．南开管理评论，2016，19（01）：54－69.

［48］刘运国，刘雯．我国上市公司的高管任期与R&D支出［J］．管理世界，2007（01）：128－136.

［49］毛其淋．外资进入自由化如何影响了中国本土企业创新？［J］．金融研究，2019（01）：72－90.

［50］倪娟，彭凯，胡熠．连锁董事的“社会人”角色与企业债务成本［J］．中国软科学，2019（02）：93－109.

［51］钱爱民，朱大鹏．财务重述影响供应商向企业提供商业信用吗？——来自A股上市公司的经验证据［J］．财经理论与实践，2017，38（04）：62－69.

[52] 钱雪松，唐英伦，方胜．担保物权制度改革降低了企业债务融资成本吗？——来自中国《物权法》自然实验的经验证据［J］．金融研究，2019（07）：115－134.

[53] 权小锋，醋卫华，尹洪英．高管从军经历、管理风格与公司创新［J］．南开管理评论，2019，22（06）：140－151.

[54] 饶品贵，姜国华．货币政策对银行信贷与商业信用互动关系影响研究［J］．经济研究，2013，48（01）：68－82.

[55] 孙浦阳，李飞跃，顾凌骏．商业信用能否成为企业有效的融资渠道——基于投资视角的分析［J］．经济学（季刊），2014，13（04）：1637－1652.

[56] 孙叶萌，侯粲然．我国上市公司管理者过度自信与衍生金融工具运用动机的实证研究［J］．社会科学辑刊，2015（03）：109－117.

[57] 唐清泉，巫岑．银行业结构与企业创新活动的融资约束［J］．金融研究，2015（07）：116－134.

[58] 唐松，王俊杰，马杨，孙铮．可抵押资产、社会网络与商业信用［J］．南开管理评论，2017，20（03）：53－64.

[59] 汪小圈，张红，刘冲．幼年饥荒经历对个人自雇选择的影响［J］．金融研究，2015（05）：18－33.

[60] 王化成，张修平，侯粲然，李昕宇．企业战略差异与权益资本成本——基于经营风险和信息不对称的中介效应研究［J］．中国软科学，2017（09）：99－113.

[61] 王晓珂，黄世忠．衍生工具、公司治理和盈余质量［J］．会计研究，2017（03）：16－21.

[62] 王晓珂，于李胜，王艳艳．衍生工具应用能改善资本市场信息环境吗？——基于分析师预测行为的视角［J］．金融研究，2020（07）：190－206.

[63] 王雄元，曾敬．年报风险信息披露与银行贷款利率［J］．金融研究，2019（01）：54－71.

[64] 王彦超，姜国华，辛清泉．诉讼风险、法制环境与债务成本［J］．会计研究，2016（06）：30－37.

[65] 王营，张光利．董事网络和企业创新：引资与引智［J］．金融研

究，2018（06）：189－206.

［66］王运通，姜付秀．多个大股东能否降低公司债务融资成本［J］．世界经济，2017，40（10）：119－143.

［67］魏志华，王贞洁，吴育辉，李常青．金融生态环境、审计意见与债务融资成本［J］．审计研究，2012（03）：98－105.

［68］温忠麟，叶宝娟．中介效应分析：方法和模型发展［J］．心理科学进展，2014（05）：731－745.

［69］温忠麟，张雷，侯杰泰，刘红云．中介效应检验程序及其应用［J］．心理学报，2004（05）：614－620.

［70］徐悦，刘运国，蔡贵龙．高管薪酬粘性与企业创新［J］．会计研究，2018（07）：43－49.

［71］杨大楷，王鹏．盈余管理与公司债券定价——来自中国债券市场的经验证据［J］．国际金融研究，2014（04）：86－96.

［72］杨兴全，李文聪，尹兴强．多元化经营对企业创新的“双重”影响研究［J］．财经研究，2019，45（08）：58－71.

［73］杨兴全，吴昊旻，曾义．公司治理与现金持有竞争效应——基于资本投资中介效应的实证研究［J］．中国工业经济，2015（01）：121－133.

［74］姚立杰，周颖．管理层能力、创新水平与创新效率［J］．会计研究，2018（06）：70－77.

［75］易纲．再论中国金融资产结构及政策含义［J］．经济研究，2020，55（03）：4－17.

［76］易靖韬，张修平，王化成．企业异质性、高管过度自信与企业创新绩效［J］．南开管理评论，2015，18（06）：101－112.

［77］殷治平，张兆国．管理者任期、内部控制与战略差异［J］．中国软科学，2016（12）：132－143.

［78］余明桂，李文贵，潘红波．管理者过度自信与企业风险承担［J］．金融研究，2013（01）：149－163.

［79］余明桂，钟慧洁，范蕊．民营化、融资约束与企业创新——来自中国工业企业的证据［J］．金融研究，2019（04）：75－91.

[80] 翟胜宝，许浩然，唐玮，高康，曹蕾．银行关联与企业创新——基于我国制造业上市公司的经验证据 [J]．会计研究，2018 (07)：50-56.

[81] 张倩，冯芸．套期保值还是投机——基于中国上市公司的实证分析 [J]．中国工业经济，2014 (12)：143-155.

[82] 张肖飞，徐龙炳．金融衍生工具与银行系统性风险 [J]．国际金融研究，2020 (01)：76-85.

[83] 张新民，王珏，祝继高．市场地位、商业信用与企业经营性融资 [J]．会计研究，2012 (08)：58-65.

[84] 张信东，郝盼盼．企业创新投入的原动力：CEO 个人品质还是早年经历——基于 CEO 过度自信品质与早年饥荒经历的对比 [J]．上海财经大学学报，2017，19 (01)：61-74.

[85] 张兆国，刘亚伟，杨清香．管理者任期、晋升激励与研发投资研究 [J]．会计研究，2014 (09)：81-88.

[86] 张振刚，李云健，李莉．企业慈善捐赠、科技资源获取与创新绩效关系研究——基于企业与政府的资源交换视角 [J]．南开管理评论，2016，19 (03)：123-135.

[87] 章元，程郁，佘国满．政府补贴能否促进高新技术企业的自主创新？——来自中关村的证据 [J]．金融研究，2018 (10)：123-140.

[88] 郑军，林钟高，彭琳．高质量的内部控制能增加商业信用融资吗？——基于货币政策变更视角的检验 [J]．会计研究，2013 (06)：62-68.

[89] 钟熙，宋铁波，陈伟宏，朱子君．外资持股、CEO 决策视野与企业研发国际化 [J]．科学学研究，2020，38 (03)：496-505.

[90] 周彬蕊，刘锡良，张琳．货币政策冲击、金融市场化改革与企业风险承担 [J]．世界经济，2017 (10)：93-118.

[91] 周宏，林晚发，李国平，王海妹．信息不对称与企业债券信用风险估价——基于 2008-2011 年中国企业债券数据 [J]．会计研究，2012 (12)：36-42.

[92] 周宏，徐兆铭，彭丽华，杨萌萌．宏观经济不确定性对中国企业债券信用风险的影响——基于 2007-2009 年月度面板数据 [J]．会计研究，

2011 (12): 41 -45.

[93] 周宏，周畅，林晚发，李国平. 公司治理与企业债券信用利差——基于中国公司债券2008 -2016年的经验证据 [J]. 会计研究，2018 (05): 59 -66.

[94] 周楷唐，麻志明，吴联生. 高管学术经历与公司债务融资成本 [J]. 经济研究，2017，52 (07): 169 -183.

[95] 周夏飞，周强龙. 产品市场势力、行业竞争与公司盈余管理——基于中国上市公司的经验证据 [J]. 会计研究，2014 (08): 60 -66.

[96] 朱南军，王文健. 公司治理与风险承担——来自中国保险业的证据 [J]. 经济科学，2017 (02): 101 -115.

[97] Acharya, V V, Amihud, Y and Litov, L. Creditor Rights and Corporate Risk - taking [J]. Journal of Financial Economics, 2011, 102 (1): 150 -166.

[98] Adam, T R, Fernando, C S and Salas, J M. Why do Firms Engage in Selective Hedging? Evidence from the Gold Mining Industry [J]. Journal of Banking & Finance, 2017 (77): 269 -282.

[99] Ahmed, S, Judge, A and Mahmud, S E. Does Derivatives Use Reduce the Cost of Equity? [J]. International Review of Financial Analysis, 2018 (60): 1 -16.

[100] Allayannis, G and Ofek, E. Exchange Rate Exposure, Hedging, and the Use of Foreign Currency Derivatives [J]. Journal of International Money and Finance, 2001, 20 (2): 273 -296.

[101] Allayannis, G and Weston, J P. The Use of Foreign Currency Derivatives and Firm Market Value [J]. Review of Financial Studies, 2001, 14 (1): 243 -276.

[102] Allen, F, Qian, J and Qian, M. Law, Finance, and Economic Growth in China [J]. Journal of Financial Economics, 2005, 77 (1): 57 -116.

[103] Antia, M, Pantzalis, C and Park, J C. CEO Decision Horizon and Firm Performance: an Empirical Investigation [J]. Journal of Corporate Finance, 2010, 16 (3): 288 -301.

[104] Aretz, K and Bartram, S M. Corporate Hedging and Shareholder Value

[J]. Journal of Financial Research, 2010, 33 (4): 317 – 371.

[105] Avramov, D, Jostova, G and Philipov, A. Understanding Changes in Corporate Credit Spreads [J]. Financial Analysts Journal, 2007, 63 (2): 90 – 105.

[106] Ayturk, Y, Gurbuz, A O and Yanik, S. Corporate Derivatives Use and Firm Value: Evidence from Turkey [J]. Borsa Istanbul Review, 2016, 16 (2): 108 – 120.

[107] Barton, J. Does the Use of Financial Derivatives Affect Earnings Management Decisions? [J]. The Accounting Review, 2001, 76 (1): 1 – 26.

[108] Bartram, S M. Corporate Hedging and Speculation with Derivatives [J]. Journal of Corporate Finance, 2019 (57): 9 – 34.

[109] Bartram, S M, Brown, G W and Conrad, J. The Effects of Derivatives on Firm Risk and Value [J]. Journal of Financial and Quantitative Analysis, 2011, 46 (4): 967 – 999.

[110] Beatty, A, Petacchi, R and Zhang, H. Hedge Commitments and Agency Costs of Debt: Evidence from Interest Rate Protection Covenants and Accounting Conservatism [J]. Review of Accounting Studies, 2012, 17 (3): 700 – 738.

[111] Beber, A and Fabbri, D. Who Times the Foreign Exchange Market? Corporate Speculation and CEO Characteristics [J]. Journal of Corporate Finance, 2012, 18 (5): 1065 – 1087.

[112] Belghitar, Y, Clark, E and Mefteh, S. Foreign Currency Derivative Use and Shareholder Value [J]. International Review of Financial Analysis, 2013 (29): 283 – 293.

[113] Berrospide, J M, Purnanandam, A and Rajan, U. Corporate Hedging, Investment and Value [J]. Working Paper, 2008.

[114] Bessler, W, Conlon, T and Huan, X. Does Corporate Hedging Enhance Shareholder Value? A Meta – analysis [J]. International Review of Financial Analysis, 2019 (61): 222 – 232.

[115] Bharath, S T, Sunder, J and Sunder, S V. Accounting Quality and Debt Contracting [J]. The Accounting Review, 2008, 83 (1): 1 – 28.

[116] Blackwell, D W and Winters, D B. Banking Relationships and the Effect of Monitoring on Loan Pricing [J]. Journal of Financial Research, 1997, 20 (2): 275 - 289.

[117] Blanco, I and Wehrheim, D. The Bright Side of Financial Derivatives: Options Trading and Firm Innovation [J]. Journal of Financial Economics, 2017, 125 (1): 99 - 119.

[118] Boubaker, S, Clark, E and Mefteh - Wali, S. Does the CEO Elite Education Affect Firm Hedging Policies? [J]. The Quarterly Review of Economics and Finance, 2020 (77): 340 - 354.

[119] Breeden, D T and Viswanathan, S. Why do Firms Hedge? An Asymmetric Information Model [J]. Journal of Fixed Income, 2016, 25 (3): 7 - 25.

[120] Brown, G W, Crabb, P R and Haushalter, D. Are Firms Successful at Selective Hedging? [J]. Journal of Business, 2006, 79 (6): 2925 - 2949.

[121] Cai, K and Zhu, H. Customer - Supplier Relationships and the Cost of Debt [J]. Journal of Banking & Finance, 2020, Accepted.

[122] Campbell, J L, Downes, J F and Schwartz, W C. Do Sophisticated Investors Use the Information Provided by the Fair Value of Cash Flow Hedges? [J]. Review of Accounting Studies, 2015, 20 (2): 934 - 975.

[123] Campbell, J L, Mauler, L M and Pierce, S R. A Review of Derivatives Research in Accounting and Suggestions for Future Work [J]. Journal of Accounting Literature, 2019 (42): 44 - 60.

[124] Campello, M, Lin, C, Ma, Y and Zou, H. The Real and Financial Implications of Corporate Hedging [J]. The Journal of Finance, 2011, 66 (5): 1615 - 1647.

[125] Chang, H S, Donohoe, M and Sougiannis, T. Do Analysts Understand the Economic and Reporting Complexities of Derivatives? [J]. Journal of Accounting & Economics, 2016, 3 (3): 584 - 604.

[126] Chen, J and King, T D. Corporate Hedging and the Cost of Debt [J]. Journal of Corporate Finance, 2014 (29): 221 - 245.

[127] Cheng, Q, Lee, J and Shevlin, T. Internal Governance and Real Earnings Management [J]. The Accounting Review, 2016, 91 (4): 1051 – 1085.

[128] Choi, J J, Mao, C X and Upadhyay, A D. Earnings Management and Derivative Hedging with Fair Valuation: Evidence from the Effects of FAS 133 [J]. The Accounting Review, 2015, 90 (4): 1437 – 1467.

[129] Cornaggia, J, Mao, Y, Tian, X and Wolfe, B. Does Banking Competition Affect Innovation? [J]. Journal of Financial Economics, 2015, 115 (1): 189 – 209.

[130] Coutinho, J R R, Sheng, H H and Lora, M I. The Use of Fx Derivatives and the Cost of Capital: Evidence of Brazilian Companies [J]. Emerging Markets Review, 2012, 13 (4): 411 – 423.

[131] Cziraki, P and Xu, M. CEO Job Security and Risk – taking [J]. Working Paper, 2014.

[132] Datta, S, Iskandar – Datta, M and Singh, V. Product Market Power, Industry Structure, and Corporate Earnings Management [J]. Journal of Banking & Finance, 2013, 37 (8): 3273 – 3285.

[133] DeBoskey, D G, Li, Y, Lobo, G J and Luo, Y. Corporate Political Transparency and the Cost of Debt [J]. Review of Quantitative Finance and Accounting, 2020, Accepted.

[134] Dechow, P M, Sloan, R G and Sweeney, A P. Detecting Earnings Management [J]. The Accounting Review, 1995, 70 (2): 193 – 225.

[135] Dechow, P M and Sloan, R G. Executive Incentives and the Horizon Problem an Empirical Investigation [J]. Journal of Accounting and Economics, 1991, 14 (1): 51 – 89.

[136] Diamond, D W and Verrecchia, R E. Disclosure, Liquidity, and the Cost of Capital [J]. The Journal of Finance, 1991, 46 (4): 1325 – 1359.

[137] D'Mello, R and Toscano, F. Economic Policy Uncertainty and Short – term Financing: The Case of Trade Credit [J]. Journal of Corporate Finance, 2020, Accepted.

[138] Doukas, J A and Mandal, S. CEO Risk Preferences and Hedging Decisions: A Multiyear Analysis [J]. Journal of International Money and Finance, 2018 (86): 131-153.

[139] Duellman, S, Hurwitz, H and Sun, Y. Managerial Overconfidence and Audit Fees [J]. Journal of Contemporary Accounting and Economics, 2015, 11 (2): 148-165.

[140] Duffie, D and Lando, D. Term Structures of Credit Spreads with Incomplete Accounting Information [J]. Econometrica, 2001, 69 (3): 633-664.

[141] Ederington, L H. The Hedging Performance of the New Futures Markets [J]. The Journal of Finance, 1979, 34 (1): 157-170.

[142] Emm, E E, Gay, G D and Ren, H. Corporate Risk Exposures, Disclosure, and Derivatives Use: A Longitudinal Study [J]. Journal of Futures Markets, 2019, 39 (7): 838-864.

[143] Fama, E F. Agency Problems and the Theory of the Firm [J]. Journal of Political Economy, 1980, 88 (2): 288-307.

[144] Fich, E M, Harford, J and Tran, A L. Motivated Monitors: The Importance of Institutional Investors' Portfolio Weights [J]. Journal of Financial Economics, 2015, 118 (1): 21-48.

[145] Froot, K A, Scharfstein, D S and Stein, J C. Risk Management: Coordinating Corporate Investment and Financing Policies [J]. The Journal of Finance, 1993, 48 (5): 1629-1658.

[146] Gay, G D, Lin, C and Smith, S D. Corporate Derivatives Use and the Cost of Equity [J]. Journal of Banking & Finance, 2011, 35 (6): 1491-1506.

[147] Geczy, C C, Minton, B A and Schrand, C M. Why Firms Use Currency Derivatives [J]. The Journal of Finance, 1997, 52 (4): 1323-1354.

[148] Géczy, C C, Minton, B A and Schrand, C M. Taking a View: Corporate Speculation, Governance, and Compensation [J]. The Journal of Finance, 2007, 62 (5): 2405-2443.

[149] Geyer-Klingeberg, J, Hang, M and Rathgeber, A W. What Drives

Financial Hedging? A Meta - regression Analysis of Corporate Hedging Determinants [J]. International Review of Financial Analysis, 2019 (61): 203 - 221.

[150] Graham, J R, Li, S and Qiu, J. Corporate Misreporting and Bank Loan Contracting [J]. Journal of Financial Economics, 2008, 89 (1): 44 - 61.

[151] Graham, J R and Rogers, D A. Do Firms Hedge in Response to Tax Incentives? [J]. The Journal of Finance, 2002, 57 (2): 815 - 839.

[152] Guay, W R. The Impact of Derivatives on Firm Risk: an Empirical Examination of New Derivative Users [J]. Journal of Accounting and Economics, 1999, 26 (1): 319 - 351.

[153] Ham, C, Seybert, N and Wang, S. Narcissism is a Bad Sign: CEO Signature Size, Investment, and Performance [J]. Review of Accounting Studies, 2018, 23 (1): 234 - 264.

[154] Hambrick, D C and Fukutomi, G D S. The Seasons of a CEO's Tenure [J]. Academy of Management Review Academy of Management, 1991, 16 (4): 719 - 742.

[155] Hambrick, D C and Mason, P A. Upper Echelons: The Organization as a Reflection of Its Top Managers [J]. The Academy of Management Review, 1984, 9 (2): 193 - 206.

[156] Henderson, A, Miller, D and Hambrick, D C. How Quickly do CEOs Become Obsolete? Industry Dynamism, CEO Tenure, and Company Performance [J]. Strategic Management Journal, 2006, 27 (5): 447 - 460.

[157] Hentschel, L and Kothari, S P. Are Corporations Reducing or Taking Risks with Derivatives? [J]. Journal of Financial and Quantitative Analysis, 2001, 36 (1): 93 - 118.

[158] Hirshleifer, D, Low, A and Teoh, S H. Are Overconfident CEOs Better Innovators? [J]. The Journal of Finance, 2012, 67 (4): 1457 - 1498.

[159] Hirshleifer, D and Thakor, A V. Managerial Conservatism, Project Choice, and Debt [J]. Review of Financial Studies, 1992, 5 (3): 437 - 470.

[160] Hottenrott, H and Peters, B. Innovative Capability and Financing Con-

straints for Innovation: More Money, More Innovation [J]. Review of Economics and Statistics, 2012, 94 (4): 1126 – 1142.

[161] Hsu, P H, Tian, X and Xu, Y. Financial Development and Innovation: Cross – country Evidence [J]. Journal of Financial Economics, 2014, 112 (1): 116 – 135.

[162] Huang, P, Kabir, M H and Zhang, Y. Does Corporate Derivative Use Reduce Stock Price Exposure? Evidence from UK Firms [J]. The Quarterly Review of Economics and Finance, 2017, 65: 128 – 136.

[163] Hui, K W, Klasa, S and Yeung, P E. Corporate Suppliers and Customers and Accounting Conservatism [J]. Journal of Accounting and Economics, 2012, 53 (1 – 2): 115 – 135.

[164] Hutton, A P, Alan, J M and Hassan, T. Opaque Financial Reports, R^2, and Crash Risk [J]. Journal of Financial Economics, 2009, 94 (1): 67 – 86.

[165] Jankensgård, H and Moursli, R M. Derivative Cash Flows and Corporate Investment [J]. Journal of Banking & Finance, 2020 (119): 105 – 916.

[166] Jensen, M C and Meckling, W H. Theory of the Firm: Managerial Behavior, Agency Costs and Ownership Structure [J]. Journal of Financial Economics, 1976, 3 (4): 305 – 360.

[167] Johnson, L L. The Theory of Hedging and Speculation in Commodity Futures [J]. The Review of Economic Studies, 1960, 27 (3): 139 – 151.

[168] Kahneman, D and Tversky, A. Prospect Theory: An Analysis of Decisions under Risk [J]. Econometrica, 1979, 47 (2): 263 – 291.

[169] Kim, J H, Lee, S H and Keun Yoo, Y. Real Earnings Management and the Cost of Debt Capital: International Evidence [J]. Asia – Pacific Journal of Accounting & Economics, 2020, 27 (2): 151 – 172.

[170] Kim, G H. Credit Derivatives as a Commitment Device: Evidence from the Cost of Corporate Debt [J]. Journal of Banking & Finance, 2016, 73: 67 – 83.

[171] Lach, S. Do R&D Subsidies Stimulate or Displace Private R&D? Evidence from Israel [J]. The Journal of Industrial Economics, 2002, 50 (4): 369 – 390.

[172] Lau, C K. How Corporate Derivatives Use Impact Firm Performance? [J]. Pacific - Basin Finance Journal, 2016 (40): 102 - 114.

[173] Lee, J M, Park, J C and Folt, T. CEO Career Horizon, Corporate Governance, and Real Options: The Role of Economic Short - Termism [J]. Working Paper, 2018 .

[174] Lel, U. Currency Hedging and Corporate Governance: A Cross - country Analysis [J]. Journal of Corporate Finance, 2012, 2 (18): 221 - 237.

[175] Liao, H H, Chen, T K and Lu, C W. Bank Credit Risk and Structural Credit Models: Agency and Information Asymmetry Perspectives [J]. Journal of Banking & Finance, 2009, 33 (8): 1520 - 1530.

[176] Lien, D and Zhang, M. A Survey of Emerging Derivatives Markets [J]. Emerging Markets Finance and Trade, 2008, 44 (2): 39 - 69.

[177] Lu, C W, Chen, T K and Liao, H H. Information Uncertainty, Information Asymmetry and Corporate Bond Yield Spreads [J]. Journal of Banking & Finance, 2010, 34 (9): 2265 - 2279.

[178] Matta, E and Beamish, P W. The Accentuated CEO Career Horizon Problem: Evidence from International Acquisitions [J]. Strategic Management Journal, 2008, 29 (7): 683 - 700.

[179] McClelland, P L, Barker III, V L and Oh, W. CEO Career Horizon and Tenure: Future Performance Implications under Different Contingencies [J]. Journal of Business Research, 2012, 65 (9): 1387 - 1393.

[180] Merton, R C. On the Pricing of Corporate Debt: The Risk Structure of Interest Rates [J]. The Journal of Finance, 1974, 29 (2): 449 - 470.

[181] Miller, D and Shamsie, J. Learning across the Life Cycle: Experimentation and Performance among the Hollywood Studio Heads [J]. Strategic Management Journal, 2001, 22 (8): 725 - 745.

[182] Rahaman, M M and Zaman, A A. Management Quality and the Cost of Debt: Does Management Matter to Lenders? [J]. Journal of Banking & Finance, 2013, 37 (3): 854 - 874.

[183] Shao, L, Shao, J, Sun, Z and Xu, H. Hedging, Speculation, and Risk Management Effect of Commodity Futures: Evidence from Firm Voluntary Disclosures [J]. Pacific - Basin Finance Journal, 2019, Accepted.

[184] Smith, C W and Stulz, R M. The Determinants of Firms' Hedging Policies [J]. Journal of Financial and Quantitative Analysis, 1985, 20 (4): 391 -405.

[185] Smith, J K. Trade Credit and Informational Asymmetry [J]. The Journal of Finance, 1987, 42 (4): 863 -872.

[186] Souder, D, Simsek, Z and Johnson, S G. The Differing Effects of Agent and Founder CEOs on the Firm's Market Expansion [J]. Strategic Management Journal, 2011, 33 (1): 23 -41.

[187] Strike, V M, Berrone, P, Sapp, S G and Congiu, L. A Socioemotional Wealth Approach to CEO Career Horizons in Family Firms [J]. Journal of Management Studies, 2015, 52 (4): 555 -583.

[188] Stulz, R M. Rethinking Risk Management [J]. Journal of Applied Corporate Finance, 1996, 9 (3): 8 -25.

[189] Sunder, J, Sunder, S V and Zhang, J. Pilot CEOs and Corporate Innovation [J]. Journal of Financial Economics, 2017, 123 (1): 209 -224.

[190] Tufano, P. Who Manages Risk? An Empirical Examination of Risk Management Practices in the Gold Mining Industry [J]. The Journal of Finance, 1996, 51 (4): 1097 -1137.

[191] Tversky, A and Kahneman, D. Judgment under Uncertainty: Heuristics and Biases [J]. Science, 1974, 185 (4157): 1124 -1131.

[192] Vivel Búa, M, Otero González, L, Fernández López, S and Durán Santomil, P. Is Value Creation Consistent with Currency Hedging? [J]. European Journal of Finance, 2015, 21 (10 -11): 912 -945.

[193] Working, H. New Concepts Concerning Futures Markets and Prices [J]. The American Economic Review, 1962, 52 (3): 431 -459.

[194] Working, H. Tests of a Theory Concerning Floor Trading on Commodity Exchanges [J]. Food Research Institute Studies, 1967, 7: 5 -48.

[195] Yi, B, Lin, J B and Chen, C. Does Derivative Use Help Reduce the Cost of Debt? [J]. Review of Business Research, 2008, 8 (3): 196 - 204.

[196] Yu, F. Accounting Transparency and the Term Structure of Credit Spreads [J]. Journal of Financial Economics, 2005, 75 (1): 53 - 84.

[197] Atkinson, J W. An Introduction to Motivation [M]. Princeton, NJ: Van Nostrand, 1964.

[198] Von Neumann, J and Morgenstern, O. Theory of Games and Economic Behavior [M]. Princeton, NJ: Princeton University Press, 1947.